HISTÓRIA E CONTRA-HISTÓRIA

Obras reunidas de Carlos Guilherme Mota
Organização e plano de edição:
Ronald Polito

A IDEIA DE REVOLUÇÃO NO BRASIL E OUTRAS IDEIAS / HISTÓRIA E CONTRA-HISTÓRIA: PERFIS E CONTRAPONTOS / TEXTOS DE INTERVENÇÃO [TÍTULO PROVISÓRIO] / CULTURAS [TÍTULO PROVISÓRIO]

Carlos Guilherme Mota

História e contra-história
perfis e contrapontos

prefácio:
Candido Malta Campos

EDITORA GLOBO

Copyright © 2010 by Carlos Guilherme Mota

Todos os direitos reservados. Nenhuma parte desta edição pode ser utilizada ou reproduzida — em qualquer meio ou forma, seja mecânico ou eletrônico, fotocópia, gravação etc. — nem apropriada ou estocada em sistema de banco de dados, sem a expressa autorização da editora.

Texto fixado conforme as regras do novo Acordo Ortográfico da Língua Portuguesa (Decreto Legislativo nº 54, de 1995).

Preparação: Ronald Polito
Revisão: Otacílio Nunes e Carmen T. S. Costa
Capa: Roberto Yokota
Índice remissivo: Luciano Marchiori

1ª edição, 2010

Dados Internacionais da Catalogação na Publicação (CIP)
(Câmara Brasileira do Livro, SP, Brasil)

Mota, Carlos Guilherme
History e contra-história : perfis e contrapontos / Carlos Guilherme Mota ; prefácio Candido Malta Campos. — São Paulo : Globo, 2010.

Bibliografia
ISBN 978-85-250-4833-2

1. Brasil - História 2. Historiadores - Brasil
I. Campos, Candido Malta. II. Título.

10-01370   CDD-981.0072

Índice para catálogo sistemático:
1. Brasil : Historiografia 981.0072

Direitos de edição em língua portuguesa
adquiridos por Editora Globo S.A.
Av. Jaguaré, 1485 — 05346-902 — São Paulo, SP
www.globolivros.com.br

Em memória de Florestan Fernandes, José Honório Rodrigues e Raymundo Faoro, fraternos.

Para os historiadores Vitorino Magalhães Godinho, Stanley J. Stein e Alberto da Costa e Silva, amigos queridos e estudiosos da vida portuguesa, latino-americana e afro-luso-brasileira.

Para Adriana Lopez, meu cauto e vigilante amigo Eduardo Portella, Isabel Alexandre, Alfredo Bosi, Dalmo de Abreu Dallari, Paulo Sérgio Pinheiro, Gabriel Cohn, Fernando Leça, Walnice Nogueira Galvão, Boaventura de Sousa Santos (Coimbra) e José Manuel Santos Perez (Salamanca), com quem tive o privilégio de compartilhar perspectivas aqui esboçadas.

Para minhas filhas Tereza, Carolina, Julia, e agora meus netos, com carinho.

Aos meus alunos e ex-alunos, na esperança de que elevem o nível do debate historiográfico e da crítica ideológica neste país.

As coisas não nos pertencem. Pertencem a um papel, que as domina, esfarela, recria sob outras formas. Nada é mais ilusório do que a propriedade, pela qual ocorrem tantas brigas e se travam tantas guerras. Agora o problema é: mudar. Hábitos e cenários recomeçando aos 60 anos. Tem sentido? Que é que tem sentido, afinal?

CARLOS DRUMMOND DE ANDRADE,
O observador no escritório.

Fecho este álbum? Ou nele me fecho
em urna luminosa onde converso e valso,
discuto compra e venda, barganha, distrato,
promessa de santo, construção de cerca,
briga de galo, universais assuntos?

CARLOS DRUMMOND DE ANDRADE,
Farewell.

Sumário

Prefácio, *por Candido Malta Campos* 13
Nota do autor 19

I. Contrapontos: interpretações do Brasil

1. Os fazendeiros do ar 31
2. Revisitando *o mundo que o português criou* 41
3. O Brasil nos horizontes da revolta republicana portuguesa de 1891: um estudo da obra *O Brasil mental*, de Sampaio Bruno 59
4. Oliveira Lima e nossa formação 83
5. Em exame a obra de Caio Prado Júnior 111
6. Ecos da historiografia francesa no Brasil: apontamentos e desapontamentos 117

7. Raymundo Faoro e a revelação
   de um outro Brasil 141

8. Intérpretes do Brasil: Antonio Candido
   e Raymundo Faoro 153

9. A universidade brasileira e o pensamento
   de Gilberto Freyre 167

10. A inacabada *História da história do Brasil* 185

11. Debrun e o pensamento crítico de Gramsci 193

12. Civilizando a barbárie: Golbery e Geisel 199

13. Os dois Darcys 207

14. Presença de Florestan no IEA 213

15. Saindo das brumas: *o mundo que o
    português criou* ruiu 223

II. Encontros: conversações e perfis

1. Antonio Candido e nossa formação 257

2. Uma trajetória: Lucien Febvre 263

3. Fernand Braudel: um intelectual
   que deixou marcas 291

4. Charles Ralph Boxer (1904-2000) 297

5. O americano intranquilo: Richard Morse 301

6. Joaquim Barradas de Carvalho (1920-1980) 307

7. De Sérgio Milliet, de ontem, de sempre 317

8. Sérgio Milliet, "da capo" 323

9. José Honório e nós 331
10. Vamos discutir a história do Brasil: conversação com José Honório Rodrigues e J. R. do Amaral Lapa 337
11. Uma nação de deserdados 357
12. O povo, onde estava? 369
13. Francisco Iglésias: o professor das Gerais 377
14. Florestan ou a tradição do inconformismo 383
15. Florestan: memória e utopia 391

Créditos dos textos 401

Índice remissivo 405

Prefácio

Não seria possível esboçar uma introdução, ainda que sumária, ao conjunto de textos aqui apresentado sem relacioná-lo, não só a determinados aspectos recorrentes na obra de seu autor (o qual dispensa apresentações), mas também a seu papel — autor e obra — no contexto dos fascinantes embates por eles provocados na arena intelectual brasileira, num momento em que os debates eram menos anêmicos e as polêmicas, mais agudas e consequentes que as atuais.

Com efeito, há quatro décadas a voz crítica de Carlos Guilherme Mota alça-se em saudável dissonância no coro nem sempre harmônico da historiografia nacional: tanto em suas contribuições a temas consagrados, como a história da Independência e dos movimentos revolucionários transcendentes a 1822, como — o que se faz mais visível neste volume — em seu diálogo com os demais historiadores das ideias no Brasil; e, particularmente, em sua implacável demolição das construções ideológicas solidamente implantadas nesse campo.

É quase sempre na contramão, na contracorrente, entre a história e sua "contra-história", que nosso autor transita. Rebatendo no contrapé, com agilidade característica e fina ironia, logra releituras eficazes dos clássicos "intérpretes do Brasil" — categoria que ele mesmo contribuiu para destacar enquanto linhagem fundadora, isso quando seus componentes não eram tão disseminados e acessíveis como o são hoje. Nesse sentido, sua obra adquire mérito singular em face da tepidez que crescentemente assola os meios acadêmicos, e, mais ainda, em face do panorama de congraçamento que tantas vezes acaba por prevalecer na apreciação dos grandes pensadores brasileiros.

Ao contrário de tantos outros transplantes europeus, a crítica cultural, nos termos rigorosos que lhe impôs a Escola de Frankfurt, não se aclimatou com facilidade no trópico. Em seu lugar vicejam interpretações e construções em que a constante redescoberta do Brasil pauta-se, no mais das vezes, pela reiteração de noções, já algo gastas, que presidiram à formulação da "cultura brasileira" no século XX. Hoje como ontem, o país-continente parece melhor percorrido na horizontalidade das narrativas socioantropológicas, com a celebração de sua "paisagem" humana e de sua ubíqua diversidade, que na verticalidade das análises trinchantes — como o corte transversal empreendido por Caio Prado Júnior na sociedade e na economia dos estertores do regime colonial, em *Formação do Brasil contemporâneo* (1942).

Três quartos de século após os marcos balizadores que "intérpretes" celebrados do país, como Freyre e Buarque, lograram consagrar no furor dos debates de época sobre a identidade e a formação nacionais, ainda leituras obrigatórias — *Casa-grande & senzala* (1933), *Sobrados e mocambos* (1936), *Raízes do Brasil* (idem) —, e três décadas após ter vindo à tona a pauta crítica levantada por

Carlos Guilherme Mota a respeito da instrumentalização ideológica do ideário freyriano, com o já também clássico *Ideologia da cultura brasileira* (1977), essa discussão permanece atual, como demonstram a reedição deste último livro e a republicação, nesta coletânea, de textos antes dispersos de seu autor.

Entre eles, podemos destacar alguns momentos que de certa forma prepararam o terreno para o acirramento dessa temática. Mais especificamente o artigo que abre este volume: "Fazendeiros do ar" (1973), réplica a cortantes ataques desferidos por Sergio Buarque de Holanda no Suplemento Literário do jornal *O Estado de S. Paulo* em junho de 1973, com o título "Sobre uma doença infantil na historiografia", denunciando como indevida a revisão efetuada sob o comando de Carlos Guilherme a respeito do período da Independência, publicada pouco antes como *1822: dimensões*.

Ora, se o insigne historiador de *Visão do paraíso*, então empenhado em editar a monumental *História da civilização brasileira*, sentiu-se incomodado pela publicação, por parte de um grupo de jovens (alguns da mesma Universidade de São Paulo), de coletânea trazendo enfoques inovadores na consideração de um tema tão visitado, havia algo errado na própria conformação do terreno intelectual vigente. Assim, a metáfora assumida por Mota em sua réplica (de autoria ilustre, emprestada a Carlos Drummond de Andrade) denunciava, por sua vez, a reprodução de um padrão estamental no pensamento brasileiro, pelo qual os descendentes da oligarquia haveriam transmutado suas sesmarias de outrora em domínios igualmente ferrenhos e conservadores no campo cultural.

A provocação de Sergio Buarque teria ainda o mérito de espicaçar nosso autor a desenvolver esse tema na consecução de sua tese de livre-docência, origem da obra referencial *Ideologia da cultura brasileira (1933-1974)*. E nesta despontou, como exemplo máximo de formulação de uma "cultura brasileira" apropriada enquanto ideologia, propícia à legitimação de históricas desigualdades e ao escamoteamento de conflitos étnicos e sociais, a figura de Gilberto Freyre. A confrontação das teses deste último tornou-se mote da veia polêmica que perpassa parte importante da obra de Mota, visível nos artigos, depoimentos e conferências reunidos na primeira parte deste volume.

Mas não é apenas como contraponto às concepções freyrianas que devemos entender o trabalho crítico de Carlos Guilherme Mota. De um lado, tal postura não o impede de apreciar as inúmeras qualidades do genial pernambucano e o impacto pioneiro, revolucionário, de seus primeiros livros, como podemos verificar nas conferências pronunciadas por ocasião do centenário de Freyre, republicadas nesta coleção. De outro, a valorização de autores como Caio Prado Jr., Raymundo Faoro, Antonio Candido e Florestan Fernandes, enquanto reveladores de um Brasil difícil, contraditório, conturbado, no avesso das formulações dominantes da "cultura nacional", também deve muito à obra de Mota.

Devemos a ele, além disso, esforços inestimáveis para o reconhecimento de autores que ainda não ganharam o destaque merecido no cenário brasileiro, a despeito de importantes contribuições à historiografia local, continental, e mesmo europeia — como José Honório Rodrigues, Joaquim Barradas de Carvalho, Kenneth Maxwell, Richard Morse, Charles Boxer e Sérgio Milliet. Estão presentes nos perfis e conversas da segunda parte deste volume, por vezes derivados de entrevistas, prefácios ou tributos póstumos.

Talvez caiba lembrar que a presente seleção é apenas uma amostra do extenso diálogo que nosso autor tem mantido há várias décadas com estes e muitos outros historiadores e intelectuais interessados no Brasil. Traço recorrente em sua produção é a presença, às vezes até desconcertante, dessa multiplicidade de nomes — não nos termos de uma fria referência livresca, mas como participação vibrante, seja no pinga-fogo das discussões, seja no calor das homenagens, ou no apreço mútuo que transparece igualmente nas relações com amigos e menos afetos.

Pode-se cogitar da atualidade da postura crítica protagonizada por Carlos Guilherme Mota e levada a cabo com tanta consistência em seus textos, tenham eles o tom caracteristicamente polêmico presente na primeira parte desta coleção, ou o caráter mais "conversável" dos perfis e diálogos da segunda parte. Pois a mesma gravitação irresistível aos moldes oligarquizantes recorrentes no Brasil, que leva oposicionistas e contestadores de anteontem a tornaram-se esteios do *establishment*, parece atuar no campo do pensamento: figuras de início fortemente críticas, com obras revolucionárias a seu tempo, costumam ser alçadas a ícones, tornando-se objeto de certo culto acadêmico — o qual, embora incluindo análises de relevo, não admite uma crítica mais trinchante, nem a invasão dos feudos delimitados em torno de cada grande nome. Tal fenômeno, tão prejudicial à conformação de um universo de análise independente, descomprometido com a celebração mais ou menos explícita de seus objetos de estudo, atingiu não apenas as efígies de Gilberto Freyre, Sergio Buarque de Holanda e Mário de Andrade, mas passou a ameaçar o legado inegavelmente controverso dos próprios Caio Prado Jr., Raymundo Faoro, Darcy Ribeiro, quem sabe até Florestan...

Mesmo levando em conta a inevitabilidade dessa canonização, por envolver autores de tamanho quilate, não devemos esquecer que, a seu tempo, todos se insurgiram contra o pensamento dominante da época — lição de aplicação urgente no quadro atual, com o país cada vez mais agigantado e adormecido. Em que medida o sonho persistente de nossos mitos fundadores embala-se hoje aos lemas reconfortantes da diversidade, do sincretismo e do multiculturalismo, enquanto garantias de uma passagem suave da tradição, reinventada como apanágio popular, rumo à mais parabólica pós-modernidade? Enquanto isso a fragmentação da pesquisa histórica e a compartimentalização burocrática do saber enfraquecem o debate, privando seus protagonistas de um instrumental mais cortante e de maior abrangência. Assim, mais que nunca, é preciso valorizar o fio agudo da crítica, e nesse sentido a contribuição de Carlos Guilherme Mota é exemplar. Oportuna, portanto, a publicação destes textos, cuja variedade encerra passagens reveladoras de uma obra construída em permanente confronto com qualquer conformismo.

CANDIDO MALTA CAMPOS

Nota do autor

> *O Brasil é um país atrasado... Muito atrasado...*
>
> Caio Prado Júnior, 1981,
> em conversa com o autor.

O volume ii de minhas obras reunidas, que a Editora Globo decidiu publicar em quatro volumes, traz ao leitor uma coleção de artigos, conferências e breves ensaios produzidos em contextos e embates diversos. Um pouco ao sabor das circunstâncias, fazem-me lembrar, alguns deles, a autodefinição conhecida da Ortega y Gasset, "yo soy yo y mi circunstancia"... pois foram escritos ou falados em momentos de desafio, de perplexidade, susto, raiva, utópica expectativa, de admiração ou de saudade de historiadores com os quais convivi ao longo dessas décadas.

Todos evocam *intelectuais* (a palavra é densa) que tive a fortuna de conhecer de perto, tornando-me amigo de alguns, em especial de Florestan, Faoro, Iglésias e Boaventura, com quem aprendi muito e continuo aprendendo. Diverti-me com Morse, Novais e

Iglésias e creio que, de modo geral, consegui manter diálogo criativo. Todos mais velhos, com exceção do inquieto sociólogo português Boaventura de Sousa Santos, de meu grupo-geração, personagens que agora desfilam ao longo destas páginas selecionadas pelo historiador Ronald Polito, por Candido Malta Campos e por mim.

Para abrir a coletânea, os editores fizeram questão de incluir o artigo-resposta ao longo, duro e discretamente irado artigo que Sergio Buarque de Holanda, historiador e catedrático de história do Brasil no Departamento de História da Faculdade de Filosofia da USP, escreveu em 1973, aplastando este então jovem historiador de esquerda. Em páginas inteiras no *Estadão*, em duas edições dominicais sucessivas, "Dr. Sergio" (assim o chamávamos, estamentalmente) arrasou comigo.[1] Cheguei a pensar ter encerrado ali minha trajetória de iniciante, aprendiz de historiador ainda, com apenas dois livros, *Ideia de revolução no Brasil (1789-1801)*, originalmente dissertação de mestrado defendida na USP em 1967, e *Nordeste 1817*, tese de doutorado defendida em 1970, estudos em que examino as formas de pensamento na colônia e no Reino Unido, testando metodologia para a história das mentalidades. Segundo alguns amigos atônitos e desconcertados, o artigo de Buarque soou como um certeiro tiro de canhão... em uma mosca. Certeiro?

Sim e não. Tomei fôlego e, passadas algumas semanas, "ousei responder" ao "Dr. Sergio" no mesmo Suplemento Literário,

1. Republicado em *Para uma nova história. Textos de Sergio Buarque de Holanda*. Organização de Marcos Costa. São Paulo: Fundação Perseu Abramo, 2004, pp. 113-127. Não é mencionada nossa resposta, no mesmo Suplemento Literário, algumas semanas depois. A ira de Buarque tivera origem na publicação de *1822: dimensões* (São Paulo: Perspectiva, 1972), por mim coordenado, em que alguns autores (sobretudo na bibliografia final) emitiram opiniões sobre o instrumental conceitual por ele utilizado, bem como o adotado por Werneck Sodré e outros historiadores. Sodré perdeu a calma e a compostura.

para indignação de alguns professores de nosso departamento, em artigo intitulado "Os fazendeiros do ar", obviamente emprestado ao conhecido poema de Carlos Drummond de Andrade. Senti-me obrigado a responder, até por uma questão de educação e brio, mas também porque a reação inusitada de meu ex-professor me assustara. Além do mais, o autor de *Raízes do Brasil* tratara-me no referido artigo como "historiador de mérito", embora não declinasse meu nome. O clima ficou pesado, mas logo tive o aplauso de amigos diversos da nova geração de historiadores, sociólogos, jornalistas e professores de literatura. E de alguns madurões, como Brasil Pinheiro Machado, José Honório, Florestan e Faoro, que perceberam a "ruptura de um silencioso pacto historiográfico", como definiu Amaral Lapa a celeuma então armada. Afinal, os historiadores daquela geração quase nunca (ou muito raramente, e de leve) se criticaram entre si.

Comecei, a partir de então, a indagar sobre o porquê da virulência tornada pública, saída da pena de Sergio Buarque, um professor tão simpático, modernista, liberal, sofisticado, divertido, bom de copo e de texto, amigo dos mais novos, "pai do Chico" etc. e tal... De outro lado, representando um certo tipo simplório e estrito de marxismo vigente à época, o historiador e militar Nelson Werneck Sodré reagiu com destempero total, passando à ofensa pessoal. No Nordeste, Gilberto Freyre e acólitos de sua corte organizaram — dentre outras medidas — uma sessão de desagravo em anfiteatro da universidade contra este "jovem professor da USP". Como escreveu Sérgio Augusto, "ferido em sua fasianídea vaidade, Freyre limitou-se a aconselhar que cassassem a cátedra de Mota 'por incompetência'"....[2] Nos anos seguintes, no auge da ditadura e

---

2. *Lado B*. Rio de Janeiro: Record, 2001, p. 261.

ainda depois, essas polêmicas reverberaram nos principais jornais do país. Um horror.

Historiografia e ideologia

Descobri então, sem querer (querendo), que eu colocara em discussão a *ideologia* da cultura brasileira. A *crítica ideológica* entrara na ordem do dia das esquerdas e dos setores esclarecidos da população: tratava-se de uma prática corriqueira em todo e qualquer trabalho científico ou artístico, literário, dramatúrgico etc. Naqueles anos de chumbo, passava a ser contestada a própria "Cultura Brasileira", com C e B maiúsculos, noção defendida, em quase todos os meios de comunicação, pela direita civil-militar como um dos pilares do sistema. Na verdade, eu retomara, aprofundando talvez, ou quando menos dando publicidade, a tese de Raymundo Faoro, inscrita no último parágrafo de seu livro clássico *Os donos do poder*, sobre a formação do patronato político brasileiro, publicado em Porto Alegre em 1958:

> A principal consequência cultural do prolongado domínio do patronato do estamento burocrático é a frustração do aparecimento da genuína cultura brasileira.[3]

De algum modo, fundamente indignado com os rumos que a ditadura civil-militar traçara para o país, um novo grupo-geração —

---

3. Raymundo Faoro, *Os donos do poder. Formação do patronato político brasileiro*. Porto Alegre: Globo, 1958. Na nova edição, comemorativa dos 50 anos da publicação da obra (4ª ed., em 2008, com prefácio de Gabriel Cohn), a conclusão aparece algo modificada, porém com o mesmo e exato sentido. Preocupantemente atual.

o nosso, e não apenas no campo historiográfico — começava agora a se ocupar dos estudos brasileiros com a atenção e a crítica voltadas para a "identidade" nacional, porém na contramão do caminho trilhado pelos ideólogos da hora. Gente de direita que comemorava a vitória da "verdadeira Cultura Brasileira", com sua visão "cordial" e harmonizadora das diferenças brutais e conflitos sociais profundos, com irritante ufanismo, rotundo, violento e triunfante. Enquanto isso, os exilados, fossem economistas, historiadores, sociólogos, físicos, teatrólogos, biólogos, educadores, músicos, cineastas, médicos ou professores aposentados compulsoriamente de suas cátedras tomavam outro rumo na vida. Alguns deles "exilados" neste nosso país, quando não torturados e humilhados... A mais do que nunca decantada "democracia racial", os encômios à "cordialidade" brasileira (noção pitoresca pela qual se atribuía a Buarque, confusa e erroneamente, a paternidade dessa "explicação" histórica do "jeitinho"), o "Ame-o ou deixe-o" como atitude oficial do governo brasileiro, o horror dos zeladores da ordem estabelecida às dissidências de todo tipo, a adesão de Freyre e outros intelectuais tradicionais ao sistema, tudo empurrava as novas gerações à contestação dos ensaios — agora acoimados de marcadamente *ideológicos* — dos mascaradores da verdadeira (por assim dizer) realidade brasileira. Eram eles os tais "intérpretes" do Brasil — rótulo àquela altura pejorativo —, os nossos heróis civilizadores que definiam quem éramos, como se passou nossa história, o que valíamos naquele momento em que o país estaria (pensavam eles) se transformando em "Potência emergente". Definiam quais "eram" ou *deveriam ser* as características do "caráter nacional", e assim por diante. Tudo, é claro, na esteira do "Milagre Econômico", o professor Delfim Netto atuando como o "czar" da economia, para usarmos a expressão da época, período de ditadura cerrada em que foram cassados, perseguidos, vários intelectuais de primeira plana, como Furtado, Paulo Freire, Florestan, Vilanova Artigas, Mário Schenberg, Ferreira Gullar, Leite Lopes, Fernando Henrique Cardoso, Octavio Ianni, Rui Mauro Marini, Maria Yedda Linhares e dezenas, talvez centenas de outros.

O Brasil passava a ser decifrado por intelectuais de direita, agora exercendo sua hegemonia político-militar e "legitimados" por meio de atos institucionais, a partir da varanda das casas-grandes e dos alpendres dos sobrados, ou nas reuniões no Palácio do Planalto, no Ministério e no Conselho Federal de Educação, no Conselho Federal de Cultura, nos serviços de segurança acoplados à universidade, na ADESG e em organismos congêneres. Para os dissidentes mais radicais, a Oban e seus torturadores...[4] O sistema ideológico-cultural da direita lograra cristalizar e tornar operativa a noção de "Cultura Brasileira".

No túnel em que o país entrara com o longo desdobramento da contrarrevolução preventiva de 1964, que o golpe dentro do golpe de 1968 prolongou e aprofundou, com a edição do AI-5, oficializou-se a perseguição aberta e física, muitas vezes sanguinária, às pessoas e ao pensamento crítico que, por sua vez, se radicalizava nas várias frentes da sociedade civil, metodicamente aplastadas.

Sob severa ditadura, nós, os que não fomos cassados, nem exilados ou autoexilados, continuamos em nossa missão árdua de formadores de novas gerações, enfrentando ao mesmo tempo os antigos "explicadores do Brasil", agora truculentos conservadores encastelados no Sistema, na universidade e na imprensa, e debatendo visões de história com a nova juventude, em geral da esquerda ra-

---

4. Vale lembrar que até mesmo o professor Fernando Henrique Cardoso, um intelectual de esquerda já então internacionalmente conhecido, e futuro presidente da República após abertura do regime, chegou a ser encapuzado, passeado em camburão pelas ruas de São Paulo e ameaçado de morte pelas forças da ditadura.

dicalizada, muito ativa em salas de aula, assembleias ou em novos partidos, com suas aguçadas e iracundas lideranças de variados matizes teóricos e ideológico-culturais. Algumas da quais, diga-se, perderam o rumo da história, aderindo ao longo do tempo, de um modo ou de outro, ao Sistema, do qual tornar-se-iam aspones, ou quando menos políticos de meia-confecção, assessores, consultores etc. Mas, vale sublinhar, na longa duração histórica, nem todas as antigas lideranças entregaram os pontos, felizmente!

Por tudo isso é que lapido aqui minha sincera homenagem aos colegas de meu grupo-geração, sobretudo professores e jornalistas que participaram daqueles momentos críticos, e a todos que não se entregaram às facilidades da hora.

O CLIMA

Esse era o clima político e "cultural" do país, como de resto em vários países da América Latina, sobretudo no Cone Sul. As trevas haviam baixado no subcontinente, com a breve exceção do Peru, em que o general Velasco Alvarado procurava uma linha nacionalista e com apoio mobilizador da esquerda (que incluía a participação do peruano Carlos Delgado e do brasileiro Darcy Ribeiro, lá exilado). Documento importante para a compreensão do que ocorria no Brasil é o livro *Meu querido Vlado*, em que, enquanto participante dos movimentos da esquerda, Paulo Markun descreve o contexto e o processo que levaram ao assassínio ("suicídio", segundo os torturadores da Oban...) do jornalista e professor Vladmir Herzog em São Paulo em 1975.

Na África e na Ásia ainda se vivia o clima da descolonização, palavra-chave de nosso grupo-geração. Por fim, em 1974 e 1975, o "mundo que o português criou" implodiu, Portugal pôs abaixo a ditadura salazarista, com a "Revolução dos Cravos", e — ao mesmo tempo, posto que o colonialismo é um sistema, advertia Sartre — as colônias se emanciparam. Venciam as ideias de Amílcar Cabral, Mario de Andrade (Buanga Fele), Samora Machel, Mondlane, Aquino de Bragança e muitos outros.

Descolonização, porém, era mais que uma palavra de ordem. Tratava-se de uma ideia ampla, inovadora, libertária, generosa, que sugeria e gerava novos horizontes de descobertas não alinhadas e anticonvencionais, novas visões de mundo em todos os planos, desde a educação à economia, às ciências exatas e naturais. E abrangia todo o vasto campo das ciências humanas, os estudos sobre as ideologias políticas e culturais, provocando a rotação de perspectiva sobre as mentalidades dos povos, classes e estamentos sociais. E, por consequência, o descondicionamento dos padrões socioculturais e mentais dos povos colonizadores e imperialistas.

Todos esses campos do saber voltavam-se à ação, à prática, à transformação da sociedade e, portanto, do conceito de Cultura. Frantz Fanon, Rodolfo Stavenhagen, Balandier, Florestan Fernandes, Paulo Freire, Amílcar Cabral ("Cultura, fator de libertação? Não: libertação fator de cultura", pontuava ele), Eric Hobsbawm, o sempre atualizado Anibal Quijano e dezenas de outros pensadores alinhavam-se nessa nova vanguarda do pensamento contemporâneo do Terceiro Mundo. Esse o pano de fundo dos ensaios incluídos nesta coletânea em que o mundo latino-americano e o mundo afro-luso-brasileiro são contemplados dentro de uma perspectiva tanto quanto possível crítica, hoje um tanto datada, em face dos novos aspectos da globalização.

Perfis

Incluímos também nesta coletânea breves notas sobre alguns perfis de intelectuais que consideramos exemplares, como Antonio Candido, Raymundo Faoro e Francisco Iglésias, e historiadores que, como Charles Boxer (personagem do filme *A ponte do rio Kuai*, interpretado pelo ator Alec Guiness), José Honório Rodrigues e Richard Morse, inovaram em seus respectivos campos de reflexão e pesquisa.

Nada substitui, porém, a (re)leitura de suas obras-mestras, com a atenção descansada que merecem os nossos clássicos, até porque, em sua maior parte, tornaram-se referências internacionais, de vez que foram traduzidas em outras línguas. Releitura fundamental, pois vem se avultando o desafio histórico-cultural imposto a todos nós, qual seja, o de auxiliar na montagem de uma sociedade civil moderna e democrática neste país. Pois ela ainda não se implantou e enraizou para valer, em profundidade. Nesta primeira década do século XXI, descortinam-se novas perspectivas no plano mundial, abrindo-se novas veredas no campo da história e da historiografia. Sem a vigilância dos historiadores e os alertas sinalizadores da historiografia, talvez os horizontes se turvem, acarretando o desastre que o grande historiador português Vitorino Magalhães Godinho mais temia, ou seja, "o naufrágio da memória nacional e a Nação no horizonte do marketing", afogadas nos novos "mitos" da sociedade do espetáculo.[5]

É pois com a grave dúvida do mestre português — que também é a nossa, no Brasil contemporâneo, país em que a educação,

---

5. GODINHO, Vitorino Magalhães. "O naufrágio da memória nacional e a Nação no horizonte do marketing". In: BETHENCOURT, F. & CURTO, Diogo Ramada. *A memória da Nação*. Lisboa: Sá da Costa, 1991.

a ciência e a pesquisa vão muito mal — que convidamos o leitor a percorrer esta coletânea:

> Será ainda agora possível, nesta desagregação em que persistem estruturas arcaizantes, ao mesmo tempo em que penetram em enxurrada a "modernização" e os interesses transnacionais, construir uma memória para Portugal e para os portugueses?[6]

Mutatis mutandis, ainda hoje a mesma questão — qual seja, a da "modernização" superficial que não abala as estruturas arcaicas e os velhos quadros mentais — se coloca para nós brasileiros. E de modo ainda mais agudo, pois chapinhamos numa perversa tradição cultural de "miséria farta", como ironizava o educador Anísio Teixeira. Tradição cultural profunda e persistente, em que a desmobilização da memória coletiva carrega água para os moinhos da contrarreforma, do neopopulismo assistencialista, do neocoronelismo, da contrarrevolução permanente, da conciliação e do atraso. Da contra-história, enfim.

CARLOS GUILHERME MOTA
Serro Azul (Campos do Serrano, São Bento do Sapucaí),
em julho de 2009.

---

6. Ibidem, p. 27.

I. Contrapontos: interpretações do Brasil

1. Os fazendeiros do ar

> *Ce sont plutôt les générations qui se corrigent, que les hommes: c'est la jeunesse encore exempte de préjugés, et indifférente aux systèmes, qui en juge le plus sainement.*
>
> De Luc. *Lettres physiques et morales sur l'histoire de la terre et de l'homme.* Paris, 1779.

Os processos pelos quais passou o Brasil nos últimos quarenta anos oferecem farto material para o historiador das ideologias. Algumas categorias de pensamento (ideológico) parecem resistir às mudanças e permanecem, sob nova roupagem, como indicadores de mecanismos de preservação de um mandarinato (Chomsky) que não raro possui conotações classistas (ou estamentais) e mesmo, na melhor das hipóteses, etnocêntricas. Nesse sistema cultural que se estruturou, e do qual não se devem descartar as sérias implicações políticas, fabricam-se ideologias que refletem e ao mesmo tempo se identificam com um certo estado de coisas, uma vaga noção de ordem, ou, quando progressistas (para o nosso meio, entenda-se bem), com a aceitação proustiana da mudança; no limite, e na melhor das hipóteses, essas ideologias são resguardadas por uma postura condescendente para com a veiculação da velha ideia de que a vida social muda tão lentamente como o sistema solar.

Contudo, a despeito das mudanças (sociais e políticas) e das persistências (culturais e ideológicas), algumas questões permanecem de pé: em que direção avança o processo cultural entre nós? Quais as noções de *processo cultural* atualmente veiculadas? Uma terceira, talvez ingênua: por que a polêmica desapareceu e/ou foi abafada entre nós?

As respostas a tão impertinentes questões tornaram-se patrimônio exclusivo dos "explicadores" do Brasil, que não hesitaram em partir à busca do "caráter nacional brasileiro". As aspas, no caso mencionado, são necessárias porque se evoca com essa formulação o título de sua publicação em 1969: refiro-me à obra de Dante Moreira Leite, *O caráter nacional brasileiro. História de uma ideologia*.[7] E são necessárias as aspas não por simples ironia: os "explicadores" (as aspas aqui significam que os entendo como ideólogos) do Brasil permanecem ativos, exercendo sua função de heróis civilizadores numa região em que a grande massa continua analfabeta... e em que a produção de cultura de massa se impõe como única (?) alternativa dentro dos quadros do sistema. Momento significativo é o que está sendo vivido, uma vez que, de um lado, os remanescentes de uma aristocracia cultural (os "explicadores do Brasil") que falam em nome da cultura brasileira ainda continuam a impor — de maneira pouco ou nada contestada — sua visão de Brasil, dizendo da "psicologia social do brasileiro" ou se o brasileiro é "triste" ou

---

7. São Paulo: Pioneira, 1969. 2ª ed. revista, refundida e ampliada. Ver a resenha crítica de Adalberto Marson "Sobre a ideologia do caráter nacional: uma revisão" (*Revista de História*, São Paulo, nº 86, 1971), que registrou devidamente as análises contidas na obra.

"cordial", e se o processo cultural deve ir mais por um caminho ou por outro.

De outro lado, ficam os homens novos, verdadeiros executivos (no sentido empresarial) e portadores de uma concepção de trabalho intelectual altamente dinâmica, que não apenas serve ao sistema como, hoje, é responsável pelo grosso da produção maciça entre nós: são eles responsáveis em grande parte pela derrocada de uma certa visão humanista do processo cultural, da visão liberal da atividade educativa, da ótica *mannheimiana* do papel do intelectual. E até mesmo, de um lado, pela derrocada de certas interpretações ditas marxistas que tiveram plena vigência entre nós na década passada, caracterizadas pelo esquematismo e pobreza conceitual (neste ponto, penso sobretudo em Nelson Werneck Sodré), e, de outro, da perspectiva aristocratizante na compreensão da "cultura brasileira" (penso em Paulo Prado, Gilberto Freyre, Sergio Buarque de Holanda, entre os mais destacáveis).

Momento rico, pois, em que, de um lado, permanecem por trás da mesa senhorial os representantes do estamento intelectual, zeloso em relação ao controle que exercem nas suas "réserves de chasse" culturais, *resguardando através de sua noção de cultura os valores de uma oligarquia esvaziada economicamente, mas que luta por manter no plano estrito da "cultura" sua força e seu prestígio*. Status, eis um bom termo para localizar e definir um dos traços característicos do segmento cultural que compõe o mandarinato remanescente, pouco permeável à crítica e à revisão agora se debatendo numa sociedade que já é de *classes*.[8] De outro lado, militam os executivos,

---

8. Dada a generalizada confusão que o termo "classe" vem provocando na seara historiográfica (ao ponto de alguns terem abandonado simplesmente seu uso, para maior comodidade), valerá a pena retomar a discussão pelo princípio. Para tal, consulte-se E. J. Hobsbawm, "From social history to the history of society". In: GILBERT, F. & GRAUBARD, S. *Historical studies today*. Nova York: W. W. Norton and

os representantes de uma classe (pois estamentos não são, com certeza), diria comercial, que eventualmente se nobilitam através da ascensão rápida, atualmente propiciada pelas carreiras acadêmicas — ascensão que tem causado tropelias dentro dos quadros universitários, e que vem sendo recriminada competentemente pelas colunas deste mesmo periódico. Como já tem sido muito criticada a segunda tendência, a da chamada "cultura de massa" (que não se confunde com cultura popular), voltaremos nossa atenção para o primeiro agrupamento: o dos "fazendeiros do ar".

Anticapitalistas de elite

Por que "fazendeiros do ar"? Retiramos esta expressão não apenas de Carlos Drummond de Andrade, mas também e sobretudo de ensaísta brasileiro, que lhe deu nova dimensão em artigo crítico, escrito em 1969/1970, e publicado em revista europeia. No referido artigo, de autoria de Roberto Schwarz, aponta-se a existência desses anticapitalistas de elite, simbolizados numa figura já tradicional da literatura brasileira do século XX, o "fazendeiro do ar": "é o homem [escreve o ensaísta] que vem da propriedade rural para a cidade, onde ele evoca, analisa e critica, em prosa e em verso, o contato com a terra, com a família, com a tradição e com o povo, tal como lhe foi tornado possível pela grande propriedade fundiária. É a literatura da decadência rural". Essa figura retém consigo certa visão de mundo (vasto mundo) que propicia ao analista excelente campo para o desenvolvimento de suas investigações: na historiografia, na crítica, na sociologia, na antropologia, na dramaturgia, na literatura e até mesmo na pintura

---

Co., 1972, pp. 1-26.

(penso nas últimas sendas proustianas de Gilberto Freyre), os "fazendeiros" continuam a produzir e a preservar um comportamento patrimonial em relação à "cultura brasileira". Mas como escreve o crítico, sendo ela marcada por linguagem exclusiva, é certo que contribui por isso mesmo à consolidação do privilégio.

Numa palavra, tal concepção de cultura produz os marginalizados. Segundo ainda o autor, escrevendo em 1970, a chamada cultura brasileira não chegaria a atingir, com regularidade e amplitude, 50 mil pessoas, num país de 90 milhões de habitantes. E, como era de se esperar, por ser elemento constitutivo de sua ideologia, não toleram os "fazendeiros" a discussão dos seus instrumentos de análise, ou seja, da sua própria linguagem: ela é peça fundamental do seu sistema de poder. Como não possuem explícita uma teoria das classes sociais no Brasil, os ideólogos da cultura brasileira podem se permitir falar das "classes ínfimas", ou falar do "povo" com tal nível de generalização que toda a história fica nivelada numa superfície com poucas manifestações de tensão — brota, assim, uma história incruenta, para retomar um dos pontos centrais da crítica de José Honório Rodrigues. Uma análise detalhada do vocabulário dos "explicadores" do Brasil se impõe, portanto, não para instaurar uma espécie de "superstição do vocábulo puro", ou seja, perfeitamente unívoco, petrificado, e válido para todo o sempre, como parece temer o professor Sergio Buarque de Holanda, ponto de referência na historiografia brasileira, em recente artigo publicado neste mesmo *Suplemento*: não se trata de substituir o mito do fato puro pelo mito da linguagem. O que se tem em mira, isto sim, é iniciar um processo de discussão do instrumental conceitual dos "explicadores" do Brasil, na melhor linhagem de Lucien Febvre. Quais os termos-chaves para tais ideólogos? Como é visualizada por eles a sociedade brasileira nos diversos momentos de sua história?

Vale notar que essa posição não deriva de impertinência de uma historiografia mais jovem em confronto com uma historiografia mais idosa: não se trata de um problema de "gerações" historiográficas, porque a ideia de geração também pode ser ideológica. O que se trata é de saber por que investigadores de porte utilizam terminologia eclética em suas análises. Pensando no caso do Brasil, concretamente: os conceitos de classe, de estamento e de casta já foram utilizados por autores diversos, em sentidos diferentes, para explicar uma mesma formação social. E o que não deixa de ser curioso, pensando em termos de relações de produção para determinado período, eles geralmente estiveram de acordo que a base do regime de trabalho era escravista... Afinal, trata-se de saber do que estão falando, trata-se de uma questão de precisão e de adequação conceitual.

Instrumental mais adequado

Talvez não seja por acaso que novas frentes da historiografia e do pensamento sociológico no Brasil (como, de resto, em outros núcleos da América Latina) venham se preocupando com a utilização de instrumental mais adequado para a discussão dos processos de estratificação. Em perspectivas diversas mencionam-se, sem preocupação de arrolamento, as investigações de Florestan Fernandes, muito especialmente em *Capitalismo dependente e classes sociais na América Latina*, onde publica comunicação apresentada ao Seminário sobre os Problemas de Conceituação das Classes Sociais na América Latina, na Universidade Nacional Autônoma do México (1971), sobre os conceitos de classe e estamento, que aliás servem de título para um dos capítulos de *Comunidade e sociedade* (SP, CEN,

1972), concernentes à história do Brasil. Também o trabalho de Raymundo Faoro (*Os donos do poder*, 1958); de Francisco Iglésias, em seu estudo recente sobre a historiografia brasileira, apresentado em maio no Panamá, onde insiste na necessidade de se estudarem os estamentos, castas e classes na história do Brasil; de Fernando A. Novais, que indica para o fim do período colonial a "estamentização" da sociedade (In: *Brasil em perspectiva*. São Paulo: Difel, 1969, p. 71); a obra fundamental de Maria Sylvia de Carvalho Franco, *Homens livres na ordem escravocrata* (1969), que ainda não foi objeto de estudo crítico profundo para a avaliação de sua importância na revisão da historiografia brasileira. Não terá sido por descuido, ainda, que surgiu nas livrarias a bem concebida coletânea de textos básicos organizada por Octavio Ianni (*Teorias de estratificação social*), dividida em três partes: castas, estamentos e classes. Não terá sido por acaso que no último colóquio de Saint-Cloud — na velha França, ponto de referência eterno dos "fazendeiros do ar" — se tenha escolhido para tema central "Ordens e Classes": o prefaciador das atas do encontro declara que, no respeitante ao tema, a historiografia francesa se encontra no mais obscuro caos...

Claro que não se pretende, com o que ficou indicado, estabelecer um quadro rígido de conceitos de base; e purgar o pensamento historiográfico e as reflexões sobre o passado, elaboradas com toda uma carga de compromissos sociais e políticos. Os "explicadores" do Brasil é que precisam ser explicados, e Dante Moreira Leite já iniciou importante roteiro de revisão, mostrando inclusive as raízes da valoração da cultura ornamental, "característica de todas as sociedades marcadas por desigualdades muito violentas e o Brasil não é exceção a isso" (*O caráter nacional brasileiro*, p. 289). Já se vive numa fase em que não mais se acredita no mito do "fato puro", ou da "cliometria" (que é ideologia), no mito da linguagem (e portanto da existência de conceitos-chave absolutos para a triagem do material empírico — os documentos — e da produção historiográfica). O que se pretende é uma fundamentação que permita discutir e estabelecer os usos e as *transformações* nos usos dos instrumentos de análise daqueles que estudaram essa categoria abstrata denominada "o homem brasileiro". Em vez de se discutir se o homem é "aventureiro", "cordial", "individualista", "inquieto e desordenado", o que se pretende é indagar sobre os princípios de organização da sociedade da qual faz parte. O problema não é de se inspecionar o caráter nacional outorgando tal ou qual comportamento ao brasileiro em geral: a tal postura prefiro sempre os resultados dos estudos de Mário de Andrade, que desvendou a característica básica "do brasileiro"; no outro extremo, se o problema for o da utilização rígida dos procedimentos das análises linguísticas, ficaremos com a "Gramática africana", de Roland Barthes...

De qualquer maneira, o tema básico a ser discutido é o da redefinição do papel do intelectual, em áreas e tempos em que os "fazendeiros do ar" vão rareando. Em face da imensidão da tarefa, nada melhor que um exemplo de modéstia, o de Sergio Bagu, conhecido historiador argentino, que numa altura avançada de sua carreira tomou a decisão de suspender tudo (livros inconclusos e tarefas da cátedra) e repensar sua temática do princípio ao fim, palmilhando a América Latina, sensível às contradições existentes entre sua posição intelectual e a *realidade* observada. Dessa verdadeira crise surgiram novas ideias que permitiram a Bagu rever suas posições teóricas e repensar o ordenamento da realidade social, discutindo o *para quê* da estratificação; a natureza relacional das etnias; os princípios de organização da sociedade em estamentos, castas, classes etc. Ao assumir sua crise, forneceu magnífico exemplo de atitude em face da atividade cultural. Por isso, sua obra (*Tiempo, realidad social y conocimiento*. México: Siglo XXI, 1970) tem o valor de um testemunho:

> De viajar e ver na América Latina miséria e opressão numa área de enormes recursos naturais —, de estudar seus problemas e executar as tarefas da cátedra, foi surgindo uma dúvida grave. A de que existe uma teoria do fenômeno social que se encontra radicalmente ultrapassada pela realidade. E elaborada nos centros culturais do Ocidente e traduzida na América Latina em idioma vernáculo. Nessa teoria há uma porcentagem grande de criação; outra, muito maior, de culteranismo e preciosismo profissional. América Latina; continente colonizado desde séculos, pagou e continua pagando tributos em sangue e espécie. Tributos renderam também seus intelectuais no mundo das ideias e nisso continuam ainda não poucos. A tradução continua sendo, em escala sufocante, o metro com o qual se medem tanto o mérito profissional do teórico como o empuxo do revolucionário. Percebemos já, entretanto, os sintomas de uma nova atitude: a conquista do direito à opinião própria, respeitosa para com os antecessores mas liberada de toda reverência inibitória.

O *Estado de S. Paulo*, 2 set. 1977.

2. REVISITANDO *O MUNDO QUE O PORTUGUÊS CRIOU**

I. POR QUE ESTOU AQUI?

DESEJO AGRADECER O CONVITE formulado por Sonia e Fernando Freyre para estar presente neste encontro em que se comemora o centenário de nascimento de Gilberto Freyre, certamente o mais conhecido intérprete do Brasil no século XX. Sou grato também à professora Fátima Quintas, filha de meu dileto amigo e grande historiador da Praieira e de 1817, o saudoso professor Amaro Quintas, que sempre soube cativar o coração dos paulistanos. Vivo estivesse, mestre Amaro completaria 90 anos em 2001. Evocá-lo aqui, no

---

* Retomo aqui algumas ideias por mim apresentadas no 1º Congresso Luso-Afro-Brasileiro de Ciências Sociais, organizado pelo professor Boaventura de Sousa Santos e pelo Centro de Estudos Sociais da Faculdade de Economia da Universidade de Coimbra, 2 a 5 de julho de 1990, nas comemorações dos 700 anos daquela universidade. No contexto das celebrações dos 500 anos do "achamento" de Pedro Álvares Cabral, estas notas talvez adquiram sentido e possam ser objeto de uma nova leitura.

centenário de seu amigo, o sociólogo e escritor Gilberto Freyre, constitui uma homenagem a mais para ambos.

Estou ciente de que minha presença neste encontro é controversa, dada a polêmica que se armou nos anos 1970 e 1980 em torno de meu livro *Ideologia da cultura brasileira*. Um livro francamente, e por muitas razões, antigilbertiano. O livro aliás não era sobre o sociólogo, mas sobre o poderoso e desmobilizador sistema ideológico construído a partir de suas teses, e de sua atuação após o golpe de Estado de 1964. Criticara eu em 1975 não somente a noção de cultura por ele — por outros intelectuais e políticos — veiculada, mas sobretudo os usos que os sistemas ditatoriais no Brasil e em Portugal dela fizeram, e alguns políticos da hora ainda fazem. Por tal razão, formou-se um clima hostil, e com isso criou-se essa "maldição" que carrego com um sorriso, sobretudo quando algumas de minhas opiniões são estendidas a uma vaga "USP" que, por sua vez, seria toda ela antigilbertiana... O que talvez não se saiba é que também tenho críticas a certos setores da universidade em que me criei e lecionei por muitos anos. Ao próprio conceito de universidade aí cultivado.

Nada obstante, nunca neguei minhas posições, que reiterei em várias entrevistas a canais de televisão e jornais. Nem tampouco deixei de admirar o que de bom há em sua produção intelectual. Como negar que Freyre foi um grande pesquisador e um notável escritor? Que na USP, àquela altura, não havia intelectual mais importante e interessante que ele? E que sua obra, no contexto dos anos 1930 e 40, constituía um avanço, estando alinhada com frentes e vanguardas da época? Afinal, a própria esquerda norte-americana, em que se situava seu notável tradutor, Samuel Putnam, o valorizou extremamente. Putnam, até hoje um notável desconhecido pela intelectualidade brasileira.

De todo modo, agradeço sensibilizado o convite para aqui expor de viva voz tanto minhas discordâncias como meu apreço, nesta espécie de *glasnost* à brasileira. E a oportunidade para reencontrar amigos pernambucanos, como Manuel Correia de Andrade e Vamireh Chacon, ou "pernambucanos" por afinidade, como os professores Hans Steger e Eduardo Portela, com quem venho dialogando e aprendendo ao longo da vida. É para mim um momento interessante também enquanto pesquisador fazer essa visita etnográfica ao universo de Apipucos conduzido pelas mãos de Sonia, pensar *in loco* no significado e capacidade de penetração dessa poderosa ideologia cultural, com seus mitos, modos e manias, no lugar em que foi gerada a ideologia mais forte do século XX brasileiro. A casa de Gilberto, esse verdadeiro Lampedusa nordestino. Momento também para repensar meus revolucionários de 1817, os verdadeiros fundadores do liberalismo no Brasil, gente com quem convivi em meu livro *Nordeste 1817*, o que mais gosto, e que me fez apreciar ainda mais os brasileiros nordestinos.

Ao trabalho, pois. Não vou fazer história, até porque é vasta a bibliografia sobre a figura de Freyre. Meus citados amigos já produziram obras importantes, que se alinham aos livros e estudos de mérito dos professores Élide Rugai Bastos, Ricardo Benzaquen, Vamireh Chacon e Vila Nova. Mas creio que posso oferecer alguns contrapontos e uma contextualização para outra apreciação do significado da obra freyriana para a formação do Brasil contemporâneo.

II. O mundo freyriano em face da crítica

Minha observação preliminar refere-se ao fato de que, no mundo luso-afro-brasileiro, a *ruptura mais profunda já ocorreu no plano cul-*

tural lato sensu. O "mundo que o português criou" gilbertiano ruiu nos anos 1970, com a Revolução dos Cravos e as independências das ex-colônias portuguesas. Como consequência, desestruturou-se a concepção lusotropicalista de história. Ou seja, a visão de uma suposta especificidade cordial e adaptativa dos portugueses nos trópicos, com suas peculiaridades de miscigenadores democratizantes, do ponto de vista étnico.

Vamos ao ponto: não pertencemos mais àquela fabricação ideológica, ao mesmo "todo", ao menos àquele conjunto de instituições que mantiveram por longos séculos um dos mais pesados aparelhos burocráticos de toda a história, de que o sistema colonial, o escravismo, o corporativismo, a repressão ideológica da Contrarreforma e suas sutis remanescências de *longue durée* foram componentes indissociados.

Nesta retomada crítica, vale revisitar toda uma linhagem de pensamento que, no Brasil, em Portugal e na África, opôs-se sistematicamente à poderosa concepção de cultura harmônica desse mundo resultante da expansão colonial "civilizadora". Pensadores e historiadores de primeira linha, como o historiador Vitorino Magalhães Godinho, em Portugal, ou o angolano Mario de Andrade, sempre estiveram vigilantes na crítica a essa visão paralisante de história — que abrigava uma autossatisfeita consciência amena de atraso, distanciando-nos da contemporaneidade da história mundial.

Também no Brasil a crítica desde muito cedo se manifestou contra a interpretação freyriana, defensora de uma suposta especificidade do "Novo Mundo nos Trópicos". Se *Casa-grande & senzala*, a obra-mestra de Gilberto Freyre, aparece em 1933 com ingredientes modernizantes, de vanguarda (e neste país atrasado chegou a provocar repúdio de setores mais reacionários por dessacralizar os heróis da raça branca gerados nos Institutos Históricos e Geográficos), note-se que naquele mesmo ano surgia a crítica do historiador Caio

Prado Júnior (*Evolução política do Brasil e outros estudos*). O conjunto de sua obra representa o início do redescobrimento do Brasil, anunciando "um método relativamente novo" dado pela interpretação materialista. O historiador organiza as informações de maneira a não incidir e esgotar o enfoque "na superfície dos acontecimentos — expedições sertanistas, entradas e bandeiras; substituições de governos e governantes; invasões ou guerras". Para o historiador paulistano, esses acontecimentos constituem apenas um *reflexo* (termo que parasitará muitas das explicações posteriores) exterior daquilo que se passa no íntimo da história. Caio redefiniu a periodização corrente, valorizando os movimentos sociais do século XIX como Cabanada, Sabinada e Praieira e demonstrando que "os heróis e os grandes feitos não são heroicos e grandes senão na medida em que acordam com os interesses das classes dirigentes em cujo benefício se faz a História oficial". Uma crítica vigorosa e fundamentada à historiografia oficial ficava estabelecida, ao mostrar que autores difundidos como Rocha Pombo, em volumes alentados e em manuais, dedicavam simples notas de rodapé a movimentos populares do porte da Cabanada (Pará, 1833-1836). A preocupação em explicar as relações sociais a partir das bases materiais, apontando a historicidade do fato social e do fato econômico, colocava em xeque a visão mitológica que impregnava a explicação histórica dominante.

Com Gilberto e Caio, criava-se um novo paradigma: era o início da crítica à visão monolítica do conjunto social, gerada no período oligárquico da recém-derrubada Primeira República (1889-1930). *Com as interpretações de Caio Prado Júnior, porém, as classes emergem pela primeira vez nos horizontes de explicação da realidade social brasileira* — enquanto *categoria analítica*. Seus outros livros (*Formação do Brasil contemporâneo*, 1942, em especial) aprimoraram nosso instrumental conceitual, formulando uma sofisticada teoria das classes, da colonização enquanto sistema e das ideias. Mas note-se: estudou o sentido da colonização e o peso dos componentes do sistema colonial para avaliar suas persistências na vida brasileira.

Pouco depois, Antonio Candido, professor de sociologia pertencente a um grupo-geração mais jovem, formado sob o Estado Novo (1937-1945), já manifestava em seu depoimento à *Plataforma da nova geração* (1944) repúdio ao funcionalismo nos estudos de cultura, pois tal teoria apagava as diferenças e suavizava os crescentes conflitos vividos pela sociedade brasileira na esteira das greves de 1917 e dos movimentos de 1922, 24, 26, 30, 32 e 35. E colocava Freyre à frente desse modismo:

> A concepção de ciclo ou círculo cultural (...) leva quase que necessariamente à de função; à de interdependência necessária entre os traços de uma cultura e da sua existência em função uns dos outros. Está certo e muito bem. No entanto, a concepção de funcionalidade pode levar perigosamente a uma justificação e, portanto, aceitação de "todos" os traços materiais e espirituais, dado o seu caráter "necessário". E vem a tendência para aceitar *in totum* um complexo cultural e defender a sua inevitabilidade funcional, digamos assim, em detrimento do raciocínio que tende a revelar suas desarmonias. Não é uma consequência fatal da sociologia da cultura, está visto. É um abuso possível, uma deformação contra a qual chamo a atenção, num país em que ela vai entrando a toque de caixa. Veja você o nosso mestre Gilberto Freyre — a que ponto está levando o seu culturalismo. Suas últimas obras descambam para o mais lamentável sentimentalismo social e histórico; para o conservadorismo e o tradicionalismo. Enamorado do seu ciclo cultural luso-brasileiro, é levado a arquitetar um mundo próprio, em que se combine o progresso com a conservação dos traços anteriores característicos. Tudo estará justificado se trouxer a marca do mundo que o português criou e que nós vamos desenvolvendo e preservando, sim senhor, com a ajuda de Deus e de Todos os Santos Unidos. (...) Aí está um caso em que o método cultural carrega água para o monjolo da Reação.[9]

9. In: NEME, Mario (org.). *Plataforma da nova geração*. Porto Alegre: Globo, 1945.

Com a passagem dos anos 1940 para os anos 50, o Brasil transita da consciência amena de atraso para a trágica constatação de ser país subdesenvolvido. Enquanto muitos intelectuais empenhavam-se em fabricar ideologias para a superação do subdesenvolvimento, mobilizando recursos (seja no ISEB, na CEPAL ou alhures) para a afirmação de uma cultura nacional, de uma "Cultura Brasileira", para harmonizar as diferenças e integrar o "Brasil arcaico" no "Brasil moderno", eis que aparecia em 1958 o livro notável de Raymundo Faoro, *Os donos do poder*. Percorrendo o longo caminho desde a particular Idade Média portuguesa até o século XX brasileiro, Faoro revelou a formação histórica do patronato político brasileiro, concluindo de modo radical e surpreendente seu percurso: a genuína cultura brasileira jamais emergiu à luz dos tempos. Após examinar seis séculos de história, notou ele a persistência de um forte estamento burocrático, desmobilizando sistematicamente as formas de expressão que pudessem trazer à tona projetos sociais sintonizados com a contemporaneidade do mundo: "a principal consequência cultural do prolongado domínio do patronato do estamento burocrático é a frustração do aparecimento da genuína cultura brasileira".[10]

Mas vale registrar que essa crítica passou quase despercebida, primeiro, por conta da força da ideologia da "Cultura Brasileira", que consolidava a ideia de pertencermos a um todo monolítico; segundo, porque vivia-se o clima de euforia desenvolvimentista-populista do período de Juscelino Kubitschek, em que se acenava às reformas de base — que jamais ocorreram. Ao contrário, no plano das ideologias culturais observou-se o reforço da ideia de Cultura Brasileira, da qual seus representantes máximos foram Gilberto

---

10. FAORO, Raymundo. *Os donos do poder*. Porto Alegre: Globo, 1958, p. 269.

Freyre, cada vez mais conservador, e, numa esquerda peculiar, Jorge Amado, progressivamente "tropicalizado".[11]

As lutas pelas reformas de base e por um alinhamento terceiro-mundista do Brasil esbarraram assim em sólidas e conservadoras concepções de sociedade e de cultura, enraizadas nos setores dirigentes. O golpe civil militar de 1964 ocorre nesse realinhamento do país dentro dos quadros da Guerra Fria, reavivada após as revoluções de Cuba, da Argélia e as notícias de guerrilha da África portuguesa. Apesar do intenso trabalho de intelectuais como Paulo Duarte, Florestan Fernandes, Caio Prado Júnior, Ferreira Gullar, Antonio Callado, Leandro Konder, Wanderley Guilherme e tantos outros, que vinham denunciando as formas de dominação econômica, política e cultural vigentes no Brasil, a desmobilização cultural tornou-se a pedra de toque desse poderoso sistema político-ideológico. Numa modernizada visão da varanda — marcada pela concepção estamental de cultura — a casa-grande se reaproximava da senzala, e as ideologias da "morenidade" e do homem cordial voltavam a suavizar as diferenças. No plano político, a tradução dessa concepção de cultura revitalizou a metodologia da conciliação — velha de mais de um século na história do Brasil — com a vitória da contrarrevolução preventiva e permanente.

Fora do paradigma freyriano, avultava a crítica vigilante de intelectuais como Caio Prado Júnior, que vinha denunciando desde os anos 1950 em sua *Revista Brasiliense* os perigos de um fechamento contrarrevolucionário, aliás teorizado depois do golpe em *A revolução brasileira* (1966). E também a polêmica interpretação de

---

11. Ver *Gilberto Freyre: sua ciência, sua filosofia, sua arte*. Rio de Janeiro: José Olympio, 1962 (ed. comemorativa dos 25 anos de *Casa-grande & senzala*; vários autores). Em plena ditadura, Freyre também colaborou com a Assessoria Especial de Relações Públicas da Presidência da República (1969).

José Honório Rodrigues, em *Conciliação e reforma no Brasil* (1964), em que analisa o caráter cruento da história do Brasil, na qual sempre predominou o espírito antirreformista — ou seja, quando nas conciliações, os acordos feitos, "sempre sem nenhum benefício nacional e popular, demoravam muito, os dissidentes indignavam-se e conspiravam. Foi esse o papel dos liberais na história brasileira"... Note-se que José Honório escrevera em 1961 seu *Brasil e África: outro horizonte*, título aliás sugerido por Guimarães Rosa. Ele, com Charles Ralph Boxer e outros, não era bem-visto nos círculos culturais do salazarismo.[12]

Compõem esses cientistas sociais e escritores uma vertente crítica e generosa escapada aos tentáculos e à blandície da tentadora ideologia da Cultura Brasileira. Sistema ideológico em que, como escreve Alfredo Bosi em sua *História concisa da literatura brasileira*, "tudo se dissolve no pitoresco, no 'saboroso', no 'gorduroso', no apimentado do regional".[13]

Nessa ampla vertente de pensamento, esboça-se uma autêntica *cultura de resistência em oposição à ideologia da "Cultura Brasileira"*. Apesar de suas variadas origens, estímulos e compromissos teóricos, seus militantes contrapõem-se à visão idílica de um Brasil "diferente", a um "caráter nacional" específico, mais propício a certos avanços de uma suposta "democracia racial" etc.

Em síntese, novos paradigmas foram construídos e pensados em obras como as de Caio Prado Júnior, Celso Furtado, Raymundo Faoro, Antonio Candido, Florestan Fernandes e muitos outros cientistas sociais, juristas, historiadores, nem todos — grife-se — per-

---

12. *Conciliação e reforma no Brasil*. Rio de Janeiro: Civilização Brasileira, 1965, p.11. A terceira edição de *Brasil e África: outro horizonte* saiu pela editora Nova Fronteira em 1982, revisada e com capítulo abrangente até 1980.

13. São Paulo: Cultrix, 1970, p. 57.

tencentes à universidade. Dentre eles, destaca-se por sua trajetória marcada por uma busca constante de um padrão moderno nas ciências sociais, e pela crítica ao nosso assustador atraso, o sociólogo (e historiador) Florestan Fernandes.

O outro sociólogo: Florestan Fernandes

Com efeito, já nos anos 1940, época em que produziu seu inaugural *A função social da guerra entre os tupinambá*, Antonio Candido localizava-o como pertencendo a "essa geração crítica, crítica e mais crítica"; nos anos 1950 inicia com Roger Bastide o amplo projeto sobre relações raciais no Brasil, do qual sairiam as obras extremamente inovadoras — de inspiração marxista heterodoxa, em geral, e que constituem a chamada Escola Histórico-sociológica de São Paulo — como as de Octavio Ianni, Fernando Henrique Cardoso, Luiz Pereira, projeto que culmina em 1964 com sua notável A *integração do negro na sociedade de classes (1850-1950)*; nos anos 1960 avança sua teorização sobre a sociedade de classes e a questão do subdesenvolvimento; nos anos 1970 amplia sua discussão sobre o capitalismo dependente na América Latina e a revolução burguesa no Brasil; e nos anos 1980 lança uma série profusa de reflexões sobre o socialismo contemporâneo e sobre o papel dos intelectuais destas partes no contexto mundial.

Portanto, ao lado e contra a vertente ideológica em que se formula a visão edulcorada da lusotropicologia e, subproduto desta, a ideologia da Cultura Brasileira, da "Segurança e Desenvolvimento" e de "Brasil Potência Emergente", existe a *outra*: à tradição "afortunada" opõe-se a tradição crítica. Essa a oposição entre a "Escola freyriana" e a assim denominada "Escola de São Paulo", ou entre

Gilberto Freyre e a "Universidade de São Paulo", como por vezes se simplifica essa história de desencontros.

Por fim, a obra de Freyre teve também o efeito de um apagamento, ao soldar as contradições sociais, culturais, políticas, fazendo parecer a "Cultura Brasileira" um conjunto forte, independente, autônomo. Ora, o professor Florestan sempre chamou a atenção para *uma outra história*, a história do capitalismo nos países de origem colonial. Em 1981, alertava ainda uma vez:

> O que é grave é que o problema da descolonização não foi e continua a não ser colocado enquanto tal. Ele é diluído e pulverizado, como se não existisse e, substantivamente, o que importassem fossem apenas as debilidades congênitas do capitalismo neocolonial e do capitalismo dependente.[14]

Por outro lado, o "todo" luso-afro-brasileiro também já não era mais considerado homogêneo. Afinal, de que história se falava? Quais culturas? Em 1970, o historiador Vitorino Magalhães Godinho respondia:

> Não são, é certo, as mesmas exatamente as escolhas que se nos põem do lado de cá do oceano: mas estão estruturalmente conexas. E por isso importa num esforço conjunto estarmos atentamente a par do que no Brasil se faz como informarmos do que fazemos. Não que nosso destino (como sói dizer-se) seja necessariamente atlântico, em antagonismo com a ligação, indispensável, à Europa. Mas nesse emaranhado de raízes está o cerne das resistências que hoje uns e outros temos de vencer se não queremos apenas sobreviver como museus de revoltas eras mas sim afirmarmo-nos pela capacidade de construir num mundo em perpétua mudança.[15]

14. *Poder e contrapoder na América Latina*. Rio de Janeiro: Zahar, 1981, p. 80.

15. Prefácio a MOTA, Carlos Guilherme. *A ideia de revolução no Brasil e outras ideias*. São Paulo: Globo, 2008, p. 41.

Em 1973, Amílcar Cabral, um dos principais teóricos dos movimentos de libertação das ex-colônias portuguesas, assassinado naquele mesmo ano por forças colonialistas portuguesas, conceituou: "Cultura, fator de libertação? Não, libertação, fator de cultura...".[16]

Nesta inversão, sugeria-se o novo paradigma, produto de uma rotação de perspectiva, ponto de partida para a revisão histórica — a busca de uma outra memória no bojo de uma revolução cultural. Para tanto, passou-se a proceder a um aprofundamento da crítica histórico-cultural, sem a qual não se desvendariam nossas possíveis identificações, nem nossas inescapáveis diferenças.

A expressão mais forte da crise ora vivida nesta etapa de nossa história comum não reside apenas no razoável desconhecimento recíproco no plano meramente factual histórico, ou na atualização do "quem é quem" das ciências sociais em língua portuguesa. A expressão mais funda dessa crise localiza-se na desconfiança dos paradigmas da própria ciência moderna e de sua aplicabilidade nestas partes. O sociólogo português Boaventura de Sousa Santos comentou e criticou o paradigma "cuja forma de conhecimento proceda pela transformação da relação eu/tu em relação sujeito/objeto, uma relação feita de distância, estranhamento mútuo e subordinação total do objeto ao sujeito (um objeto sem criatividade nem responsabilidade)".[17]

---

16. Penso sobretudo nas formulações de Amílcar Cabral em 1971, "A nação-classe", e do angolano Mario de Andrade (Buanga Fele), em seu ensaio "O que é o lusotropicalismo?" (1955) In: BRAGANÇA, Aquino de & WALLERSTEIN, I. (dir.). *Quem é o inimigo?* Lisboa: Iniciativas Editoriais, 1978. vol. I, cap. "Formas de Opressão Cultural", p. 126. E nos diagnósticos de Vitorino Magalhães Godinho, sobretudo seus *Ensaios*, sobre história de Portugal, teoria da história e historiografia e história universal (Lisboa: Sá da Costa, 1968-1971, 4 vols.).

17. SANTOS, Boaventura de S. "Social crisis and the state". In: MAXWELL, Kenneth (ed). *Portugal in the 1980's*. Londres: Grenwood, 1986, p. 190.

Para a ultrapassagem do velho paradigma, duas condições devem ocorrer. A sucessão de crises que se acumulam no interior desse paradigma — até porque os "objetos" falam, pensam, sentem, reagem às "soluções" propostas pelos "sujeitos" — e o conhecimento até então científico entra num processo de derrapagem. A segunda condição para a ultrapassagem pressupõe circunstâncias sociais e teóricas "que permitam recuperar todo o pensamento que não se deixou pensar pelo paradigma e que foi sobrevivendo em discursos vulgares, marginais, subculturais (tanto lumpendiscursos como discursos hiperelitistas)".[18]

Note-se que o problema situa-se no plano da *linguagem*, e não no das realidades histórico-concretas. Não basta já dizermos — num esforço literário de união transcontinental supraclasses — que "minha pátria é minha língua". A formulação mais avançada nesse sentido encontrar-se-ia na poética de Caetano Veloso, refletindo sobre a "última flor do Lácio" e passando da *afirmação* anterior à *indagação* atual:

> Flor do Lácio Sambódromo Lusamérica latim em pó
> O que quer
> O que pode esta língua?

A desconjunção dessas histórias luso-afro-brasileiras — refletida no imenso cipoal conceitual que ora precisamos deslindar — impõe uma *renovação da reflexão hermenêutica* para articularem-se num mesmo campo cognitivo discursos e saberes tão díspares como

---

18. Cf. Boaventura de S. Santos. Op. cit., p. 192, que se utiliza de tais conceitos com restrições. Ver também *Introdução a uma ciência pós-moderna*. Rio de Janeiro: Graal, 1989, pp. 13, 34-35. Sobre o processo de crise final do paradigma da ciência moderna e sobre a renovação da reflexão hermenêutica, v. na obra citada os capítulos 2, 3 e 4.

o discurso literário, o poético, o estético, o político, o religioso, o econômico e o histórico.

A tarefa é imensa, e pressupõe humildade, paciência e senso de "longue durée" para melhor apreendermos a complexidade de novos quadros mentais e a especificidade de uma história enquanto povo. E atenção, pois a oposição ciência/senso comum está abalada: "senso comum", para as consideradas formas subordinadas de "subculturas", constitui frequentemente o fermento de *culturas de resistência* — que por vezes se manifestam em lutas de libertação, como as que ocorreram há nem tanto tempo no "mundo que o português criou".[19]

III. EM BUSCA DE UM NOVO CONCEITO DE CULTURA

Nos anos 1970, novas formulações sobre a questão da cultura se apresentaram no mundo luso-afro-brasileiro. Em Portugal, a busca de um "homem novo" reponta em obras como as de Vitorino Magalhães Godinho — sobretudo em seus ensaios em defesa da "cidadania" ligada à "dignidade de trabalho a todos os portugueses", para que "nosso país deixe de ser fábrica de braços e cérebros para exportar".[20] Também nas reflexões de militares portugueses como o tenente-coronel Melo Antunes encontra-se a preocupação em con-

---

19. FERNANDES, Florestan. *Poder e contrapoder na América Latina*. Rio de Janeiro: Zahar, 1981, p.33. Numa obra de crítica aguda aos mitos de nossas histórias, ver TORGAL, Luís Reis. *História e ideologia*. Coimbra: Minerva, 1989. Torgal exemplifica com a noção de "Ultramar" e indica até a existência de projeto sobre a história da guerra colonial.

20. Ver nos *Ensaios* do professor Vitorino Magalhães Godinho, vol. IV, em seu polêmico e notável prefácio, de grande atualidade para o debate sobre conceitos histórico-sociológicos e sua aplicabilidade ao mundo luso-afro-brasileiro.

siderar a "questão nacional" na África como o tema básico a ser discutido com "a *intelligentzia* das colônias", atenta aos reclamos dos "danados da terra",[21] fazendo notar até um certo "atraso" com que os movimentos armados de libertação nacional se iniciaram nas antigas colônias portuguesas naquele continente.[22] Lá, a construção de um *homem novo* — agente e produto do processo emancipador — também esteve presente nas principais formulações à época da independência, sobretudo nas de Agostinho Neto.[23]

No Brasil, a dessacralização da noção de Cultura Brasileira — tal como formulada pela lusotropicologia gilbertiana e incorporada pelo Sistema — é completada com a republicação em 1974 de *Os donos do poder*, de Faoro, e com a publicação em 1975 de *A revolução burguesa no Brasil*, de Florestan. No primeiro, a conclusão sobre a frustração do aparecimento de uma "genuína cultura brasileira" permanecia a mesma de 1958, e atual. Em Florestan, a "abertura" era denunciada, desnudando-se o **modelo autocrático-burguês** implantado. O sistema político-militar vencera (período Costa e Silva/Médici) a luta armada, em nome de uma *ideologia nacional*.

Cumpria então revelar que essa cultura "nacional" não existia — com seu cortejo de valores que propagandeavam a democracia racial, a harmonia social e a "nossa especificidade". Enfim, cumpria

---

21. No importante prefácio de Melo Antunes à obra citada de Aquino de Bragança e I. Wallerstein, à p.14.

22. Ibidem, p.13.

23. GEFFRAY, Christian. "Fragments d'un discours du pouvoir (1975-1985): du bon usage d'une méconaissance scientifique". *Politique Africaine*, nº 29, mar. 1988. Ver também "La crise du Nationalisme", de Michel Cahen, na mesma revista, e ainda Luís de Brito no seu importante artigo "Une relecture nécessaire: la genèse du parti-État FRELIMO". Sobre o "homem novo", uma das principais formulações foi a de Agostinho Neto. "A nossa cultura e o Homem Novo"(1972). In: *Quem é o inimigo?*, op. cit., vol. III.

denunciar, já nos quadros da massificação, a ideologia da Cultura Brasileira: nesse sentido, "não existe uma Cultura Brasileira no plano ontológico, mas sim na esfera das formações ideológicas de segmentos altamente elitizados da população, tendo atuado, ideologicamente, como um fator dissolvente das contradições reais".[24]

A perspectiva histórico-cultural de Amílcar Cabral

Mas talvez tenha sido na África que se formulou a crítica cultural mais aguda, no calor das lutas de libertação colonial. Para além da dessacralização das formas de dominação, e das noções de cultura e "assimilação", ou de discussões sobre a "especificidade" dessa história, formularam-se novos *conceitos* de cultura, trabalho, sociedade que indicam a emergência de novas matrizes de pensamento, talvez novos paradigmas para reequacionar-se a questão da cultura.

As reflexões de Amílcar Cabral ressaltam num amplo espectro da produção e da crítica, por sinalizarem significativa rotação de perspectiva. Dentre suas teses, sistematizadas em 1972, avultam as seguintes:

1. A luta de libertação não é apenas "um facto cultural, mas também um *factor de cultura*". Logo, seu conceito ultrapassa o saber a história para o "fazer a história".

2. Como a luta de libertação é essencialmente um ato político, "só os métodos políticos (incluindo o uso da violência para liquidar a violência, sempre armada da dominação imperialista) podem ser usados no decurso de seu desenvolvimento".

---

24. MOTA, Carlos Guilherme. *Ideologia da cultura brasileira*. Pontos de partida para uma revisão histórica. 1ª ed. São Paulo: Ática, 1977.

3. "A cultura, portanto, não é nem poderia ser uma arma ou um método de mobilização de grupo contra o domínio estangeiro. É bem mais do que isso. Com efeito, é na consciência concreta da realidade local, em particular da realidade cultural, que se fundam a escolha, a estruturação e o desenvolvimento dos métodos mais adequados à luta. Donde a necessidade, para o movimento de libertação, de conceder uma importância primordial, não só às características gerais da cultura da sociedade dominada, mas ainda às de cada categoria social, porquanto, se bem que ela tenha um *caráter de massa*, a cultura não é uniforme nem se desenvolve igualmente em todos os sectores, horizontais ou verticais da sociedade."

4. "O que é importante para o movimento de libertação não é provar a *especificidade* ou a não especificidade da cultura do povo, mas proceder à análise crítica desta cultura em função das exigências da luta e do progresso e de situá-la, sem complexo de superioridade ou de inferioridade, na civilização universal, como uma parcela do patrimônio comum da humanidade, com vista a uma integração harmoniosa no mundo actual."

Nessa perspectiva revolucionária, impõe-se ao estudioso do mundo luso-afro-brasileiro uma reflexão sobre qual o instrumental conceitual mais adequado para a *crítica* e *a reconstrução histórica* de nossos variadíssimos universos socioculturais, para que os conheçamos em suas estruturas e historicidades próprias. Ou seja, em suas *diferenças*. Somente então poder-se-á pensar em "nossa" integração, se possível harmoniosa, no mundo atual. Mas (re)conheçamo-nos primeiro, indagando das possibilidades de afirmação em nossos países dos valores de uma nova sociedade civil socialista e democrática.

IV. Para um melhor entendimento entre os cientistas sociais do mundo ibero-americano

Dentre as propostas que se podem apresentar para um melhor entendimento entre os cientistas sociais e intelectuais em geral do complexo ibero-americano nesta passagem de século, creio que ressaltam as seguintes:

a. devemos proceder, por meio da pesquisa e da crítica histórico-sociológica, à eliminação de remanescências ideológicas do lusotropicalismo cultural e do mecanicismo supostamente marxizante que obscureceram os diagnósticos sobre as culturas do mundo luso-afro-brasileiro, dificultando a compreensão do direito à diferença;

b. devemos examinar, em contrapartida, os conceitos de "cultura" que fomentam a *contrarrevolução preventiva* (Florestan, 1981);

c. finalmente, cabe a nós agora, a partir do reconhecimento de nossas diferenças e da necessidade de *revisarmos os paradigmas científico-culturais* que regeram o "mundo que o português criou", auxiliar na elaboração de instrumental conceitual que permita construir essa *outra História*. Uma ciência sócio-histórica comprometida com a "contemporaneidade do amanhã dos que não têm ontem nem hoje" (Vinicius de Morais, *O haver*).

3. O Brasil nos horizontes da revolta republicana portuguesa de 1891: um estudo da obra *O Brasil mental*, de Sampaio Bruno

1 Reflexão prévia

> *Eu não sou um homem de letras, eu não quis jamais ser outra coisa que um homem de propaganda. Não sou um literato, sou um sectário, sou um jacobino, não sou um estético.*
>
> Sampaio Bruno

O quase absoluto desconhecimento no Brasil da obra e da pessoa de José Pereira de Sampaio Bruno (1857-1915) constitui um dos enigmas mais desconcertantes de nossa historiografia. Ainda que se possa compreender a pouca divulgação de livros seus, como *A geração nova* (1886), *Os modernos publicistas portugueses* (1906) ou *Portugal e a Guerra das Nações* (1906), a completa ausência de *O Brasil mental* (1898) nos estudos sobre a história da cultura e da política no Brasil indica um fenômeno que vale a pena problematizar.[25] Se historiadores como Sergio Buarque de Holanda — autor, entre outros livros, do clássico O Brasil monárquico. Do Império à República (1977) — não lhe dedicam uma só linha, por considerá-lo (como comentou certa vez em sala de aula) prolixo, desigual e vazio, já a moderna historiografia portuguesa parece valorizá-lo de modo sóbrio e consistente.

A obra de Bruno mereceu em 1958 do historiador Joel Serrão um precioso estudo biográfico,[26] em que a morfologia de seu pensamento é desvendada com rigor — fato destacável quando se sabe que as técnicas de análise linguística só ganhariam vulto na seara histórico-historiográfica nos anos 1960 e 1970. Mais recentemente, o historiador Fernando Catroga, de Coimbra, num estudo inovador sobre a questão ibérica na segunda metade do século XIX, ampliando e sistematizando as coordenadas da vida político-ideológica de Portugal naquele período, considera Sampaio Bruno um observador muito atento de seu tempo.[27]

As explicações para esse silêncio historiográfico são de ordem vária. A primeira delas residirá talvez na solene desatenção, para não dizer desconsideração, para com a história da ex-metrópole: a "jovem Nação", em busca de sua difícil modernidade já agora republicana, deixava para trás o velho, o passado serôdio. Demais, 1891 confirmou uma derrota, e a história, a memória social, nem sempre se mostra complacente para com os vencidos. Para acrescer, a pre-

25. BRUNO, José Pereira Sampaio. O Brasil mental. Esboço crítico. Porto: Chardron, 1898. O A. agradece o auxílio dos historiadores Maria Lucia E. de Faro Passos e José Sebastião Witter, diretor do Instituto de Estudos Brasileiros da USP.

26. SERRÃO, Joel. Sampaio Bruno. O homem e o pensamento. Lisboa: Livros Horizonte, 1986 (1ª ed.: 1958).

27. CATROGA, Fernando A. "Nacionalismo e ecumenismo. A questão ibérica na segunda metade do século XIX". Separata na revista Cultura, História e Filosofia, vol. IV, do Centro de História da Cultura da Universidade Nova de Lisboa, s.d.

sença de um forte antilusitanismo na vida social brasileira desse período, sobretudo o jacobinismo que se radicaliza com a Revolta da Armada no governo do marechal Floriano Peixoto: os jacobinos dessa primeira década republicana eram nacionalistas xenófobos, particularmente no repúdio aos portugueses, por vezes perseguidos nas ruas (o "mata galegos"). Se Floriano, o Marechal de Ferro que encarnava na alta política essa tendência nacionalista e centralista, merecera a oposição de civilistas como Eduardo Prado, Nabuco e do visconde de Taunay, o primeiro presidente civil, Prudente de Morais, viveria sob a pressão da facção jacobina, que chegaria a tentar assassiná-lo a 5 de novembro de 1897.[28]

Uma última explicação sobre o silêncio em relação à obra de Bruno: a República de 1889 nascera sob a égide do positivismo; o cerne da obra do portuense é republicanista mas... antipositivista.[29]

A difusão no Brasil das obras de poetas como Guerra Junqueiro (tão presente na vida de Bruno), de escritores e políticos como Antero, Oliveira Martins e Eça também ajudaria a diminuir a importância relativa de um publicista e, enfatize-se, *revolucionário* como Sampaio Bruno. Em qualquer hipótese, as quase quinhentas páginas de *O Brasil mental*, notavelmente ricas de observações, comentários políticos e de aguda crítica cultural passaram todos estes anos praticamente despercebidas em nosso país. Por conter uma teoria da história, logo uma teoria da cultura, sua reconsideração ora se nos impõe. Nesta etapa — um outro fim de século — em

---

28. Ver artigo de Suely R. R. de Queiroz, "O jacobinismo na historiografia brasileira". In: Lapa, J. R. do Amaral (org.). *História política da República*. Campinas: Papirus, 1990. E também a dissertação de mestrado de Gladys Ribeiro. *"Cabras" e "Pés-de-Chumbo": os rolos do tempo. O antilusitanismo na cidade do Rio de Janeiro, 1889-1930*. Niterói: Universidade Federal Fluminense, 1987.

29. Serrão, Joel. Op. cit., p. 74.

que a questão de nossa *identidade* cultural e política mais uma vez se apresenta do lado de lá e de cá do Atlântico, uma nova leitura de *O Brasil mental* certamente abrirá outros horizontes para retomada histórica. Até porque um dos traços essenciais de seu pensamento residia no prospectivismo, embalado num certo tipo de republicanismo, a que não estava alheia alguma inspiração de raiz esotérica.

Em qualquer hipótese, apesar da alegada descontinuidade do pensamento de Bruno, a extrema inquietude que o leva da reflexão filosófica mais abstrata ao coloquialismo contundente e banal, sua percepção e busca dos traços próprios de uma civilização emergente do outro lado do Atlântico, tudo leva a revelá-lo, de fato, um intelectual vigilante. Portugal vivia uma de suas mais graves encruzilhadas históricas e a obra de Bruno, homem de pensamento e ação, não poderia deixar de traduzir esse estado de coisas.

Sua escrita é a expressão de um revolucionário, num acerto de contas com o passado de seu país, com o fracasso da rebelião de 1891, agudo na percepção dos acontecimentos mundiais contemporâneos e na prospecção dessa outra história. No limite, uma reflexão sobre o destino histórico de seu povo e de seu país: além dos olhos expansionistas na África, havia quem visse no Brasil *independente e republicano* um outro horizonte. Na reorganização do mundo, Portugal teria muito a ganhar se recuperasse suas relações com a ex-colônia, a filha caçula que se emancipara e agora caminhava para o futuro a passos largos, na senda republicana.

Quais as condições culturais que permitiram essa emancipação e a vitória republicanista de 1889? Qual a "mentalidade" desse povo novo? Eis a questão que Sampaio Bruno se propõe a responder, produzindo algumas das páginas mais interessantes sobre a identidade nacional brasileira em fase de redefinição e, sobretudo, portuguesa, em crise.

Na "grande república transatlântica que fala a nossa língua e onde pullula a gente de nossa estirpe"[30] estaria uma das chaves da reorganização da geopolítica portuguesa. A "tirania constante" na qual vivem os portugueses desde o *ultimatum* inglês de janeiro de 1890 é o aguilhão de Bruno,[31] assim como o Movimento de 31 de janeiro de 1891 é o "mais notável, pois que, na ordem espiritual, como generalidade e comprehensividade de acção, nada existe que lhe seja assemelhável",[32] como aliás a obra do poeta Guerra Junqueiro — que representaria o "acume do progressivo processo de desagregação da alma collectiva".[33] As parcas porém contundentes referências ao *ultimatum* e à rebelião de 1891 não escondem a marca do tempo e a motivação da obra; ao contrário, antes as acentuam.

O clima e o contexto

O clima em que *O Brasil mental* foi produzido marcava-se pelo *ultimatum* de 1890 e pela derrota de 1891. E, no contexto internacional, a corrida às colônias impelia as potências europeias e os emergentes Estados Unidos da América a uma rediscussão do mapa-múndi. Esse duplo condicionamento atravessa a obra de Bruno, mas também a de seus contemporâneos, como Oliveira Martins e Eça de Queirós.

Com efeito, 1890 configura um abalo na história portuguesa. Num esforço de periodização da história do século XIX português,

30. BRUNO, Sampaio. *O Brasil mental*, p. XXVII.
31. Ibidem, p. 63.
32. Ibidem.
33. "A *Pátria* é como os *Lusíadas* da decadência". Ibidem, p. 64.

Miriam Halpern Pereira indica o significado dessa fase em que, após a Patuleia, houve

> um conjunto de compromissos sociais e políticos que serão sucessivamente acertados, limados, mas não serão quebrados até 1890. Em 1890, o "novo Portugal" vai encontrar-se diante de um impasse. São simultaneamente ameaçados o eixo fundamental do tipo de desenvolvimento capitalista adoptado e a nova expansão colonial principiada. O forte abalo sentido por Portugal em 1890 vai determinar a escolha de um projeto nacional em parte renovador, não só no plano económico, como no plano político. Haviam-se entretanto dissolvido os antigos conflitos sociais entre a burguesia, a nobreza e o clero. O crescimento de uma classe operária trouxera consigo um novo tipo de problema social.[34]

No período de 1820 a 1890, transferia-se o poder dos estamentos senhoriais para a burguesia, num processo em que 1834 configura a derrocada do Estado de Antigo Regime. O grande "tournant" histórico está pois em 1890. Conforme a estudiosa desse período Miriam H. Pereira:

> 1890 representa a grande crise do capitalismo dependente: a grande ameaça de uma nova derrota da burguesia portuguesa, que, perdida a antiga colónia brasileira, reconstituirá os seus projectos colonialistas em torno da África. Ultrapassada a crise, a integração plena do projecto colonial português na sociedade portuguesa é por si um índice das novas características do capitalismo português, onde as primeiras formas de domínio do capital financeiro, surgidas nos anos setenta, vão irradiando. É pois um novo período que se abre e uma outra problemática que nasce.[35]

---

34. PEREIRA, Miriam H. Pereira. *Revolução, finanças, dependência externa*. Lisboa: Sá da Costa, 1979, pp. 2-3.

35. Ibidem, p. 3.

Nessa perspectiva, a posição de Sampaio Bruno revela-se fortemente inovadora e avançada, de vez que não propõe uma simples intensificação do projeto colonial na África, mas uma nova articulação de Portugal com o Brasil *republicano*. Para tanto, impunha-se a eliminação de uma série de barreiras e preconceitos culturais recíprocos. Sobretudo em Portugal, a cuja "classe culta" se dirigia a obra de Bruno.

Diferenciava-se assim das ideias de um prestigioso Oliveira Martins, para quem, "apesar de ser politicamente uma nação, o Brasil é ainda economicamente uma colônia", temendo a República ("o passo errado que deu o Brasil") e o "futuro político da nossa antiga colônia, que é quem hoje principalmente nos dá de comer" (*Nacional*, 27 jan. 1891). Combatia ainda preconceitos enraizados, como o de que o negro era um tipo antropologicamente inferior, não raro próximo do antropoide, e bem pouco digno do nome de homem como escrevera Martins em O *Brasil e as colônias portuguesas*.[36] Combatia finalmente a ideia de que os repatriados "brazileiros" retornavam a Portugal com "hábitos desmoralizadores sobre as populações outrora simples das nossas províncias", abastardando "os costumes pela aprendizagem dos *cortiços* do Rio de Janeiro, ou das roças com escravos de ambos os sexos"...[37]

Daí O *Brasil mental* constituir uma obra referencial nessa encruzilhada histórica para os dois países. O revolucionário portuense, já tendo amargado o exílio, observado a extensão da competição internacional e dimensionado as tradições filosófico-culturais da ex-metrópole e da ex-colônia, utiliza potentemente sua crítica cultural para o reconhecimento recíproco, ponto de partida para uma nova articulação

---

36. Lisboa: Bertrand, 1880, p. 257.

37. Bruno, Sampaio. Op. cit., pp. 231 e 232.

transatlântica. Após o *ultimatum*, e esbarrando Portugal não somente contra a Inglaterra como contra a Bélgica, a Alemanha e a França, a saída natural — e republicanista — seria a aliança com o Brasil.

Portugal, porém, continuava semicolônia da Inglaterra. No conjunto europeu permanecia muito atrasado e frágil em relação às potências industrializadas que já agora entravam pesadamente na partilha colonial. A Europa como um todo se desenvolvia não só econômica mas tecnologicamente, e automóveis, cinema e telégrafos sinalizavam a nova época. Como Eric Hobsbawm anota, em análise decisiva para a compreensão desse período, a produção industrial europeia ainda era mais que duplamente maior em relação à americana.[38]

O lugar de Portugal está bem definido nesse quadro, permanecendo por razões históricas no "clube dos Estados soberanos" em virtude sobretudo de seu grande império colonial. Portugal "manteve seu império africano, não somente porque as potências rivais europeias não lograram decidir como partilhá-lo, mas porque, sendo 'europeu', suas possessões não eram — ou nem tanto — entendidas como simples fornecedoras de matéria-prima para conquista colonial".[39] Mas, efetivamente, Portugal como a Espanha, a Itália e a Rússia estavam à margem, muito longe dos padrões econômico-culturais das potências avançadas da época. Eram regiões das quais a emigração em massa funcionava como "válvula que mantinha a pressão social abaixo do ponto de rebelião ou revolução", conforme Hobsbawm, que ainda nota ter sido Portugal a única parte da Europa meridional que teve emigração significativa já antes de 1880.[40]

---

38. Hobsbawm, Eric. *The age of empire (1875-1914)*. Nova York: Pantheon Books, 1987, p. 18.

39. Ibidem.

40. Ibidem, p. 37 e nota.

A partilha colonial teve como perdedores principais os antigos impérios de países europeus pré-industriais, Espanha e Portugal, e no caso deste, a sobrevivência de suas colônias deveu-se antes à "inabilidade de seus rivais modernos em estabelecerem a maneira exata de dividirem-nas entre si".[41] Em qualquer hipótese, as colônias portuguesas na África ganharam relevo nas discussões entre as grandes potências, estando a partir de então no centro das controvérsias, sobretudo entre Inglaterra e Alemanha.

O clima interno

A notável "geração de 70" deixara nítida sua mensagem, na célebre formulação com que Antero de Quental finalizara sua conferência de 1871 sobre as causas da decadência dos povos peninsulares: "Somos uma raça decaída por ter rejeitado o espírito moderno. O seu *nome* é revolução".[42]

O ideal messiânico, redentorista que a revolução trazia confundia-se não só com a "grande tendência do século", mas também com o Cristianismo — "a Revolução é mais que o Cristianismo do mundo moderno".[43]

Na última quadra do século, em que a derrubada do Segundo Império francês e as esperanças da Comuna de Paris de 1871 entremostravam uma nova alternativa histórica, em que as comemorações do tricentenário de Camões em 1880 fundiam ardorosos desejos de "uma nova era na vida da nacionalidade portuguesa" (Teófilo

---

41. Ibidem, p. 57. Ver também pp. 68 e 318.
42. Apud MEDINA, João. *Eça político*. Lisboa: Seara Nova. 1974. p. 36.
43. Ibidem.

Braga), o *ultimatum* inglês de 1890 e a derrota da rebelião de 1891 punham fim a essa onda euforizante de nacionalismo. Os "Vencidos da Vida" definem a nova fase, e como marco desse momento político-cultural surge o poema-panfleto *Pátria* (1896), de Guerra Junqueiro, situando algo messianicamente Portugal no mundo: "na opinião do mundo, já Portugal não existe. Dura, mas não existe. Dura geograficamente, mas não existe moralmente".

Apesar de ser formado por "um povo messiânico", Portugal "não gera o Messias. Não o pariu ainda".[44]

A própria Revolução não ultrapassara os limites de uma revolta, articulada por Sampaio Bruno, João Pinheiro Chagas e outros na imprensa, o federalista Alves da Veiga, Santos Cardoso e outros na ação.

Os ingleses andaram mais rápido no bloqueio ao projeto do Mapa Cor-de-Rosa, diminuindo o ímpeto da corrida à África... Agora, o Brasil voltava a ser uma alternativa mais viável.

2. O BRASIL MENTAL: UMA ANÁLISE IDEOLÓGICA

A primeira advertência sobre o pensamento de Sampaio Bruno não surge em *O Brasil Mental,* em 1898, mas no prefácio de *Notas do exílio,* em 1893: "Eu não sou um homem de letras, eu não quis jamais ser outra coisa que um homem de propaganda. Não sou um literato, sou um sectário; sou um jacobino, não sou um estético".[45]

A autodefinição de Bruno, logo após seu retorno a Portugal e antes de assumir em 1895 o cargo de redator principal do jornal

---

44. Ibidem. p. 38.
45. Apud SERRÃO, Joel. Op. cit., p. 50.

republicano portuense *A Voz Pública*, fixa sua linhagem e dá nitidez ao seu pensamento. Apesar da participação na malograda rebelião de 1891, e a despeito de registrar sua condição de "vencido",[46] não se enquadra ele na moldura decadentista da geração dos Vencidos da Vida.

Sua obra é plena de sugestões, apontando saídas para o país, criticando o positivismo, acenando com novas interpretações. E aqui e ali até pavimentando o caminho para uma via utópica de salvação de Portugal.

Leitor de Marx e Spencer, exilado na Espanha, França, Bélgica e Holanda, criticou o positivismo nas duas margens do Atlântico. Doutrina que, aliás, em Portugal "não se passa, em geral, do positivismo de Littré", mas que no Brasil "se engoliu tudo",[47] conforme denunciou.

Marcado por sua cidade ("É a melhor do mundo para se viver. Nem Paris lhe chega!"), combativo, banhado — sobretudo após o exílio — por um misticismo que não representava "uma ruptura com o passado, mas um salto" (Joel Serrão), eis a dimensão desse homem que esperou e lutou pela chegada da República. E que, frustrado, sentira já no exílio a "inexorável ausência do país remoto" mas que, retornado, continuava sentindo o peso da proscrição "mesmo, a dentro de fronteiras".[48]

---

46. V. *Depoimento d'um vencido*, anunciado ("Em preparação") na contrapágina de rosto de *O Brazil mental*.

47. Idem. *O Brazil mental*, p. 103. Para a análise do positivismo na obra de Bruno, consulte-se o capítulo "Positivismo e positividade", no livro cit. de Joel Serrão, em que define o revolucionário e publicista como "social-anarquista", p. 80.

48. No fim da nota preambular a *O Brazil mental*, p. vi, assinada J. Pereira Sampaio, Porto, fevereiro de 1898.

A ideia de ser exilado dentro de seu próprio país remetia esse amigo íntimo de Guerra Junqueiro sempre à busca de um futuro mais razoável, em que a sensação de pertencimento à pátria fosse realizada. Mas para tanto deveria o país passar por uma "remodelação recuperadora", como continuaria a escrever em 1910.[49]

Bruno não se ensimesmara, pois sua atividade como publicista levou-o a intensa produção, sempre atento à sua cidade (*Portuenses ilustres*, 3 v., 1907-1908; O *Porto culto*, 1912), à situação internacional (*Portugal e a Guerra das Nações*, 1906) e uma série de temas históricos, sobretudo de história de Portugal e das revoluções do Porto. E não descurou da temática brasileira (prefaciou o livro de Euclides da Cunha *Contrastes e confrontos*, Porto, 1907), nem da poesia (António Nobre, Augusto Luso) e até da música.

A polivalência de Sampaio Bruno deve ser portanto tomada aqui como um traço que o distinguia entre os publicistas do período. Tanto mais quando o situamos na vertente do republicanismo antipositivista, diversamente da maioria republicanista. *Livre-pensador*, e com toda a amplidão do que isso pudesse representar, eis o que era Sampaio Bruno. Nessa medida, a república não era um fim, mas um momento de um processo em "evolução" — palavra-chave no pensamento do revolucionário. Tanto que se opusera à monarquia e, depois de 1910, à república recém-proclamada — o que o projetaria para as sendas do anarquismo, ou do social-anarquismo, como o define Joel Serrão.

Nestas considerações preliminares, vale a pena registrar a discrepância entre a extrema prolixidade do livro e seu plano singelo. Com efeito, além do Preâmbulo, da Advertência expositiva e da Introdução, apenas dois capítulos (um sobre o positivismo, o outro

---

49. *A Pátria*, 27 abr. 1910. Apud. SERRÃO, Joel. Op. cit., p. 30.

sobre o monismo) e a Conclusão constituem os blocos da obra. A notar que apenas a Introdução ocupa exatas cem páginas... E, finalmente, a dispersão da escrita, que obriga o leitor a transitar da alta filosofia para considerações simplistas sobre o "espírito dos povos". Mas a inquietude e a obscuridade, não são elas que dão a riqueza a um texto?

Entretanto, qual Brasil é visualizado por Sampaio Bruno? Qual o instrumental conceptual de Bruno e como articula ele sua teoria da história?

Qual Brasil?

Partamos do começo. Ao fixar seu objetivo, Sampaio Bruno descarta desde o início um "escusado dilletantismo de ociosidade litteraria" e pressupõe um público-alvo: "o público culto portuguez". Um público que deve "conhecer as condições específicas e próprias da sociedade política e económica brasileira". Mas para que tenha interesse pelo tema deve-se demonstrar a esse público que "Portugal não possa, na phase histórica não só ainda não conclusa mas apenas esboçada, prescindir da tradicional correlacionação com o Brazil".[50]

É a revinculação de Portugal com o Brasil o que propõe o revolucionário. E as bases econômicas para essa proposta vêm a seguir, quando aponta que o Brasil consumira quase um terço da exportação nacional portuguesa, enquanto do Brasil apenas se recebera 6% da totalidade da importação. Nesse contexto de partilhas coloniais e disputas de novos mercados pelas potências europeias, como des-

---

50. Idem. *O Brasil mental*, p. VII.

considerar o Brasil, com o qual a ex-metrópole possuía afinidades histórico-culturais etc., além de uma intensa relação comercial? Afinal, os dados de Sampaio Bruno foram fornecidos por um "negociante illustrado da praça do Porto"... E recorde-se que, quando do *ultimatum*, as colônias de portugueses instaladas no Brasil mobilizaram-se na coleta de fundos para eventual conflito armado contra a Inglaterra.

Portanto, em relação ao Brasil impunha-se uma revisão, uma rotação de perspectiva. E nessa revisão, uma série de informações e até mesmo uma reconsideração das relações entre vida *mental* e *social* se apresentam nas formulações de Bruno, abrindo caminho para outras teorias que não as positivistas e as idealistas de Escola do Recife.

Uma certa visão do Brasil surge nas páginas de O *Brasil mental*, um certo retrato do país, com as cores já agora empáticas de um revolucionário que percebia a evolução desse "país novo". Um prospectivista, profundo conhecedor do Brasil, que esboçou as linhas de uma nova — mas improvável — *geopolítica*, alicerçada na crítica cultural. Afinal, não representava ele uma atualização, já agora republicana, das velhas ideias do começo do século de constituição de um Reino Unido,[51] ou de *articulação de uma comunidade luso-afro-brasileira*?

A construção desse mundo transatlântico esbarrava todavia em equivocadas barreiras de preconceitos recíprocos. Daí historiar os esforços dos dois lados do Atlântico no sentido de remover as incompreensões, esforços que Bruno entenderia como "verdadeiro serviço público". O feitio "psychológico" das populações americanas deveria ser estudado, de vez que com elas "haveremos de entreter

---

51. Como já propusera Silvestre Pinheiro Ferreira. Ver: BRUNO, Sampaio. O *Brasil mental*, p. 82.

um forçoso commercio de amizade". Apesar das tentativas efetuadas até essa altura, a incompreensão predominava: "se o Brazil mal aprecia Portugal, Portugal, em certa maneira, completamente ignora o Brazil".[52] Certamente essa meditação do revolucionário se confirmou quando da ocorrência da rebelião de 31 de janeiro, em que a jovem república brasileira pouco ou nada se movimentou, no sentido de apoiar e divulgar os acontecimentos do Porto.

O problema era mais profundo, Bruno observa: "se a Portugal convem saber o que seja o Brazil e *como é que elle pensa*, analoga notícia ao Brazil interessa, egualmente, pelo que a nós se refere e pelo que nós d'elle ajuizamos".

Como é que "elle pensa"? Deixemos de lado o modismo dos estudos sobre a "psicologia dos povos", em voga nessa fase de expansão imperialista, em que a antropologia tanto se desenvolveu, "descobrindo" povos primitivos e delineando um novo campo de conhecimento — e em contrapartida fortalecendo a noção de Civilização Ocidental.

Sempre no diapasão do publicismo combativo, Bruno tenta — sem sucesso, mas com calor — evitar as "miúdas informações", procurando "desenhar as grandes correntes críticas alli dominantes": "O Brazil mental, implicitamente contendo-o, explicaria, interpretativamente, o Brazil social. Essa precedencia pareceu-nos não sómente lógica como indispensável".[53]

Após considerações de método e teoria, em que levanta uma série de elementos para o que contemporaneamente denominavam história das mentalidades (os "modos-de-ver": maneiras de percepcionar etc.), Bruno conclui, perguntando (aliás uma de suas carac-

---

52. Ibidem, p. VIII.
53. Ibidem, p. IX.

terísticas): "Toda a pratica pressupõe uma theoria anterior, visto que o que é praticar? É, por definição, realisar uma ideia previamente concebida. Por isso, não ha senão theoricos, no rigor da palavra e feição miuda da analyse. Todos o são".[54]

A partir dessa eliminação do mecanicismo entre a esfera da teoria e o mundo da prática, e entendendo o "mental" como englobante do "social", pode-se compreender a nenhuma disposição de Sampaio Bruno para aceitar o positivismo, doutrina fixadora do real, estática. Mais: para ele não há conflito essencial entre ciência e arte: jogando as teorias de Spencer contra a classificação hierárquica de Augusto Comte, nota que "cada sciencia, cada parte da sciencia representa ou póde representar para todas as outras o papel social de instrumento".[55] É a partir daí que estabelece um critério para avaliar o futuro de uma sociedade determinada — o seu "grau de civilização" — a partir do estudo da "doutrina alli dominante nos espíritos". Mas deve-se rejeitar o que os filósofos alemães denominam "metaphysica", categoria "consuetudinária e fixa", em benefício da solução que aceite o "processo de evolução", de "desenvolvimento", de "complexidade e, continuidade, que esses mesmos tedescos denominam: *a dialética*".[56]

Para o estudo das civilizações, deve-se atentar para a "seqüência das doutrinas que se succedem na posse do mando sobre a alta mentalidade d'um qualquer agregado culto", para perceber-se então as flutuações: "No Brazil moderno, ella se apercebe nos traços que caracterizam a mudavel phisionomia do positivismo francez, do monismo alemão, do evolucionismo britannico".[57]

54. Ibidem.
55. Ibidem, p. x.
56. Ibidem, p. xi.
57. Ibidem.

No Brasil, na esfera política, "uma corrente mental concretisou em instituições políticas; e o republicanismo fluminense é a simples applicação do positivismo parisiense".[58]

A partir dessas considerações, que permitem esboçar uma metodologia para a "crônica da nacionalidade", Bruno volta-se para o diagnóstico da "pavorosa crise, patente, luzitana". Em páginas antológicas em que descreve a falta de espírito metódico para o estudo de Portugal, lamenta terem os portugueses se descurado da "educação como commerciantes e industriais". Justamente os descobridores dos caminhos marítimos, do "movimento mercantil e industrial moderno", criadores do "systema colonial", "fundadores, com nossas descobertas, do regime capitalista que attinge o alto momento ascencionante de sua curva em nossos cançados dias", os portugueses perderam o bonde da história. E passa a criticar tudo, inclusive a literatura econômica, ressalvando uns poucos estudos como o de Rodrigues de Freitas sobre o publicista Oliveira Marreca, o de José Frederico Laranjo — representante do "socialismo de cathedra no alto ensino entre nós" —, o de Silva Mendes, que examinou "a história e doutrina do socialismo libertário ou anarchismo". E não se esquece de José de Arriaga, "copioso" e "prolixo" segundo o classifica. Mas, em conjunto, falta um trabalho preparatório para a compreensão da "nossa calamidade e ruína": "Com effeito, Portugal parece destinado a esgotar os absurdos, como em justo castigo das suas depredações, violências e injustiças seculares".[59]

E, nesse quadro, o Brasil é focalizado pelo portuense: "não foi o Brazil, de que ora nos occupamos, das victimas a que menos sofreu".

58. Ibidem, p. x.
59. Ibidem, p. xii.

O percurso do pensamento de Sampaio Bruno torna-se complexo e, à sua moda, curiosamente dialético. Examinando as "contradições econômicas", mostra como os portugueses, tendo-se fartado de viver de monopólio, hoje afogam-se na concorrência. Empobreceram com o mercantilismo, agonizam agora sob o "systema industrialista": "feriu-nos a protecção e fere-nos o livre-cambio".[60] A impiedosa crítica de Sampaio Bruno aos modismos teóricos de superfície vem pontilhada de reflexões e menções à escola de Manchester, a João Baptista Say, Bastiat, Chevalier, Coquelin Garnier, Cobden e toda a "scientifiquice que grulha nas publicações postas em vasta circulação pela casa Guillaumin".[61]

Onde a crise, a "mediocridade da cultura"? Na ausência de traduções de "livros decisivos, fundamentais, como d'um Adão Smith ou d'um Ricardo". E aqui Sampaio Bruno atinge o nervo de sua teoria, que implica a consideração de um projeto nacional (frustro):

> Para que haviamos de ser industriaes, se a industria estrangeira nos fornecia melhor e mais barato? Para que haveriamos de ser navegadores, se os paquetes estrangeiros eram maravilhas de conforto que nunca attingiriamos? Para que haveriamos de sacrificar o consumidor aos tentamens imperfeitos da producção? Como se houvesse consumidor que, para o ser, não tivesse de ser, de per si ou de per outrem, préviamente productor.[62]

Aí o limite histórico percebido e sinalizado por Bruno. E também a justificativa teórica da razão por que "convém estudar as doutrinas". É que nelas circula o melhor e maior dos nossos interesses. Finalmente, uma advertência esclarecedora: "E não se pense que,

---

60. Ibidem, p. xiv.

61. Ibidem, p. xv.

62. Ibidem, p. xv.

assim julgando, contrariamos a intuição, geral, conhecida pelo designativo nome de a concepção materialista da história".[63]

Temas e problemas

Percorrendo uma longa série de problemas que feriam a nacionalidade, Sampaio Bruno perpassa o quadro histórico europeu, comentando a Revolução Industrial na Inglaterra — a construção de "um mundo novo, de cima a baixo" —, a Comuna de Paris — que marca o "caráter da nação" —, a questão colonial — comparando o colonialismo inglês em face da economia portuguesa — e dissecando o tratado de Methuen, para chegar à responsabilidade dos governos e justificar a "justiça das revoluções".[64] Citando Rebello da Silva, Latino Coelho, Silva Cordeiro e Fradesso da Silveira entre outros, Bruno procura o "caracter específico da evolução financeira e económica da história portugueza", mostrando entretanto as "ilússões de um doutrinarismo criticamente inconsistente", na base do "programma commum dos dois grandes partidos conservadores em Portugal, os chamados progressistas e regeneradores chamados".[65] É a volta à política de cartel em relação à "nossa Africa Occidental", com Luciano de Castro, onde se montariam fábricas à base do exclusivo, que provoca a ira de Bruno, fazendo com que volte seus olhos ao Brasil.

---

63. Ibidem. Naturalmente temperada pela esperança, explicitada na conclusão do livro: "Deus não nos abandonará" (p. 469).

64. Ibidem, p. XXII.

65. Ibidem, p. XXIV.

Em seu périplo analítico, avulta a quantidade de problemas com os quais o publicista se defronta. Sempre polêmico, criticando e alternando suas interpretações ora com comentários a teorias (de Littré a Marx, de Kant a Stuart Mill e Schopenhauer, de Taine a Darwin e Spencer) e a história das nações (da Inglaterra, da França e de Portugal), ora utilizando-se de perguntas ou de frases curtíssimas, Bruno desenha a rede de possibilidades históricas para o Portugal do futuro. O *futuro* vai se tornando, até as páginas finais, um personagem concreto no discurso do revolucionário. Relativize-se, pois, seu "messianismo", até porque a República — não a de seus sonhos, é verdade — aconteceria em 1910.

Quanto a seu conhecimento das variadas vertentes ideológico-culturais do Brasil, sua obra oferece um quase inventário — sempre polêmico — das várias "escolas" e famílias de pensamento. Num registro dos escritores conhecidos em Portugal, arrola de José de Alencar a Machado e Aluízio de Azevedo, não poupando em certas comparações suas preferências (como no caso de Fagundes Varela "contra" Castello Branco). Em qualquer hipótese, sua aberta antipatia pela escola "alemã" de Recife leva-o a combater Tobias Barreto em seu "tédio pela cultura portuguesa" e por ter banalizado Alexandre Herculano[66] — contrastando suas ideias com as de Rebello da Silva, Gama Barros e Oliveira Martins. Mas ainda aqui matiza, pois neste critica seu negativismo em relação a Portugal. Nesse matizamento, distingue Clóvis Beviláqua, discípulo de Tobias e adepto da "filosofia monista" alemã, que se espalhou no Brasil contra o positivismo. A violência contra Tobias leva-o a apontar sua "desconexa vida mental",[67] em contraposição à superioridade de um

---

66. Ibidem, p. 327.

67. Ibidem, p. 129: "instruído, vê-se que não foi educado"...

Teófilo Braga. Também contra o chefe positivista Teixeira Mendes (1855-1927), demonstra quão "fanatisado e orthodoxo" era ele.[68]

Central em sua obra portanto é a crítica ao positivismo no Brasil, por ter bloqueado a investigação e o livre-pensamento. Oferecendo conclusões sintéticas, o positivismo "dando tudo por já feito" não permite o avanço do conhecimento e da pesquisa.[69] Examinando as diferenças dessa filosofia em Portugal e no Brasil,[70] mostra como tal sistema de pensamento penetrou na inteligência brasileira[71] e analisa, a partir de observações do pernambucano Oliveira Lima,[72] variantes como a do Rio Grande do Sul[73] — que tão grande consequência histórica teria depois, inclusive na história do Brasil do século XX (Vargas e Prestes). Mas, sobretudo, *nosso revolucionário não confunde positivismo com materialismo.*[74]

Na crítica cultural comparada, seu esforço de definição de "nossos continuadores étnicos na América"[75] leva-o a enxergar o Brasil como um prologamento cultural da Europa. Não aceita as fórmulas fáceis de cultura "irmã", nem o mito de "nação-irmã"; co-

---

68. Ibidem, p. 217.

69. Ibidem, p. 101.

70. Ibidem, p. 104.

71. Ibidem, p. 249.

72. Manoel de Oliveira Lima, personagem ascendente na história e na historiografia do Brasil, chegara a 12 de fevereiro de 1891 a Portugal, como segundo secretário da embaixada. Esteve envolvido na libertação de seu compatriota pernambucano Adolfo Cirilo de Souza Carneiro, colaborador em *A República* e envolvido na rebelião de 1891. A notar, ainda, que o vice-cônsul no Porto era Antonio Tavares Bastos.

73. Ibidem, pp. 251 e 291.

74. Ibidem, p. 114.

75. Ibidem, p. 67.

menta a questão da língua com grande senso histórico;[76] examina os "Brazileiros" — ou seja, os retornados — chegando a esboçar uma crítica a Eça, em sua caracterização do "brazileiro" fixado na vida minhota, e a Garret, em seu O *brazileiro em Lisboa*, por alimentarem equivocadamente um estereótipo.

O fato é que Bruno se preocupava com uma aproximação mais realista com o Brasil, lembrando que também havia em sua terra "incuriosidade e desleixo" na ignorância da Espanha. O que se sabia do Brasil em Portugal era pouco, daí sua iniciativa.

Claro está que, ao fixar seu foco, não lograria escapar das limitações ideológicas de seu tempo e lugar. A ideia de fabricar os "brazileiros como continuadores étnicos" dos portugueses, de pensar que a especificidade estaria em "nosso cérebro meridional",[77] e falar de nossas "raças hyperbólicas", certamente inscrevia-se na tendência dominante de seu tempo. Entretanto, contra o Estado monárquico e seus ideólogos, como Oliveira Martins, representou segmento da intelectualidade republicana que se viu impelido a definir um novo "caráter nacional" e a inventar um "povo".

Com efeito, urgia encontrar o povo que servisse de base para a construção da Nação. Para se "criar" o povo português republicano, para "apreendermos a ser outros", Bruno foi buscar o exemplo próximo no Brasil, escoimando entretanto dessa imagem nova, o "Brazileiro" retornado e folclórico, o brasileiro ex-colono tropical "banana", os positivistas ortodoxos e caricatos. Enfim, impunha-se demonstrar à "classe culta" portuguesa que em nossa cultura, depurados os preconceitos recíprocos, a república era possível e necessária. Em suma, Sampaio Bruno mostrou-se um revolucionário

76. Ibidem, p. 93.
77. Ibidem, p. 4.

cultural, a seu modo "socialista anarquista".[78] "Parece contradictório mas não é", como dizia ele...

Para uma conclusão

O Brasil, a despeito de tudo, lograra proclamar sua República. "Discorrendo do Brazil, d'um paiz novo fallamos", sinaliza Bruno.

O livro termina com um "grito de combate", que o revolucionário se sente obrigado a dar. Um *dever* jacobino. Os homens de bem, "idoneamente", esperaram até acabarem-se todas as possibilidades, e Bruno falava por eles, que haviam assistido a "todas as forças do erro"[79] e sentido o cheiro da pólvora e visto companheiros mortos durante a repressão brutal ao movimento de 1891.

O esforço do revolucionário portuense é no sentido de demonstrar que o destino da nacionalidade liga-se necessariamente ao da implantação da República: "República, esperança final, cujo aborto significaria indefectivelmente a morte da nacionalidade!".[80]

E o perigo maior seria sucumbir a Nação antes da proclamação, caindo nas mãos de uma administração estrangeira, sem reação nem "insurreição", com a complacência infame do clero, nobreza e povo "acatada pelo rei e pela grey, obedecida pelo exército e pela marinha".[81] Portanto, "é preciso que a República seja. A República é, pois, o recurso *in extremis*. Não há outro".

78. Ibidem, p. 291.

79. Ibidem, p. 470: "Mas nós, pobres portuguezes, vimos fatigando a paciencia do destino"...

80. Ibidem, p. 465.

81. Ibidem.

Sebastianista? Rebatendo um crítico fluminense, que criticara a pátria de seu amigo e confidente Guerra Junqueiro, zombando do republicanismo português que estaria ainda vincado por um "messianismo sebastianista", Sampaio Bruno explicita sua visão do Brasil de modo insólito. Como o crítico brasileiro exagerara ao dizer que o "D. Sebastião agora chama-se República, não como um resultante da evolução histórica, uma necessidade social, mas como um remedio mágico, uma fórmula mystica", Sampaio Bruno carregou na resposta, mordazmente:

> Como se todas as raças não tivessem tido, não tenham o seu D. Sebastião! Como se a Republica não houvesse sido, há meia duzia de annos, o D. Sebastião da lépida e intrepida cariocada do Rio! Sua combatividade deveria servir, aliaz, de exemplo, à sufficiencia infundada dos que, finando-se de susto, teem o topete de chamar *bananas* aos brasileiros, por sua supposta moileza. Os factos se encarregam de pôr em destaque a bravura de populações que se batem com encarniçada furia; frequentemente, mesmo, com a ferocidade peculiar do aborigene de cujo sangue gira a percentagem de uns tantos havos em suas cobreadas veias. Confessemo-lo: os bananas somos nós, abundosos de arremettidas e feros, mas cuja leiva ainda não conseguiu parir um marechal Deodoro e um almirante Vandenkolk. Por isso, calocio. Até ver. Prudentemente. Circunspectamente. Não obstante, também, por sua banda, os criticos brasileiros leve se preecipitem em suas temerárias presumpções. Assim, não julguem que a República em Portugal seja um artificio mystico de cerebros ardidos, sem raízes naturaes e espontaneas. Não. Ao contrário.[82]

A palavra final de Bruno é de ruptura, com forte incidência na questão central da identidade cultural portuguesa: "Aprendamos a ser outros (...) Rompamos".[83]

82. Ibidem, p. 467.
83. Ibidem, p. 469.

4. Oliveira Lima e nossa formação

Em memória de
Jose Honório Rodrigues

Não me foi dado realizar cousa alguma de grande e é mesmo bem escasso o número desses privilegiados da sorte; mas tenho sabido alimentar um interesse compreensivo pelas cousas do mundo, vibrando com as suas glórias e mais ainda com as suas desgraças, e entretanto tenho sabido conservar — é a única cousa de que me envaideço — o meu espírito incólume no meio das vilanias coletivas.[84]

Essas palavras, escritas em seu livro de reminiscências publicado em 1937, com esclarecedor prefácio de Gilberto Freyre, traduzem com eloquência a avaliação quase perfeita que o grande historiador e diplomata, já no outono da vida, fez de si próprio. O sentido geral de sua trajetória, os encontros e desencontros com vários de seus contemporâneos, Oliveira Lima deixou gravado

84. *Memórias (estas minhas reminiscências...)*. Rio de Janeiro: José Olympio, 1937, p. 15.

nesse livro que se inscreve, juntamente com suas impressões de viagem, no que de melhor se produziu em termos de memória em nosso país.

O notável historiador pernambucano não galgou os postos mais altos da diplomacia da jovem República, o que explica certo amargor que sombreou os últimos anos de sua vida, acentuado pela obesidade, doenças, desencanto. Como escreveu em suas *Memórias*: "Pela ironia que é inseparável do destino humano, serei enterrado amortalhado na beca de professor de Direito Internacional da Universidade Católica de Washington".[85]

Sua morte nos Estados Unidos é deveras emblemática, acompanhado por sua inseparável mulher, dona Flora, como são emblemáticas a doação de seus livros para a Universidade Católica de Washington e a inscrição simples e quase anônima em sua lápide no cemitério em Mount Olivet, segundo seu expresso desejo: "Aqui jaz um amigo dos livros".

Seu estilo, enquanto escritor, fugiu aos padrões da solenidade acadêmica de sua época. Seu modo de escrever foi, em certo sentido, inovador em relação à linguagem da historiografia de seu tempo. Quase anticonvencional. Direto. Como observou Gilberto Freyre em seu instigante, embora um tanto repetitivo, *Oliveira Lima, Don Quixote gordo*, o historiador-diplomata

> inclinou-se, em sua forma de expressão, a certa oralidade nada solene, muito menos pomposa. Mais: a um tom quase epistolar e, por vezes, quase de conversa escrita. Maneira de comunicar-se um autor com seus leitores que se encontra até em várias páginas dos seus livros mais acadêmicos: em *Dom João VI no Brasil*, por exemplo.[86]

85. Ibidem, p. 14.

86. Recife: Imprensa Universitária da Universidade Federal de Pernambuco, 1970, p. 153.

Hoje, um julgamento sereno talvez possa sugerir que contemporâneos seus, escritores e diplomatas como Nabuco e Rio Branco, não o tenham compreendido em sua profundidade, nem digerido alguns de seus comentários cáusticos, percepções agudas e atitudes independentes distanciadas do modismo oportunista. Longe daquilo que Pandiá Calógeras definiu, ao fazer o necrológio de Oliveira Lima, publicado em seu livro *Estudos históricos e políticos,* como "a estreita sociedade, muito particularizada, constituída pelo mundo diplomático". Sua maneira de ser, algo estabanada, a que um físico avantajado dava pouca pompa e algum estardalhaço, deve ter pesado para o relativo insucesso na carreira, em que a aparência contava muito mais que na atualidade. Coisas da diplomacia, do Itamaraty, da fogueira de vaidades estamentais no jogo com cartas marcadas dos donos do poder, oligárquico até há bem pouco tempo, que atrapalharam a escalada de Oliveira Lima aos postos mais altos da *carrière.* Escalada que, a partir de certo ponto, o barão do Rio Branco não apoiou, muito ao contrário, apesar dos protestos públicos do prestigiado Rui Barbosa. Parte dessa história foi narrada num apêndice ao seu livro de memórias, sob o título "O meu caso".

Com seus modos e ideias nem sempre convencionais, a formação luso-brasileira, interesse pelas culturas alemã (Heine, em particular) e inglesa, balanceado pela admiração à cultura e à mentalidade norte-americanas, Oliveira Lima representa o fim de uma época. Época que cede passo para um novo tempo, que se anuncia na figura de um jovem pernambucano a quem o historiador marcaria fundamente. Trata-se do jovem Gilberto Freyre, que, desde 1917 até o falecimento de Oliveira Lima em 1928, absorveu a percepção limiana e sua sensibilidade histórica. Uma particular consciência de Brasil, enfim, haurida sobretudo quando de sua temporada nos Estados Unidos. Oliveira Lima passaria para ele sua ideia geral de

Brasil e, embora informe ainda, de cultura brasileira. (Um paralelo seria possível com outros dois explicadores e personagens que seriam importantes na reelaboração da questão nacional no século XX, Monteiro Lobato e Anísio Teixeira, que construíram uma perspectiva inovadora sobre o Brasil, quando de suas estadas e convivência em Nova York.)

Mas o fato é que, apesar de toda essa formação e admiração por modelos europeus, Oliveira Lima — quem nota ainda é o historiador Calógeras — nunca se desviou desse "polo atrativo: a integralidade das Américas, idênticas e diversas, evoluindo conjuntamente para um ideal comum de entendimento e de cultura, malgrado os tropeços da estrada".[87]

Na perspectiva da história intelectual do Brasil, o personagem Oliveira Lima sintetiza bem o "longo" século XIX brasileiro, que se prolonga na Primeira Guerra Mundial, naquilo que a centúria teve de melhor, em particular nossa Independência e a entrada do novo Estado no concerto das nações. Um século se despedindo do período colonial, do rançoso legado político-cultural-institucional e construindo o Estado-Nação imperial, eis em síntese o significado da obra e da ação de Oliveira Lima. Já Gilberto Freyre, uma espécie de "homem-ponte" entre o grupo-geração de Oliveira Lima e o seu próprio, representa a recém-chegada modernidade ambígua, inquieta, ensaística, curiosa e algo atrasada do século XX nos seus albores. A obra freyriana pode ser lida como um acerto de contas — contas feitas pelo alto — com o Império e com remanescências da colonização portuguesa. Um, profundamente centrado na história dos acontecimentos — uma *histoire événementièlle* solidamente construída, diga-se — e providenciando fundamentação para

---

87. *Estudos históricos e políticos* (Res Nostra...). 2ª ed. São Paulo: Companhia Editora Nacional, 1936, p. 421.

a questão nacional e o pan-americanismo; o outro, abrindo horizontes científico-culturais transdisciplinares, com os instrumentos das ciências sociais modernas e inventando uma nova cultura, por assim dizer brasileira. Oliveira Lima, com as atenções centradas na política, no Estado, nas instituições, no equilíbrio das culturas americanas; Gilberto, na cultura *lato sensu,* com interpretações histórico-sociológicas mais inter e transdisciplinares, preocupado com as complexas relações raciais e com a caracterização do "povo" na sociedade brasileira. Ambos procurando, na dimensão internacional, o lugar do Brasil e as decantadas especificidades "brasileiras".

A autoavaliação inicial do historiador com que abrimos este breve estudo foi quase perfeita, dissemos, mas não inteiramente correta. Oliveira Lima não viveu muito, mas viveu o bastante para perceber o quanto realizou "de grande", na acepção mais profunda dessa expressão. Pois quando faleceu em 1928, sua obra já o qualificava como o principal historiador da formação da nacionalidade brasileira. Se o erudito barão do Rio Branco foi o historiador dos tratados e dos limites geográficos que fixaram nossa imagem geopolítica, Oliveira Lima ficará em nossa historiografia como o maior historiador da Independência, o tema fundante de nossa existência coletiva, quando o Brasil pela primeira vez lutou por sua identidade, sua diferença, sua autonomia. Tema essencial e complexo, dadas as vicissitudes e ambiguidades da emancipação política, com o prolongamento da casa reinante no além-mar, fenômeno único na história americana e europeia. Com a disputa dentro da casa real entre os irmãos Pedro e Miguel (tema de um livro seu pouco citado), a complicação se desdobrou no plano interno e externo, aprofundada com a abdicação forçada de Pedro I (1831), que se tornará o importante Pedro IV em Portugal, e sobretudo com a emergência de grupos reformistas — constitucionalistas e republicanistas — no Brasil, antenados nas ideias das vanguardas europeias e norte-americanas. Reformistas, porventura muito avançados, num país ainda pesadamente escravista. Um processo de descolonização complicado, como se vê, em que discursos fundadores sobre a nacionalidade forjaram matrizes histórico-culturais de nossa própria existência enquanto povo, que o historiador pernambucano percebeu, e passaria toda sua vida tentando dar-lhes forma e sentido. Matrizes que ele explicitou e que ainda remanescem nas formas de pensamento — em ideias de Brasil, enfim, que se prolongariam no século seguinte, alcançando nosso tempo. Pois a imagem de Brasil construída em nosso imaginário deve muito à formulação geral do pernambucano.

Os livros principais de Oliveira Lima incidem portanto na temática alta da Independência, antes e depois, aprofundando o conhecimento no período joanino, quando a inversão colonial de 1808 deu ao Brasil o status de nação, visto ter-se transformado em capital do Império com a presença da rainha dementada d. Maria I e com o príncipe regente. Figura histórica cuja importância foi bem percebida em sua dimensão política e no jogo intrincado da crise do sistema colonial, das negociações com a Inglaterra, França e Espanha, das revoluções nos dois lados do Atlântico (inclusive no Prata), bem como em sua dimensão humana. Com efeito, a figura de d. João VI, inclusive como estadista, foi retirada do limbo e da chacota e trabalhada por Oliveira Lima com sensibilidade e agudeza. O nascimento da Nação brasileira encontrou assim uma paternidade de alto nível, insuspeitada.

Nos estudos sobre o Império e nas análises comparativas da América portuguesa em face das Américas espanhola e inglesa, o historiador consegue oferecer uma visão de conjunto em que as inter-relações entre as histórias nacionais trazem um sentido moderno de contemporaneidade, ou de história como sistema.

Dir-se-ia que o historiador percebeu, em suas andanças e leituras, o patamar e o tom em que movimentavam e escreviam os grandes historiadores de seu tempo, desprezando a solenidade banal, o historicismo simplista, os determinismos redutores, o psicologismo barato, a história-crônica. Nesse sentido, ele se afastava também do modelo antigo de Varnhagen, e das veredas nem tão modernas de seu contemporâneo Capistrano de Abreu.

Todas as polêmicas posteriores sobre modelos de Estado, sociedade, cultura, de economia e de ação política internacional encontram em Oliveira Lima um atento observador, uma referência, pois conseguiu ele traduzir em linguagem elevada porém clara as linhas fortes do processo histórico de formação do Estado-Nação. Ao estudar e valorizar a visão e a atuação político-diplomática de José Bonifácio, por exemplo, ele determina em páginas antológicas o momento fundador da história das relações diplomáticas deste país, deslocando para um plano secundário o papel de seu contemporâneo Rio Branco, personagem que já se enxergava com os olhos da posteridade — e isso deve ter-lhe causado indiretamente os dissabores que o vaidoso barão lhe propiciou.

Não se vai aqui esposar um sociologismo simplista para indicar o quanto deve ter pesado em sua biografia o fato de não ter pertencido, como Nabuco, a famílias tradicionais do patriciado pernambucano. Filho de comerciante educado do Porto, sua visão de história era mais próxima do comum dos mortais, brancos de preferência. Em mais de uma página, não deixou de notar com picardia que o autor de *Um estadista do Império* deveu suas primeiras viagens à Europa aos rendimentos que a escravaria da família teria produzido. Já sua família pagara toda a dívida da emancipação... Pois Oliveira Lima era do tipo que perdia um amigo mas não perdia a oportunidade para dar vazão a seus julgamentos por vezes rudes, porém quase sempre certeiros. Ainda segundo Pandiá, seus "conceitos muitas vezes contendiam com as ideias geralmente admitidas. Fosse como fosse, traduziam convicção sincera, sem refolhos, talvez demasiado franca, de seus pontos de vista exclusivos". Ou seja, tinha originalidade.

Gilberto Freyre poliu e suavizou a figura de Oliveira Lima, nas notas biográficas sobre seu mestre quixotesco, ao observar que sempre houve "no Oliveira Lima adulto a marca de um vitoriano a conter nele rompantes mais ásperos de luso-tropical". Reconhecendo sua dívida intelectual para com ele, coloca-o mesmo à frente dos outros dois principais historiadores-fundadores da nacionalidade, Varnhagen e Capistrano de Abreu. Com efeito, o viajado Oliveira Lima, dominando um leque formidável de informações e aberto a variadas correntes de pensamento, atualizou-se na medida de seu tempo o suficiente para escrever sua obra maior de historiador-sociólogo, a melhor biografia de um governante até hoje produzida entre nós, a de d. João VI (para Freyre mais importante até que a monumental biografia de Nabuco de Araújo, escrita por seu filho). Estudo clássico, que rompe com o que se entendia por biografia, pois não se fixa numa ótica linear, constituindo antes um estudo de época, tanto do ponto de vista internacional como na dimensão de uma história social, política e de costumes. A obra-mestra de sua vasta produção. Mas há ainda a se considerar os múltiplos aspectos de sua fértil imaginação histórica, bem assim a notável erudição, aprimorada ao longo do tempo e que se revela, por exemplo, nas notas à *História da Revolução de Pernambuco em 1817*, de Muniz Tavares, movimento insurrecional que está na base de sua concepção de Independência, ou do que contemporaneamente chamamos, na *longue durée*, de descolonização. Sua escrita também merece, neste breve estudo, alguma atenção, pois o domínio da língua e a precisão conceitual foram um dos traços fortes do historiador, que o distanciam de Varnhagen, Capistrano e outros menores, que cultivaram a história-crônica, raramente conseguindo alçar voos mais altos.

Vamos pois visitar com cuidado sua biografia, desde seus primeiros estímulos intelectuais até sua morte em Washington, situando nessa caminhada algumas de suas experiências como diplomata. Muitos dos personagens mais importantes da vida cultural luso-brasileira (Portugal e Brasil eram mais próximos então, inclusive na discussão das diferenças) compareçam, como Machado de Assis ou Teófilo Braga. Até mesmo Fidelino de Figueiredo, ou Lima Barreto. Desse modo, Oliveira Lima nos oferece outros ângulos para entendermos a grande transição do Império para a República no Brasil e, em menor escala, em Portugal. Recorde-se que, nesse tempo, monarquismo e republicanismo eram as duas grandes opções do momento, e com os desmandos da República nosso historiador reconsiderou alguns aspectos a seu ver positivos do Império e do imperador, o que lhe traria dissabores nas promoções, apesar de Rio Branco também ter sido monarquista, como vários outros diplomatas, barões e marqueses. Da mesma forma, no plano da política das nações, num contexto agressivo da Paz Armada, o pacifismo e o aliancismo opunham entre si duas facções de seguidores. E nosso historiador era pacifista, o que o tornava, para seus rivais, politicamente incorreto àquela altura, de vez que as polarizações entre França e Inglaterra contra Alemanha mais uma vez dividiam os corações e mentes do lado de cá do Atlântico. Mais: desde a Guerra Franco-Prussiana e a Comuna de Paris, o mundo político-ideológico se polarizara. E havia, para complicar o quadro político-ideológico, o renascente americanismo inspirado em Monroe, agora de caráter imperialista, contra o nascente pan-americanismo, do qual Oliveira Lima foi um dos ideólogos.

Desse modo "o Lima", como lhe chamavam dona Flora e seus amigos mais íntimos, nos reconduz ao clima intelectual, político, ideológico e diplomático da *Belle Époque*. Com suas opções, gostos e comentários apreendemos toda uma época: lugares, países e restaurantes mais apreciados, intelectuais de sua época e de outras épocas, clássicos ou mais recentes. E com seus saborosos comentários sobre as peripécias de brasileiros no *grand monde* diplomático-intelectual, em que se exercitavam figuras como Eduardo Prado e outros filhos de proprietários rurais do Brasil e de alhures. Finalmente, ressalte-se o legado de Oliveira Lima, que aguarda uma revisão para adequada relocalização no panorama da historiografia brasileira: ele é ponto de partida para entendermos o sentido dos estudos de nossa historiografia mais influente no século XX, os Barbosa Lima (o tio e o Sobrinho), Gilberto Freyre, Caio Prado Júnior, Octávio Tarquínio de Sousa e José Honório Rodrigues. Até mesmo Raymundo Faoro e Florestan Fernandes também muito devem a ele em suas abordagens, chegando este último a explicitar a importância da obra limiana (e de Calógeras) no contundente prefácio à segunda edição de seu clássico *A revolução burguesa no Brasil*.

De fato, ao estudar e desvendar algumas das matrizes histórico-ideológicas e político-sociais desta história, Oliveira Lima forneceu os fundamentos e definiu os contornos da chamada Questão Nacional, tema dileto dos historiadores, cientistas sociais e políticos de nosso tempo.

> Nasci no Recife a 25 de Dezembro de 1867. Disse Salvador de Mendonça no discurso com que me recebeu na Academia Brasileira — discurso bem pouco brasileiro pela primorosa sobriedade — que repicavam festivos os sinos pela data do nascimento de Cristo e antecipavam as vitórias do Paraguai. Nem por isso saí festeiro ou guerreiro.[88]

---

88. *Memórias*, p. 5.

Desse modo o historiador se localizava no mundo dos homens, mantendo cuidadosa distância em relação à cronologia tradicional. Da guerra contra o Paraguai, contra Canudos, até a Primeira Guerra Mundial, sua atitude pouco mudaria, antes se fortaleceria: "Não me envergonho de ser pacifista *à tout prix* e de aspirar — nisto se cifra todo o meu lirismo — à dignidade de cidadão do mundo".

Numa época de nacionalismos exaltados, Oliveira Lima formulou uma sofisticada visão de nossa história, mas não pode ser rotulado de nacionalista: "Não tenho preconceitos, quer de raça, quer de religião, e sob esse aspecto sou bem nacional sem ser nacionalista".

Seu pai, nascido no Porto e filho de funcionário público, que "se recordava de Dom Pedro, barbudo, trigueiro e bexigoso", tornou-se comerciante em Recife, com negócios de tecidos e açúcar, para onde se deslocou em 1834. Criou-se "reservado e fino", caixeiro e depois patrão, correto, limpo e meticuloso, numa época de corrupção desbragada. Afidalgou-se, fugindo do estereótipo do "brasileiro" retornado, grosso e novo rico. Apreciando Rossini e Gounod, "suas suíças alouradas o faziam passar por americano"... Por ocasião da Revolução de 1848, ele se refugiou num barco de guerra surto no porto de Recife, "quando os gritos de mata, mata marinheiro ecoavam sinistramente na cidade". Já sua mãe era do Rio Formoso, nascida no engenho das Antas, de propriedade do marquês de Olinda e arrendado ao avô Miranda, transmontano de Chaves, que no Brasil casara na família Castro Araújo. Como se vê, Manuel nasce de família fora do alto patriciado pernambucano, filho de arrendatária com comerciante, o que não explica tudo, mas diz muito, sobretudo de sua visão de mundo — e de suas dificuldades na carreira.

Se para seus companheiros de geração, como Muniz Barreto ou Eduardo Prado, Recife e Lisboa eram melancólicas, Oliveira

Lima lá construiu e cultivou entretanto um outro olhar, positivo mas sem ufanismo, sobre o mundo e sobre o país em que nascera. Não desdenhava, quando no exterior, as maravilhas culinárias e hábitos de sua terra. Apesar de tudo, a despeito de suas desditas na vida diplomática, curtia as coisas do Brasil, e isso deve ter passado para seu admirador número um e comensal em várias ocasiões e lugares, o jovem Gilberto Freyre, a quem tratava como um sobrinho. Apesar dessa saudade da vida em Pernambuco, chegou a sugerir a seu jovem amigo que, ao retornar ao Brasil, fosse para São Paulo, capital com mais possibilidades, chegando mesmo a dar-lhe cartas de apresentação para correspondentes e amigos paulistas, inclusive ligados ao jornal *O Estado de S. Paulo*. Note-se que o historiador nutria enorme admiração por esse estado da federação, e também pelo jornal do mesmo nome, ao ponto de dedicar a ambos seu livro *Formation historique de la nationalité brésilienne*, conferências que leu na Sorbonne em 1911, quando terá conhecido alguns dos historiadores mais importantes do momento, inclusive os da cadeira de história da Revolução Francesa. Dedicatórias, diga-se, um tanto enfáticas não a personalidades ou amigos, mas a duas entidades que puseram em relevo sua atuação intelectual, escritas como a se vingar das desfeitas e menoscabo do Itamaraty em relação à sua pessoa:

> Ao Estado de São Paulo, o mais adiantado do Brasil, pátria dos Bandeirantes, berço de José Bonifácio e foco de civilização, ao qual me prendem os mais fortes laços intelectuais.
> Ao grande jornal *O Estado de S. Paulo,* no qual tenho a honra e o prazer de colaborar desde sete anos [desde 1903, portanto], com toda independência de espírito, e onde todas as opiniões honestas, livremente emitidas e corajosamente defendidas, são acolhidas e respeitadas.

Em suas *Memórias*, há uma passagem em que revela como, mal saído da adolescência, fixou sua imagem de Recife, de Pernambuco, de Brasil. Um sentimento de pertencimento a uma cultura, enfim, que seria elaborado por Gilberto Freyre em termos mais acabados. Ao contrário de seu amigo Guilherme Moniz Barreto, que adorava Paris, mas qualificava Lisboa como "um horrorzinho", achando que "no Recife só seria possível viver na Detenção ou no Hospital e que Pernambuco ainda atravessava uma fase de *Panorama* ou de *Arquivo pitoresco*", Oliveira Lima escreveu:

> Eu (...) enxergava minha terra com olhos, no seu dizer, de poeta. O meu meio de família era estritamente brasileiro. Brasileiro o sentimento: minhas duas irmãs casadas com pernambucanos: Araujo Beltrão, que deixara a carreira política em que se salientara em 1869 como abolicionista *avant la lettre*, pela diplomática em que evidenciou o seu patriotismo, e Adolpho Accioly Wanderley, senhor d'engenho, formado em Direito pela Faculdade de São Paulo, amigo de ler e de viajar — e meu pai sempre pronto a rebater qualquer afirmação em desabono do Brasil. Brasileira a comida, temperada ao sabor nacional, sustentado pelas constantes remessas de farinha e goma de mandioca, de doces, de queijos do sertão, de pimentas de cheiro e malagueta, avivando o patriotismo, cujo último traço a desaparecer, na opinião de Eduardo Prado, era o gosto pela cozinha do país natal. Brasileira até a criadagem, composta em boa parte de crias da casa.
> Assim cresci, numa exaltação íntima pelo Brasil, alimentando uma concepção histórica que me levou, depois, a depurar de traços falsos e nutrindo até contra a mãe-pátria prejuízos que o tempo foi se encarregando de corrigir e até transformar em carinhos pelo passado em suma comum.[89]

Como não ler nessas linhas o mesmo sentimento e, particularmente, a mesma linguagem em que se expressou Gilberto Freyre em *Casa-grande & senzala*, sobretudo nos prefácios às duas ou três edições primeiras?

89. Ibidem, p. 11.

O leitor que desejar descer mais a fundo em sua biografia notará entretanto que há relativamente poucos estudos sobre sua figura e sua trajetória. Além das anotações de Argeu Guimarães e vários, breves e estimulantes escritos de José Honório Rodrigues e Barbosa Lima Sobrinho, embora pontuais e genéricos, é de se ressaltar a importante obra em três volumes de Fernando da Cruz Gouvêa, *Oliveira Lima: uma biografia*,[90] e o estudo-conferência realizado em 1988 pela professora Maria Lúcia de Sousa Rangel Ricci, "Oliveira Lima em evocação acadêmica", publicado na prestigiosa *Notícia Bibliográfica e Histórica*,[91] dirigida pelo professor Odilon Nogueira de Matos.

É que o historiador-diplomata pernambucano, se escapa às configurações convencionais das biografias das grandes famílias de seu tempo, também não entrou para a *nomenklatura* do Itamaraty de sua época. Tampouco, diga-se, sua obra foi valorizada quando da criação das primeiras universidades do país, pois os primeiros professores de história do Brasil eram bem medíocres, provincianos. Sem ser "maldito", até porque pertencia ao círculo de Machado de Assis na Academia Brasileira de Letras e era membro oficial do Instituto Histórico e Geográfico Brasileiro, não fazia parte, todavia, do grupo que mandava na política externa do país.

Talvez seja tempo, agora, para uma revalorização de sua trajetória.

Nessa reavaliação, há que ressaltar desde logo as marcas profundas da região em que nasceu, em meio a conflitos entre mercadores, movimentos revolucionários, velhos senhores de engenho e novos usineiros, mudanças de padrão nas relações entre o comér-

---

90. Recife: Instituto Arqueológico, Histórico e Geográfico Pernambucano, 1976.
91. Campinas, nº 131, jul./set. 1988.

cio luso-brasileiro e o mundial. Ser filho de comerciante português casado com mulher de família de arrendatários já o coloca numa confluência de interesses contraditórios, que o induzem a procurar outras explicações para essa história que ainda não é a "nossa", ainda não é a brasileira. Os movimentos populares, os conflitos entre os senhores de engenho de Olinda e os mercadores de Recife, a história dos mártires pernambucanos, a visão romântica de um Byron e a narrativa histórica de Southey não por acaso encontram no jovem Manuel — a julgar pelas fotos, uma figura masculina bem apessoada, com o porte que o distinguiria até mesmo quando maduro e obeso — um leitor ávido e pouco reverente.

Se o apelo do popular o distanciava da mentalidade das elites tradicionais e escravistas, as guerras o horrorizavam. Sua vocação teria esse registro desde o nascedouro. Já aos quinze anos, no Porto, fora o responsável por uma publicação doméstica, patrocinada por seu pai, para divulgar notícias do Brasil. Denominava-se *Correio do Brasil*, e teve duas fases: de 1882 e 1883, dirigida por ele, e de 1885, com sete números, com a participação de seu amigo Manoel Vilas Boas, radicado em Portugal. Dada a influência de um tio, Quintino de Miranda, que mais estimulou seu gosto historiográfico e literário que um possível talento diplomático (dando exemplos de figuras de grande mérito intelectual mas a quem eram indicados postos diplomáticos desimportantes), o jovem Manuel embrenhou-se em direção a uma abstrata ideia de república e independência cultural para o Brasil. Aos dezenove anos já era um escritor preparado, correspondente ativo, antenado nas questões sociais. A estada em Portugal por certo avivou-lhe o sentimento republicano, e esperava sinceramente não haver no Brasil uma sucessão dentro da monarquia quando da morte do imperador. (Esse ideal seria abalado mais tarde, quando Oliveira Lima verificasse as condições do exílio do velho monarca, um "arbítrio", pensava ele, entre tantos outros que a República patrocinou, e que feria seu temperamento liberal.)

A partir de 1873, passou a morar em Lisboa, onde fez todos seus estudos, até o curso superior de Letras, em que se formou em 1888. Graduou-se também em filosofia, direito e diplomacia, tendo sido aluno de Teófilo Braga, Pinheiro Chagas e Oliveira Martins. Em 1890, com a morte do pai, volta ao Rio de Janeiro, sendo designado pouco depois secretário da legação brasileira junto ao governo de Portugal. Vale registrar: foi o republicano Quintino Bocaiúva quem o nomeou, logo nos primórdios da República.

Chega a Lisboa em 12 de fevereiro de 1891 e testemunha o impacto que o famoso *ultimatum* inglês provocou no governo português e na opinião pública portuguesa e europeia. Foi quando se definiu, mais explicitamente do que nunca, a hegemonia da Inglaterra em relação a Portugal e aos assuntos africanos.

Republicanista, Oliveira Lima deu acolhida a republicanistas portugueses, perseguidos quando da derrota da insurreição de 1891.

Empenhou-se na libertação de seu compatriota Adolfo Cirilo de Souza Carneiro, um colaborador de *A República* envolvido na insurreição, que foi sufocada deixando tantos mortos. Note-se que seu também compatriota Antônio Tavares Bastos era vice-cônsul no Porto. Foi portanto nesse clima republicanista, e de forte repressão, em que se destacava a figura maior — e aliás também obesa, logo exilado — do jornalista jacobino Sampaio Bruno, o autor do livro notável, volumoso e pouco conhecido *O Brasil mental*,[92] que o jovem historiador debutou, na diplomacia e na experiência política. Um clima intelectual em que se criticava o positivismo nas

92. Porto: Chardron, 1898.

duas margens do Atlântico ("no Brasil se engoliu tudo", dizia Bruno), valorizava-se Adão (sic) Smith, Ricardo, Stuart Mill, Schopenhauer, Spencer, Darwin e até mesmo Marx e os alemães, além da "complexidade e continuidade que esses mesmos tedescos denominam: a dialética". Ou seja, Oliveira Lima vivenciou um ambiente político e intelectual sofisticado, em que "o positivismo francês, o monismo alemão e o evolucionismo britânico" eram discutidos por gente como Bruno, Guerra Junqueiro, Rodrigues de Freitas, Oliveira Marreca e Frederico Laranjo. Nesse ambiente, criticavam-se o colonialismo inglês e os colonialismos em geral, a política de cartel, exaltava-se a Revolução Industrial, falava-se da "justiça das revoluções", respeitava-se a Comuna de Paris — "que marcou o caráter da nação", segundo Bruno. Intelectuais como Latino Coelho (grande admirador de José Bonifácio), Silva Cordeiro, Teófilo Braga (o mestre positivista de Oliveira Lima) e também Rebello da Silva e o historiador Oliveira Martins, davam o tom do debate político-ideológico, nessa tentativa de definição do "caráter nacional português", o tal caráter superiormente definido por Eça nas últimas páginas de *A ilustre casa de Ramires*...

A busca dessa identidade, em que se debatiam também os destinos do Brasil (nas penas de Sampaio Bruno, Oliveira Martins e quase todos os outros), por certo marcaria a sensibilidade do jovem Oliveira Lima, que a partir de então se indagaria todo o tempo sobre a problemática identidade luso-brasileira e sobretudo brasileira. Contra a tendência dominante das vanguardas intelectuais da República, de recorte positivista, a referência neste passo a Sampaio Bruno torna-se fundamental, para entenderem-se o pensamento e o lugar de Oliveira Lima na historiografia brasileira. Ambos eram antipositivistas e detestavam gente como Tobias Barreto e Teixeira Mendes (mais tarde, Oliveira Lima, quando diplomata maduro, se atormentaria com Pinheiro Machado e Assis Brasil), gente que manifestava tédio para com a cultura portuguesa, desprezando escritores como, por exemplo, Alexandre Herculano. Conheciam, e bem, as diferenças entre Eça e Machado de Assis; Bruno citava Fagundes Varela, Alencar, Machado e até Aluizio de Azevedo; e Oliveira Lima, se não conheceu, ao menos leu praticamente todos os participantes da conferência do Cassino, ou seja, a vanguarda portuguesa.

O que interessa registrar, nesse passo, é o contato havido entre o publicista revolucionário e nosso historiador, pois Sampaio Bruno, extremamente simpático ao Brasil, em seus escritos advertia como o positivismo no Brasil bloqueou a investigação e o livre-pensamento, ao dar "tudo por já feito", não permitindo o avanço do conhecimento e da pesquisa. Ao examinar as diferenças dessa filosofia em Portugal e no Brasil, Sampaio Bruno mostrava como tal sistema de pensamento penetrou na inteligência brasileira, analisando, a partir das observações de seu jovem amigo Oliveira Lima, já citado em *O Brasil mental*, variantes como as do Rio Grande do Sul, de tão fortes consequências, anos depois, na história do país.[93] Sampaio Bruno deve ter marcado também, por tabela e por intermédio de Oliveira Lima, o jovem Gilberto Freyre, que o cita de passagem em sua obra inicial: além do estilo, certamente impressionaram-no suas frases curtas, modernas, secas. E que pensar do passo em que Bruno se define como revolucionário cultural, "socialista anarquista"? "Parece contraditório, mas não é." Bem gilbertofreyrianamente, e bem português. Pode ser isso, e também o contrário...

Esse o clima em que nosso historiador se forma, numa época em que o regime republicano — que não era o de seus sonhos — se implanta no Brasil e é abortado em Portugal. A ideia de

---

93. Ver *O Brasil mental*, pp.104, 249, 251 e 291.

um mundo luso-brasileiro achava-se em crise, com as respectivas histórias correndo em sentidos inversos. A mãe-pátria regride, é bloqueada em seus projetos africanos, é humilhada pelos "amigos" ingleses. Nela sufoca-se a República. Repressão brutal. Já o novo Brasil republicano admite uma série de descalabros em nome de um novo tipo de autoritarismo, inclusive ideológico, que desagrada ao jovem liberal luso-brasileiro. Poucos anos mais tarde, seus consolos serão a convivência com os documentos, com sua amada Flora (com quem não teve filhos; "os livros são meus filhos"), com os clássicos, com o passado, a correspondência com os amigos, as conversas na rodinha intelectual de Machado quando no Rio e, por pouco tempo, os desabafos com Euclides da Cunha. Quando no exterior, no preparo esmerado de dezenas de conferências, jamais repetidas, pronunciadas em universidades de primeira linha (Sorbonne, Harvard, Columbia, Stanford etc.), ou, visto que era um *gourmet,* em restaurantes (sempre que possível, em companhias divertidas, particularmente a de Eduardo Prado, o Jacinto de Tormes de Eça de Queirós), navios e hotéis que lhe davam certa sensação de recompensa, ou quando menos abstração aos males do mundo e da carreira.

De Portugal vai para a Alemanha, no verão de 1892. Centro crescentemente importante na ordem mundial, tem aí oportunidade para observar o grande jogo das potências. Escreve em 1894 seu primeiro livro, *Pernambuco: seu desenvolvimento histórico*, editado pela Bickhaus, de Leipzig. Dois anos depois publicaria na mesma editora *Aspectos da literatura colonial brasileira*, que somente seria reeditado quase um século depois. Livro inicial de uma coleção que não se efetivou, é uma espécie de introdução à história do romantismo brasileiro, incompleta. A história política o desviaria para outras sendas, porventura mais importantes naquele momento.

Até 1896, Oliveira Lima circulou entre Rio, Lisboa, Porto e Recife, dando conferências e mantendo contatos, até ser designado para o posto de primeiro secretário da legação de Washington, que tanto o agradou mas pouco durou (1896-1900), dados seus desentendimentos com o pitoresco Assis Brasil, então ministro do Brasil naquela capital. Nessa etapa, o também pernambucano e prestigioso Joaquim Nabuco o defendeu em face das queixas sobre o modo de ser pouco "diplomático" e mesmo intransigente de Oliveira Lima, que não tolerava seu superior, gaúcho. Deixou uma memória importante com suas impressões sobre a vida político-institucional, social e cultural daquele país, verdadeiro modelo para o Brasil, em sua percepção, obra também publicada na Alemanha em 1899. Aos Estados Unidos, voltaria quase vinte anos depois, ligando-se em profundidade com a vida norte-americana, lá vindo a passar seus últimos anos e a falecer.

Nessa altura, Oliveira Lima tinha amigos e aliados na carreira, como Nabuco e o próprio barão do Rio Branco. Isso fez com que circulasse por capitais como Londres e Paris, em viagens de pesquisa e encargos da diplomacia. Em Londres, por exemplo, produziu a *Memória sobre o descobrimento do Brasil e as primeiras negociações a que deu origem*, o estudo sobre o *Reconhecimento do Império* e ainda a *Relação dos manuscritos portugueses e estrangeiros de interesse para o Brasil existentes no Museu Britânico*, todos dedicados à história diplomática do Brasil, enriquecendo uma historiografia extremamente pobre nesse aspecto. Mas o seu trabalho se lhe configurava essencial, pois a uma nação deveria corresponder uma história bem fundamentada, inclusive para a defesa de sua soberania. Também aí repousava a ideia de independência: só é autônoma a nação que possui uma história consolidada, definida por tratados internacionais e reconhecimentos diplomático-políticos.

Essa produção, embora realizada fora do país, não o retirou do jogo político-intelectual. Em 1897 foi escolhido como um dos fundadores da Academia Brasileira de Letras, ao lado de Machado e seu grupo, adotando como patrono de sua cadeira Francisco Adolfo Varnhagen, o visconde de Porto Seguro. Também colaborou com José Veríssimo na *Revista Brasileira*. Ele e Capistrano têm suas monografias premiadas pela Associacão do Quarto Centenário do Descobrimento do Brasil e publicadas no *Livro do centenário*.[94]

Designado para o Japão, seus relatórios revelam a extrema precariedade da situação em que se encontrava a legação, recém-aberta em Tóquio. Essa missão coincide com o início do movimento migratório em direção ao Brasil. Sua correspondência, entretanto, não denota qualquer entusiasmo, antes ao contrário — pela utilização desse tipo de mão de obra em nosso país, dadas as diferenças culturais e de língua. O principal impedimento seria a "diversidade de educação, costume e objetivo social que separa a raça ariana da raça mongólica". Desse período, dada a pouquidão da tarefa diplomática em Tóquio, escassa — parece óbvio — em face de seu diagnóstico pessimista, resultou seu livro de impressões sobre o Japão.

Em 1902 começam seus aborrecimentos com a carreira. Oliveira Lima já era um nome conhecido e respeitado, mas vê-se enredado em situação desfavorável no jogo de posições que a movimentação de candidatos aos postos no exterior sempre apresenta, o famoso "jogo das cadeiras". Dois postos se lhe afiguram interessantes: o Chile e, mais ainda, como ministro do Brasil nos Estados Unidos. Mas foi-lhe designado o posto na legação do Peru, que deveria assumir de imediato. Sua saúde já abalada, mais a situação desprestigiosa em que o colocava essa indicação do barão do

---

94. Rio de Janeiro, 1900.

Rio Branco, tornaram-no amargo. Pior, sem ordens de embarque, angustiado. A partir de então ele se distancia do barão, e suas memórias revelarão, anos depois, sutilezas das relações entre eles, com Nabuco, e as variadas artimanhas do poder nos corredores e escadas do Itamaraty, além do papel das respectivas esposas, que também pesaram na balança das intrigas.

Nesse entretempo, Oliveira Lima fez uma incursão na dramaturgia, escrevendo a peça histórica *O secretário d'el rei*, em três atos, na qual exalta o papel crescente do Brasil em face de Portugal. O enredo trata das relações entre um ministro astuto e um rei centralizador, o que poderia ser uma metáfora de suas próprias relações com o firme Rio Branco... A peça não teve repercussão.

A discussão das fronteiras com o Peru estava na pauta das negociações, mas finalmente Oliveira Lima não embarcou para o país andino. Foi redesignado, desta vez para a Venezuela. O que lhe agradou, pois poderia, dado também o contencioso das questões dos limites entre o Brasil e aquele país, exercer sua primeira missão significativa. E de fato, a partir de Caracas exerceu uma atividade intensa, não somente em correspondência com o Itamaraty, mas também participando de negociações de cunho pan-americanista com outros embaixadores, do México e da Argentina em particular. Seus problemas de saúde se agravam, vê-se na iminência de ir para as termas de Búfalo (EUA) tratar de nefrite, mas a demora da licença o prejudica. Em dezembro de 1905, firma com o general Ibarra o acordo de fronteiras, satisfatório para o Brasil. Tratava-se de uma vitória diplomática de peso. Um sucesso, mas, como notou a historiadora Maria Lucia Rangel Ricci, já estava em andamento a "conspiração do silêncio" contra ele.

Em junho de 1907, terminava sua missão na Venezuela, quando se viu envolvido num incidente político-diplomático, por ter escrito uma biografia do caudilho Cipriano Castro. Este, como se sabe, desafiou interesses da França, o que levou o nome de Oliveira Lima às manchetes internacionais, não agradando à Casa...

Os Estados Unidos passaram então a ser o tema principal de Oliveira Lima. Esse país marcaria cada vez mais seus horizontes, sobretudo a partir da política do *big stick* do presidente Theodore Roosevelt. A presença e a hegemonia crescentes daquele país em toda a América do Sul o levarão a se ocupar de alianças e contatos baseados num "contexto de bipolaridade", o que estimulará também sua produção historiográfica de então, sobretudo seus estudos de caráter comparativo entre as Américas inglesa, portuguesa e espanhola. E mais agudamente, entre as duas primeiras. A afirmação nacionalista de Oliveira Lima coincide em muitos pontos com a do argentino Luís Maria Drago, autonomista, crítico da doutrina Monroe e da intervenção dos Estados Unidos no subcontinente. Note-se que as questões do Panamá, da Nicarágua, de Cuba, e a própria Revolução Mexicana que se avizinhava, deslocavam as atenções dos políticos e diplomatas para o "monstro", que, como advertiu José Martí, lançava seus tentáculos em nossa direção.

Nesse ponto, Nabuco se contrapõe a Oliveira Lima, acusando o historiador de estar influenciado pelo caudilho venezuelano. Revela-se americanista, contra o pan-americanismo equilibrado do historiador, recebendo deste uma réplica cáustica.

Indicado para a Cidade do México, não aceita, pois sua saúde piorava, e a altitude seria péssima para ele. Gostaria de regressar ao Rio de Janeiro, mas o barão não cogitou disso. Marginalizava-o, pois não interessava sua presença incômoda, irreverente. Enviou-o para a Bélgica, depois para a Suécia. Se a ação diplomática era morna, a atividade intelectual não parava: em 1911 faz uma série de conferências na Universidade de Paris (Sorbonne) sobre a *Formation historique de la nationalité brésilienne*, uma das primeiras grandes sínteses de nossa história, e que abre toda uma historiografia de "formação", de Freyre e Caio Prado Júnior a Raymundo Faoro, Antonio Candido e Celso Furtado. O "nacional" estava aí, fixado, definido e consagrado.

O barão morre a 10 de fevereiro de 1912, e o historiador faz-lhe um necrológio isento, sem ressentimentos, tecendo comentários de uma sobriedade que não teria prolongamento em suas contundentes *Memórias*. A partir de então, vaga a embaixada em Washington, Oliveira Lima acentuaria seu interesse em relação aos Estados Unidos. Continuava preocupado em fazer conferências sobre a história comparada das Américas, marcado pela vida universitária que o seduzira, pelas condições excelentes de trabalho e pela acolhida que encontrava por toda parte. Sua vida começava a se inclinar pelo labor universitário, no mesmo momento em que se falava em seu nome para uma prestigiosa missão em Londres.

Oliveira Lima era um nome sempre cogitado, mas o que veio mesmo foi sua aposentadoria, e o forte abalo que somente mais tarde ele comentaria. De volta a Pernambuco, foi acolhido por estudantes na Faculdade de Direito de Recife, pronunciou conferência, tornou-se uma glória regional e nacional. Mas seu nome continuava na berlinda, pois durante a guerra revelara-se pacifista, contra a violência, provocando a ira dos aliancistas. Suspeito até de ser pró-germânico. Pior, fizera pela imprensa, em 1917, a crítica à economia e defendeu em 1919 os trabalhadores, os quais, segundo pensava, também deveriam receber os benefícios de seu trabalho. Torna-se uma figura polêmica, controversa, objeto de caricaturas e troças. Apreciado colaborador do jornal *O Estado de S. Paulo*, mas debochado pelo *Jornal do Comércio*.

Em 21 de agosto de 1920, com Flora, embarca para os Estados Unidos, absorvido pela tarefa de instalar em Washington sua biblioteca de cerca de 45 mil volumes. Seu ritmo de trabalho diminui, o clima não lhe é favorável, mas tem a satisfação de ser professor da Universidade Católica da capital, que o acolheu com todas as honras. Nos anos seguintes, profere conferências em Massachusetts e outras universidades e escolas. Em 1922 publica seu *O movimento da Independência*. Gilberto Freyre, então seu jovem amigo e visitante, hospedado muitas vezes em sua casa, descreveu esse tempo de Oliveira Lima e Flora nos Estados Unidos, suas impressões, contatos com professores, políticos e intelectuais, suas reações e modo de vida, numa bela história de encontro de gerações e culturas, em *Oliveira Lima, D. Quixote gordo*, onde se encontra em apêndice uma curiosa correspondência entre os dois. Mais, uma célebre caricatura de ambos feita pelo jovem Freyre, em que este aparece, magrinho, ao lado do agigantado historiador, com seus bigodes e beca de professor. Em 1924, sua biblioteca é finalmente inaugurada, constituindo o núcleo de um centro de estudos brasileiros, incluindo Portugal e a América Espanhola. Retoma as pesquisas e a escrita, concluindo em 1927 *O Império brasileiro*.

Mas a diplomacia ainda lhe guardava uma surpresa desagradável. Surge em 1928 a oportunidade de ir, com a delegação brasileira, a Cuba, para a Conferência Pan-americana. Sua saúde já não o deixaria partir. Mas o desgosto veio antes de sua decisão de não ir, ao ser nomeado Raul Fernandes, e não ele, como chefe da delegação. Tencionava regressar ao Brasil, para rever seu país. Muitas vezes as poucas pessoas que o visitavam em Washington surpreenderam seus olhos úmidos, quando falava em visitar o Brasil. Não foi possível, pois um ataque cardíaco o levou a 24 de março de 1928.

Sua obra, apesar de se concentrar em sua maior parte na Independência e no reconhecimento do Império, é ampla e variada, seus livros versando sobre impressões de viagens, sobre literatura colonial, descobrimentos, relações diplomáticas, a República, propondo quase sempre a possibilidade e a necessidade da história comparada. Importantes também seus estudos e artigos sobre Machado de Assis, Varnhagen, o padre Manuel de Morais, José Bonifácio, o viajante sueco Gustave Beyer, sobre a cidade do Rio de Janeiro, sobre questões de limites. Escreveu ainda um manual de *História da civilização*, abandonando o título convencional de história universal, comum naquela época. Dentre sua vasta bibliografia, destaque-se ainda *Aspectos da história e da cultura no Brasil*, com prefácio de Teófilo Braga, com o que inaugurou a cadeira de Estudos Brasileiros na Universidade de Lisboa.

D. João VI no Brasil foi publicado no Brasil em 1909 e só quarenta anos depois reeditada. A *Formation* foi publicada originalmente em francês em 1911, traduzida para o espanhol pelo mexicano Carlos Pereyra mais de 25 anos antes que o fosse em português. Seus trabalhos clássicos levaram décadas para serem reeditados. Só recentemente o historiador começa a ser objeto de uma atenção maior.

Na reavaliação de seu legado historiográfico, é de se dar relevo ao caráter intepretativo de seu labor — e nesse sentido, moderno — de sua obra. Como poucos, dominava a informação, cultivando os documentos de variada ordem que fundamentariam a interpretação.

Interpretar, dar sentido às coisas, eis a paixão e a força de Oliveira Lima, mas não por amor positivista ao documento, em voga naquela época. Não menos importante, possuía ele uma capacidade extraordinária para perceber a força explicativa dos contextos históricos internacionais nos quais estava enredada a história nacional. Por tudo isso, sua obra talvez resista mais ao tempo que a de outros historiadores da nacionalidade.

De sua trajetória, poder-se-ia dizer que logrou cumprir um de seus desejos maiores. Pois de fato, como se constata pela leitura de suas *Memórias*, ele se propôs sempre ser o "embaixador da cultura" de nosso país, e o conseguiu, mais que seus desafetos.

Muito se aventou sobre o possível conteúdo racista de algumas de suas formulações e posições. Pode ser que tenha cometido, como tantos cometeram, numa cultura marcada por quatrocentos anos de escravidão, algum deslize nessa direção. Mas o testamento de Oliveira Lima é bem eloquente, lavrado num país em que os negros também foram atrozmente discriminados. Testamento em que seu senso de nacionalidade cede passo ao cidadão do mundo, e ele próprio desaparece como nome, ficando apenas num epitáfio anônimo, o comovido e comovente "amigo dos livros".

Pena que sua casa, semidestruída, esteja abandonada num bairro que se transformou num gueto em Washington, e que sua biblioteca na Universidade Católica não mais seja um centro dinâmico de cultura brasileira, carente de atenção e de recursos por parte das autoridades brasileiras e dos acadêmicos norte-americanos, que o historiador tanto cultivou.

Finalizamos estas notas sobre o grande historiador patrício transcrevendo trecho de seu testamento, incluído em seu livro de memórias:

> (...) será única e universal herdeira de toda a minha herança a Universidade Católica da América, com sede em Washington D.C., Estados Unidos da América, à qual já fiz em vida doação da minha biblioteca, com o seguinte encargo e fim expresso — de custear e manter uma cadeira, de língua portuguesa e história literária e econômica de

Portugal e Brasil, bem como, se sobrar, de distribuir subsídios entre quaisquer estudantes pobres, sem distinção de nacionalidade nem de cor, que cultivarem com zelo essas matérias, a juízo da respectiva congregação universitária. Determino que meu corpo descanse onde ocorrer meu falecimento, sepultado ou cremado de preferência, se minha religião não o vedar [...]. Também quero que nenhuma honra póstuma me seja atribuída no meu país ou fora dele.

5. Em exame a obra de Caio Prado Júnior

Pouquíssimos autores terão se empenhado tanto, entre nós, na busca de um *sentido* para a história do Brasil como Caio Prado Jr. Só essa razão já seria suficiente para saudar a publicação de uma seleta de seus textos de história, judiciosamente escolhidos pelo historiador mineiro Francisco Iglésias. Além disso, a inserção da obra de Caio Prado na coleção Grandes Cientistas Sociais, dirigida pelo professor Florestan Fernandes, sugere que autores brasileiros contemporâneos começam a ser tema de reflexão.

A oportunidade é excepcional, visto que, após o AI-5, a retomada crítica do pensamento brasileiro não pode prescindir dos instrumentos elaborados por cientistas clássicos que aprofundaram o conhecimento sobre aqui — do que somos enquanto "povo, país, nação, sociedade" (para usar a linguagem de Caio). Apesar dos avanços das ciências sociais no Brasil, nos anos da mais dura repressão, perdeu-se entre nós essa capacidade que Caio Prado possui de selecionar os acontecimentos principais, limpando-os daquilo que é secundário, indicando a "linha mestra e ininterrupta de acontecimentos que se sucedem, em ordem rigorosa, e dirigida sempre numa determinada orientação". O sentido da colonização, por exemplo, foi um dos temas maiores que Caio descobriu e sistematizou em obra clássica, desvendando-nos, nos anos 1930, um passado brumoso que a historiografia cortesã, heráldica, luso-tropicalista sempre teimou em sonegar. O peso desse passado ainda presente no Brasil contemporâneo, eis a constante nas análises que o historiador paulista sempre oferece, passeando por largos períodos de tempo com desenvoltura e, ao mesmo tempo, rigor a que pesquisadores universitários se desabituaram.

Ao escolher na obra de Caio aqueles textos que lhe pareceram mais significativos, Francisco Iglésias conseguiu demarcar com lucidez a trajetória do historiador. Do estudo da colonização ao da organização do Estado nacional, do fim do Império à industrialização e desta ao estabelecimento de bases para a discussão de uma política econômica para o país, uma visão sistemática do Brasil vai brotando no espírito do leitor. Mostra-se, através das sucessivas articulações de sistemas de produção, o peso específico das classes sociais — evitando-se, entretanto, os dualismos rígidos, ou "torcendo os acontecimentos ao gosto particular do observador". Preocupado com o estudo das contradições na história, Caio lembra que nem sempre todas são automaticamente resolvidas, pois às vezes se repetem e se renovam noutras que se vão formando. Em síntese, "um historiador revolucionário", para usar o belo título do estudo introdutório de Iglésias. Revolucionário, e por isso mesmo avesso aos simplismos que frequentemente liquidaram ou esvaziaram, na esquerda, o pensamento marxista.

A (re)leitura de Caio nos devolve aquela crença de que é possível a busca do sentido na aparente ilogicidade dos processos históricos, e também que a tarefa do historiador não pode ser subordinada a qualquer simplismo voluntarista (frequentemente triunfalista, sobretudo quando exercitado por pequenas burguesias acadêmicas que procuram empostar a voz de outros segmentos sociais, por falta de projetos próprios). Caio não emposta. A introdução ao capítulo "Administração" (introdução que infelizmente não faz parte deste volume), desnorteia qualquer marxista ortodoxo, pois as normas e as práticas raramente conviviam no Brasil colonial. Além disso, a lição de Caio historiador é inspiradora, quando lembra modestamente que "nós, com os pobres instrumentos de compreensão e de expressão que possuímos, não apanhamos e, sobretudo, não podemos reproduzir senão uma parcela ínfima, cortes desajeitados numa realidade que não se define estática e sim dinamicamente". Para ele, os eventos claros, em sistema, só ocorrem historicamente quando as situações amadurecem; inútil procurá-los antes.

A apresentação biográfica realizada por Iglésias, evitando os vícios do biografismo, não conseguiu, entretanto, sofrear sua incontida admiração por Caio Prado. Fascina-o a participação de Caio na Guerra Civil Espanhola, suas prisões ("que não escolheu ou pediu", como escreve estranhamente), sua militância no PC (e, anteriormente, no PD), seu estudo no exterior, sua ação como editor, seu estilo modesto (em que pese a "origem abastada"...). Ora, além de sua situação como precursor da historiografia marxista no Brasil — como autor de *Evolução política do Brasil* (1933) e do clássico *Formação do Brasil contemporâneo* (1942) —, teria sido interessante localizar as raízes ideológicas da formação de Caio, e que certamente não estão no Colégio Chelmsford Hall, na Inglaterra. Quais teóricos do marxismo frequentou ele em suas primeiras leituras? Por outro lado, como situá-lo no contexto latino-americano, sobretudo quando seu primeiro livro surge, bastante próximo da obra do peruano José Carlos Mariátegui. Qual a dimensão científica da obra de

Caio Prado (conhecidíssima, aliás, nos países de língua espanhola) se projetada no panorama da historiografia latino-americana?

O tema das raízes intelectuais e políticas de Caio deve ser bem considerado, pois os quadros ideológicos quase sempre puxaram para baixo o pensamento científico no Brasil. Ademais, os anos 1930, a influência de Oliveira Viana (ainda visível no prefácio à primeira edição da *Evolução*); nos anos 40, certos pequenos deslizes, como o das "raças inferiores" (expressões de Caio que surgem num contexto de crítica ao racismo, diga-se), bem apontados por Iglésias (p. 24); nos anos 1950, os dilemas do pensamento marxista com as teses sobre a "burguesia nacional" e sobre o "feudalismo". Qual a crítica ideológica que permite a Caio superar essas questões, atravessar o tempo e responder à esquerda ortodoxa e, ao mesmo tempo, ao Movimento de 1964, com seu contundente *A revolução brasileira*? As reflexões aí contidas, aliás, derivam de artigos e editoriais de combate que travou através da *Revista Brasiliense*, desde 1955 até 1964, o que mereceria maior destaque no estudo de Iglésias. A meu ver, aí estão algumas das principais proposições para a conceituação do capitalismo *associado e dependente*.

A formação de um historiador do porte de Caio demanda uma análise apurada de suas fontes, sobretudo porque traz uma preocupação metodológica explícita (o "método relativamente novo" da "interpretação materialista", de que falava no prefácio à primeira edição de *Evolução política*). A contraposição a Gilberto Freyre (e não a simples contemporaneidade dos dois autores) e a uma concepção de Cultura que aí está sacralizada pelo sistema poderia ser apontada, para dar relevo à ruptura que representa a obra de Caio. Ele é bem diverso de seus contemporâneos "explicadores do Brasil", citados, cujas obras representaram apenas a modernização dos sistemas ideológicos da República. O método "relativamente novo" de que falava ajudou-o a tirar do limbo movimentos como a Cabanada do Pará, a Balaiada do Maranhão e a Insurreição Praieira de Pernambuco, que não passavam de notas de rodapé na historiografia conservadora, ou de estudos biográficos para valorizar o papel de certos "heróis" na história. O povo — ou melhor, as classes — emergiram com ele no horizonte historiográfico brasileiro, negando as teses que reforçavam as ideologias da "democracia racial", da "cordialidade", do "bandeirismo", do "nabuquismo". É significativa, por isso mesmo, a observação de Iglésias sobre o fato de um autor dessa magnitude não ter merecido ainda um estudo sério sobre sua obra: é que a visão oligárquica venceu; com sua dialética desmobilizadora, que tanto encanta os gerentes culturais do Brasil. Ou seja: a dialética que detecta e dissolve os contrários, transformando a massa real na geleia geral.

Finalmente, teria valido a pena narrar os desacertos de Caio com a USP, que, aliás, ele ajudou a fundar. Ela nunca o aceitou para dar aula na universidade, nem no período inicial nem na "abertura" do período de Juscelino, nem após 1964. Ou de fato não houve empenho de seus colegas e amigos? Vale lembrar que, duas décadas antes, quando prestou concurso para livre-docente na Faculdade de Direito, até as luzes do prédio do largo de S. Francisco foram cortadas. E registrar que os liberais de antanho da Faculdade de Filosofia não foram tão liberais assim. Caso contrário, Caio teria pertencido a seu corpo docente e formado muita gente nova. Ou não?

6. Ecos da historiografia francesa no Brasil: apontamentos e desapontamentos

Nestas breves anotações, esboçadas para uma exposição sobre ecos e presenças da cultura francesa no Brasil e na América Latina no século XX, gostaria de sugerir — sobretudo para os pesquisadores mais jovens aqui presentes — umas tantas hipóteses, pistas e caminhos para ulteriores pesquisas. Trata-se de uma história rica, contraditória e complexa a ser escrita.

Em primeiro lugar, haveria a considerar a presença de franceses nos principais centros de cultura no Brasil desde a vinda da família real em 1808. Ela é antiga, bastando dizer que o melhor cronista do século XVI era um francês protestante, Jean de Léry. E mesmo pouco antes de 1808, é conhecido o impacto das ideias propagadas pela Revolução Francesa: não nos esqueçamos que na Conjuração dos Alfaiates (1798), de cunho popular e anticolonialista, eram citados pelos revolucionários de Salvador desde os filósofos Rousseau e Volney até o político Boissy d'Anglas. E Napoleão, em seus movimentos de libertação, era por aqui esperado por gente como Cipriano Barata.

Anos depois, o advogado dos revolucionários da grande insurreição nordestina republicana de 1817, Aragão e Vasconcelos, dominava com maestria uma extensa bibliografia histórica, jurídica e filosófica, que examinei em meu livro *Nordeste 1817. Estudo das formas de pensamento*.[95] Defendeu os revolucionários utilizando-se inclusive das ideias de Rousseau, embora sem citá-lo explicitamente...

A circulação e a presença desses intelectuais pelos vários países da América Latina e Caribe foi intensa e constante. O professor Léon Bourdon também estudou a presença de franceses no Brasil às vésperas da Independência, editando e comentando as *Notas dominicais* do comerciante Louis-François Tollenare. E para a Revolução de 1848, a Praieira, os estudos revelam a grande afinidade das lideranças já nacionais com o ideário revolucionário e com a historiografia francesa. A lista seria extensa, como se pode constatar no Banco de Dados Brasil-França/França-Brasil, que a competente professora Leyla Perrone-Moisés e sua operosa equipe do Instituto de Estudos Avançados, além do saudoso professor Mário Carelli, em Paris, articularam ao longo de mais de dez anos.

Em segundo lugar, lembremo-nos que o foco destes apontamentos é o século XX, e neles os estudos históricos. A presença francesa no campo historiográfico foi particularmente forte, densa e bem variada, embora bastante desigual. Mas caminhemos com cuidado, pois não há estudos sistemáticos sobre a difusão, aceitação, rejeição, apagamentos, apropriações parciais ou totais de teorias, métodos e técnicas da — por assim dizer — ciência histórica que se praticava nos diferentes contextos do século XX, nem tampouco do que se pratica hoje na França. O mesmo se poderia dizer dos

---

95. MOTA, Carlos Guilherme. *Nordeste 1817. Estudo das formas de pensamento.* São Paulo: Perspectiva, 1970.

dias atuais: a intensa polêmica quando do Bicentenário da Revolução Francesa demarcou dois campos, agora bem definidos entre nós: o dos equivocados adeptos do "fim da Revolução", liderados por um ideólogo-historiador, François Furet, e seus colegas adeptos das teorias da "derrapagem", e o dos defensores da continuidade da Revolução e de sua permanência, sustentada por Michel Vovelle e pelos adeptos da tradição clássica. Tradição que vem de Jaurès (cuja obra alentada sobre a Revolução está nas bibliotecas de São Paulo e Rio de Janeiro) até Albert Soboul e, mais abrandadamente, Michel Vovelle. As duas correntes possuem adeptos empenhados no Brasil. De nossa parte, filiamo-nos à clássica, por assim dizer neojacobina.

E aqui surge o problema principal: há várias correntes e tendências na historiografia francesa, desde as mais ferrenhamente positivistas ("história, ciência do concreto") até as mais filosofantes, tendências que reverberaram em nosso país, como na América Latina em geral. Exemplo eloquente foi o positivismo, que marcou fortemente os primeiros anos da República brasileira (e a grande obra *Os sertões*, de Euclides da Cunha, de 1902), e também a Revolução Mexicana.

Pode-se mesmo dizer que, de modo geral, na sequência do século XIX, permaneceram algumas tendências mais fortes, decisivas, como a *positivista*, a *girondina* (*liberalizante*) e a *jacobina* (*estatizante*), sem mencionarmos a *historiografia* da contrarrevolução (francesa), marcada por De Maistre, De Bonald e outros. Em verdade, aguardam-se estudos sobre essa doutrina e ação que alimentou durante décadas as contrarrevoluções preventivas na América Latina: o tema foi superiormente estudado pelo professor Jacques Godechot, que aliás lecionou em São Paulo em 1967 e sempre manteve em Toulouse seus faróis acesos em direção à América do Sul.

Pouco se tem examinado esse peso ideológico da contrarrevolução, tão presente nos corações e mentes das elites latino-americanas. Na América do Norte, Godechot mantinha relações com Robert Palmer, com quem escreveu, nos anos de 1950, *A era da revolução atlântica*, um clássico hoje algo contestado, por privilegiar demasiadamente a história ocidental. Contestado, porém atual.

Todas essas linhagens deixaram marcas e sucessores no Brasil. O inventário seria longo, e cada tópico merece uma tese ou pesquisa para, numa etapa mais adiantada, tentar-se uma síntese ou visão de conjunto.

Em terceiro lugar, na América Latina, vários centros intelectuais mais marcados pela cultura francesa se desenvolveram em busca de modelos e teorias próprias. A Universidade de São Paulo, criada em 1934, colocou-se, no campo das ciências humanas, sob a égide da cultura francesa (nas ciências exatas e naturais houve outras vinculações, em particular com a Alemanha e com a Itália), mas adquiriu em vários campos da pesquisa uma identidade própria, inovadora, por vezes até rejeitando certos modismos que assolaram várias searas do conhecimento. Ou absorvendo intelectuais franceses, como foi o caso de Roger Bastide e, mais radicalmente, de Michel Debrun, que marcou as novas gerações com uma visão crítica, contra os modismos, em busca das identidades deste país. Dizia ele que as duas culturas mais chauvinistas que conhecera eram precisamente a francesa e a brasileira... Em Salvador, é conhecido o caso de Pierre Verger, que vem para os "tristes trópicos" como fotógrafo e se transforma ele próprio em personagem da história afro-brasileira e, nesse processo, também em pai de santo.

No Caribe, de modo geral, houve menor interferência cultural francesa, dada a proximidade com os Estados Unidos e com o México: na historiografia cubana, por exemplo, registra-se pequeno comparecimento de citações de franceses, predominando as de espanhóis. Por exemplo, a principal ligação do grande historiador cubano Manuel Moreno Fraginals, desaparecido em 2001, era com seu correspondente catalão Josep Fontana; quem percorrer sua extensa obra poderá verificar o modesto índice de menções a autores franceses. E na historiografia de Porto Rico tal presença torna-se menor ainda, dada a hegemonia norte-americana. No Haiti, há uma constante referência à historiografia francesa, por razão óbvia; mas o que falta na terra de Toussaint-Louverture são centros de estudos consolidados, modernos, atuantes, também por motivos óbvios.

Nada obstante, a principal obra moderna e atualizada de análise global sobre a América Latina, *História contemporânea da América Latina*, escrita pelo argentino Túlio Halperín Donghi em 1969, já no prefácio faz menção direta à Escola dos Annales e à teoria de Fernand Braudel sobre a *longue durée* (reiterada na edição norte-americana de 1995). Em verdade, Donghi combina de modo sofisticado a tradição das historiografias liberais-nacionais para o estudo de cada país com uma visão totalizadora que provém de Marx e de Braudel. De Marx, retira elementos para a análise de sistemas de produção em seus desenvolvimentos históricos; e, de Braudel, a percepção de como as estruturas cristalizadas resistem ou se desgastam nas flutuações econômicas na longa duração. Tal combinação resulta numa visão de História do subcontinente extremamente ágil, consistente. Estruturas e acontecimentos se explicam em constante interação, numa dialética plausível e bem sustentada.

Também haveria a se discutir (e pesquisar) as relações culturais México-França, bastante intensas desde a formação do Estado oligárquico no século XIX. O mesmo com o Peru e com o Chile. Mas este seria um longo capítulo, merecedor de estudo à parte.

Um quarto ponto merece reflexão. Nos anos de 1940-1950, com a presença de mestres missionários franceses nas universidades de São Paulo e do Rio de Janeiro, divulgaram-se novos manuais de história, utilizados no ensino de segundo grau na França. Os mais conhecidos eram os de Malet-Isac, uma dupla que passava a ser citada nas salas de aula dos jovens professores recém-formados pelas Faculdades de Filosofia, Ciências e Letras (o correspondente em filosofia era o manual de Émile Bréhier). Uma ideia confortadora que era cultivada por esses novos professores brasileiros era o fato de seus colegas e jovens mestres franceses também terem sido, em sua maioria, professores do segundo grau, e terem iniciado, em alguns casos, suas vidas em alguma distante colônia francesa (Argélia, Senegal, Camarões etc.). Esse sentido de "missão" que deles herdamos precisa ser melhor examinado, pois se confunde com os ideais pedagógicos mais genuinamente jacobinos e populares, frutos da Revolução Francesa; a postura do "colonizador" (pois muitos deles mantiveram uma postura superior em relação aos modestos professores locais) mais de uma vez turvou as águas nesse jogo de influências recíprocas.

Um quinto ponto: pouco se tem estudado o impacto de algumas iniciativas editoriais de peso, como as desenvolvidas por um personagem como Paul Monteil, responsável também pela notável Livraria Francesa, um foco de difusão cultural, política e de humanidades em geral. Monteil, homem de esquerda, merece uma monografia... Situada na rua Barão de Itapetininga, a livraria logo se ampliou, constituindo um dos polos mais importantes da vida culta paulistana. Chegou a ser considerada mundialmente a maior livraria de livros franceses fora da França. Com a Faculdade de Filosofia (no início, na praça da República; depois, à rua Maria Antonia), com a Biblioteca Municipal (dirigida por Sérgio Milliet, um "afrancesado" que estudara na Suíça; ele traduziria o melhor do melhor, de Montaigne a Sartre e Simone), com o jornal *O Estado de S. Paulo* (onde figuras como Paulo Duarte e o próprio diretor Julio de Mesquita Filho recebiam, publicavam e cultivavam todos os franceses e estrangeiros que passavam pela cidade cosmopolita), a Livraria Francesa cresceu, dando origem à importante editora Difusão Europeia do Livro. A Difel era popular entre os universitários, chegando a traduzir alguns volumes da prestigiosa coleção *Que sais-je?* (precursora, nos anos de 1950, desses pequenos livros do gênero "Primeiros Passos").

A tradução dos clássicos, feita por jovens como Fernando Henrique Cardoso, Leôncio Martins Rodrigues etc., e a tradução de grandes coleções por gente gabaritada como Jacó Guinsburg e Vítor Ramos traziam novos ares para a universidade. Difícil avaliar a enorme importância da tradução de coleções inteiras como a *História das civilizações*, dirigida por Maurice Crouzet e supervisionada por Eurípedes Simões de Paula, que colocavam à disposição dos alunos universitários e dos jovens professores militantes do ensino médio e superior autores notáveis como Aymard ou o famoso historiador socialista Labrousse, e as análises refrescantes do próprio Crouzet (um inspetor do ensino francês, título que nos impressionava sobremaneira). Tais coleções foram muito divulgadas e constituíam empreendimento cultural de peso, com a cobertura do próprio Consulado e da Embaixada, então muito zelosos na difusão da cultura francesa. Outros tempos, já se vê, em que a França jogava a cartada do prestígio intelectual no combate à presença massificante do "American way of life". Em contrapartida, São Paulo e Rio, cidades afrancesadas, faziam parte do mapa imaginário da França culta.

Ao lado dessa coleção, Monteil avançou para a articulação de uma *História geral da civilização brasileira*, dirigida por Sergio Buarque de Holanda (até o Segundo Reinado; o período republicano foi confiado a Boris Fausto). As coleções de história das ciências (dirigida por Alexandre Koyré), de história das relações internacionais (por Pierre Renouvin) e de história das religiões (dirigida por Mircea Eliade) completavam o projeto, cuja amplidão (e disposição de investimento em tradutores, custos de produção etc.) hoje parece inalcançável.

I
Um sexto ponto: o grupo da revista *Annales* e o Brasil

Na história da cultura no Brasil do século XX, um capítulo especial deve, por certo, ser dedicado ao grupo da revista *Annales,* fundada, em 1929, em Paris. Ela se tornaria a mais prestigiosa e inovadora, devendo seu perfil e sua fama a dois dos maiores nomes da historiografia europeia de seu tempo, associados nesse empreendimento: Lucien Febvre e Marc Bloch. Contra a história historizante, contra a história factual (*événementielle*), contra as histórias estreitamente nacionalistas, contra as "filosofias oportunistas da história" (como as de Spengler e Toynbee), mas também contra um certo tipo de interpretação marxista simplista e muito esquemática, corrente em seu tempo, eles criaram um núcleo de estudos cuja fama ganharia o mundo. Uma nova ventilação no plano teórico-metodológico, em busca de um conceito de tempo menos linear e simplista, considerando a vida humana como expressão de estruturas mais amplas. Daí a busca também de outras *temporalidades*, a serem examinadas a partir de um intenso diálogo interdisciplinar. Contemporâneos de Freud, de Einstein e de movimentos de vanguarda no campo da arte, esses historiadores foram "filhos de seu tempo", na expressão cara a Febvre.

A revista passou por algumas redefinições e títulos. Na primeira fase, denominava-se *Annales d'Histoire Économique et Sociale* (1929-1939); na quarta e última, *Annales: Économies, Sociétés, Civilisations* (de 1946 aos nossos dias). Além dos dois pais-fundadores, Febvre e Bloch (este, fuzilado durante a Segunda Guerra), podem ser considerados do grupo principal os colegas-discípulos Fernand Braudel, Jacques Le Goff, Georges Duby e Emmanuel Le Roy Ladurie. Mas também outros, em maior ou menor grau, como Ernest Labrousse, Maurice Agulhon, Pierre Vilar (notável historiador da minoritária vertente marxista do grupo), Robert Mandrou e Michel Vovelle (que também provém da esquerda).

Uma excelente descrição e análise do significado do grupo dos Annales foi elaborada por Peter Burke, em *A Escola dos Annales (1929-1939). A Revolução Francesa da historiografia*,[96] em que prefere definir essa tendência mais como movimento do que propriamente uma "escola". Outros dois livros que permitem compreender a abrangência do referido movimento foram escritos por José Carlos Reis, *Nouvelle histoire e tempo histórico. A contribuição de Febvre, Bloch e Braudel*[97] e *Annales. A renovação da história*.[98] Menos condescendente com a referida "escola" é a análise de François Dosse, *A história em migalhas. Dos Annales à nova história*.[99]

96. BURKE, Peter. *A Escola dos Annales (1929-1939). A Revolução Francesa da historiografia*. São Paulo: Unesp, 1997.

97. REIS, José Carlos. *Nouvelle histoire e tempo histórico. A contribuição de Febvre, Bloch e Braudel*. São Paulo: Ática, 1994.

98. Idem. *Annales. A renovação da história*. Ouro Preto: Ufop, 1996.

99. DOSSE, François. *A história em migalhas. Dos Annales à nova história*. São Paulo: Ensaio/Unicamp, 1992.

De modo geral, porém, o tema das "influências" dos *Annales* no Brasil e na América Latina permanece aberto. Primeiro, porque ainda há poucas pesquisas efetivas, sobre personagens, temas, métodos de interpretação dessa multifacetada "escola". Das curvas de preços e salários de Labrousse, que tanto marcaram um Enrique Florescano no Peru, ou Cecília Westphalen no Paraná, até os estudos sobre as representações mentais cultivados por Georges Duby e Le Goff, que chegariam com algum atraso no Brasil, o campo é imenso, disperso, com assimilações e afunilamentos discutíveis. Esses "empréstimos" nem sempre deram certo, não passando de modismos, como o dominante no pervertido momento em que a "verdadeira ciência histórica" se reduziu à chamada história quantitativa (tempo em que se confundiu de vez método com técnica). Uma maneira tecnicista de se examinar a história que correspondeu e dominou no período do "milagre econômico brasileiro" (1969-1974), o mais negro da última ditadura de 1964 a 1984.

II
Braudel na usp

Entre 1935 e 1937, Fernand Braudel viveu durante algum tempo em São Paulo, participando das primeiras missões francesas para a criação da Universidade de São Paulo. Como disse certa vez, "foi o período mais feliz de minha vida". Marcou pessoas, agitou, deixou assistentes que se tornariam catedráticos influentes, fez conferências para "épater" a nova burguesia urbana e confortar (em francês) os velhos troncos estamentais. Certa feita, num dia de inverno e garoa, ao iniciar uma de suas aulas-espetáculo para os filhos madurões da elite paulistana, da qual tentavam participar alguns jovens pequeno-burgueses pobretões, ele se dirigiu a um grupo de alunos, perguntando se haviam lido Marcel Proust. Silêncio aterrador. Braudel, após tirar suas luvas, perguntou: "Por quanto tempo mais os senhores pretendem continuar imbecis?". Essa história, diversas vezes contada e recontada por um de seus assistentes, Eduardo d'Oliveira França, um dos "escolhidos" para suceder a Braudel na Universidade de São Paulo, é emblemática da dialética do colonialismo cultural francês em São Paulo. A opinião desses franceses — qualquer que fosse — sempre carregava um "plus a mais", até os anos de 1970 (com uma ou outra exceção, como a vivida por Charles-Olivier Carbonell no início daquela década, quando foi contestado duramente por seu estilo autoritário, num anfiteatro da Cidade Universitária).

Era um tempo em que não havia concursos. Os catedráticos mandavam e desmandavam, no estilo do *grand patron*. Os professores franceses *en mission* tinham um poder excepcional. Na qualidade de professor visitante e catedrático, Braudel escolhera dois professores como assistentes. Um, o referido professor França, que se esmerava em dar aulas de impacto, com a teatralidade que combinava com seu ar romântico, precocemente envelhecido, é bem verdade, após uma estada como professor na Universidade de Coimbra nos anos de 1950. Frases de efeito, esgares de olhos, estados de desespero sucedidos por súbitas (e passageiras) euforias, paixões desabridas por personagens históricos (sua simpatia mais dirigida a girondinos que a jacobinos, diga-se), um uso arbitrário e exasperante dos horários de aula (por vezes começavam com mais de uma hora de atraso), um viés jurisdicista do largo São Francisco, eis algumas das características catedraticais do assistente de Braudel, siderado pelo mestre. Deixou marcas no professor França, que citava Braudel pelo sim e pelo não, assim como — indiretamente —

Lucien Febvre, de quem captou seu gosto pela história das mentalidades. Diga-se que escreveu uma tese inovadora, *Portugal na época da Restauração*, tese pouco conhecida, para a cadeira de História da Civilização Moderna e Contemporânea. Dentre seus méritos maiores, a ideia firme, sempre defendida, de que a Faculdade de Filosofia, Ciências e Letras devia formar professores e pesquisadores, "a exemplo de nossos mestres franceses, muitos deles professores do segundo grau". Note-se, desde logo, que a própria nomenclatura das cadeiras (ou disciplinas) de História das Civilizações (Antiga e Medieval, ou Americana, ou da cadeira de História da Civilização Brasileira, ou Ibérica etc.) já consagrava essa opção decisiva e decidida pelo modelo universitário francês, e não anglo-saxão. Assim, as cadeiras de História da Civilização se estruturavam no interior dos departamentos e faculdades (em São Paulo, no Rio de Janeiro, em Minas Gerais e alhures). Desse modo, a própria noção de "civilização brasileira" se consolidava, no período de entreguerras: afinal, no Brasil também havia uma "civilização", como a francesa ou a americana (não se falava ainda em América Latina; os cursos sobre a América Espanhola eram medíocres, descoloridos, sem importância; da história dos EUA, não se passava do período colonial, simplificadíssimo, em cursos dados por professores que sequer balbuciavam a língua inglesa). Nessas cadeiras de temática nacional, os catedráticos eram prata da casa, como Affonso de Taunay, Alfredo Ellis Júnior (interventor), depois Sergio Buarque de Holanda e Myrian Ellis e Eurípedes Simões de Paula.

Braudel fazia parte de um grupo de jovens professores em início de carreira, que deixariam marcas profundas neste país, como Pierre Monbeig (o autor de *Pioneiros e plantadores*), Claude Lévi-Strauss (seu livro *Tristes trópicos* constitui documento fundamental para se compreender esse vínculo tantas vezes ambíguo dos intelectuais brasileiros com a cultura francesa). Eram muitos, esses "missionários", numa sucessão de talentos que vale a pena considerar, até porque, em sua maior parte, se transformariam em mestres reconhecidos em seu país quinze ou vinte anos depois. Alguns deles deixaram estudos ou memórias sobre o Brasil: o próprio Braudel, num conhecido artigo-recordação em que diz que "foi no Brasil que me tornei inteligente...". Mas a melhor memória foi deixada por Jean Maugüé, historiador e filósofo, num livrinho pouco conhecido e citado, *Les dents agacées*, em que descreve as razões de sua vinda, sua chegada ao porto de Santos, a acolhida, a subida da serra do Mar, a vida em São Paulo. Alguns de seus alunos — como Antonio Candido e o saudoso Severo Gomes — salientam seu brilho e sua cultura — cultura oral, visto que não deixou textos ou estudos que permitam constatar o brilho de suas famosas aulas. Desse grupo brilhante e operoso, já nos anos de 1950, e nem tão próximo dos *Annales*, não se pode deixar de mencionar Roger Bastide, talvez aquele que tenha mais "aderido" ao universo sociocultural brasileiro. Muitos outros poderiam ser citados, como Pierre Deffontaines, ou como Georges Gurvitch, o sociólogo e interlocutor de Braudel, que se irritava com os atrasos de pagamento, sentando-se, em protesto, no meio do corredor, em frente à tesouraria de nossa faculdade. Mas isso faz parte da *petite histoire*, como se dizia à época.

Com efeito, a São Paulo dos anos de 1930 era amena, e a elite intelectual que acolhera Braudel e seus colegas era cosmopolita e tinha um nível alto; demais, os contatos com a França e com a Europa eram intensos, permitindo que ele circulasse expressando-se em sua própria língua. Em São Paulo, morava na rua Padre João Manuel, numa beirada dos Jardins, que começavam a se urbanizar, ao lado do Clube Atlético Paulistano; aí escreveu algumas páginas de seu clássico O *Mediterrâneo e o mundo mediterrânico à época de*

Felipe II. Por certo um ambiente mais confortável que o da Argélia, colônia francesa em que lecionara de 1923 a 1932.

Nada obstante, alguns desses franceses, como Pierre Monbeig, algo rústico, tratavam com certa atitude colonialista seus alunos da Faculdade de Filosofia. Num exame oral, Monbeig certa vez chegou a jogar uma moeda na mesa de um aluno-professor, para lhe dizer que o que respondera "não valia sequer uma pataca". Aqui, como na Argélia...

III
A PRESENÇA MAIS FORTE: LUCIEN FEBVRE

Num balanço do século XX, creio entretanto que a presença mais intensa e constante foi — e continua sendo — a de Lucien Febvre.

Um texto que a Universidade Presbiteriana Mackenzie republicou em abril de 2002, *Esboço de um retrato de João Calvino*,[100] dá excelente medida desse notável historiador. Tem-se aí a reconstituição da conferência pronunciada naquela universidade, quando de sua passagem por São Paulo em setembro de 1949, por iniciativa do Instituto de Cultura Religiosa. Ela foi publicada originalmente na *Revista de História*[101] e, em 1957, como artigo incluído no livro *Erasme, la Contre-Reforme et l'esprit moderne*, editado pela École Pratique des Hautes Études de Paris. Essa conferência foi "redescoberta" recentemente pelo professor e reitor Cláudio Salvador Lembo, leitor crítico de história.

---

100. FEBVRE, Lucien. *Esboço de um retrato de João Calvino*. São Paulo: Mackenzie, 2002.

101. *Revista de História*, São Paulo, vol. 5, nº 12, out./dez. 1952.

Lucien Febvre foi um dos mais instigantes historiadores do século XX. Febvre deixou marcas profundas no pensamento contemporâneo, ao dar nova roupagem e fôlego ao humanismo, convocando seus colegas de vários quadrantes teóricos a revalorizarem o ofício de historiador. Ele ajudou a demolir velhas noções e preconceitos sobre o papel do historiador, como mero levantador de dados para outros interpretarem. Discutia com paixão temas e conceitos controversos, como o de cultura, examinando valores civilizacionais diferentes, propondo uma reflexão nova sobre o instrumental conceitual em suas variações de época para época, e assim por diante. Contra a história factual ou *événementielle*, ele marcou, por exemplo, de Fernand Braudel e Michel Foucault a Michel de Certeau e Roger Chartier, todos ainda muito presentes em nossas pesquisas, salas de aula, debates e conferências, tanto no campo da historiografia, como da filosofia ou da educação. E mantinha discussões e cooperação com gente tão variada em suas inquietações teóricas e temáticas como Wallon, Gusdorf, Perroud, Gurvitch. Lendo-o, percebemos como a vida universitária se afunilou e empobreceu na atualidade, apesar de tantos avanços, recursos tecnológicos, "avaliações" sem objeto direto.

O historiador Lucien Febvre foi um universitário que incandesceu corações e mentes, chamando atenção para dimensões menos óbvias (em seu tempo) dos estudos históricos. Contra o pedagogismo banal, os historicismos pedestres, o economicismo oportunista ou esquematista, contra a visão estreita da história das religiões, Febvre visitou temas, problemas e searas pouco estudados até então. As mentalidades, em particular, mereceram sua atenção principal, pois constituem dimensão das menos sujeitas a mudanças. Notava ele que as transformações na política, na economia, na administração, no método educacional poderiam ser aceleradas rapidamente, mas no plano das mentalidades quase nunca há respostas imediatas aos estímulos para mudança. No plano cultural, mostrava como as coisas se passam lentamente, por vezes demasiado devagar. Estruturas pesadas, por vezes insuportáveis, funcionam no tempo lento. O nascimento de conceitos novos, como o de ciência, por exemplo, demanda uma maturação longa, complexa, um adensamento que não se faz da noite para o dia. No plano do estudo das crenças, das religiões e dos valores ele foi notável. Esse breve texto sobre Calvino dá uma pequena mostra de sua maneira de se debruçar sobre essa temática, indicando o vigor e a importância desse revolucionário; e vale como um convite para a leitura de seu superclássico estudo sobre o problema da incredulidade no século XVI, mais precisamente sobre a religião de Rabelais. Era Rabelais um incrédulo? Um laico? Mas como poderia alguém deixar de ser marcado pela dimensão religiosa no século XVI? Mais: quais conceitos e noções estavam em vigência nesse período de enormes e profundas modificações?

Febvre, atento ao seu próprio tempo, logrou incluir na dimensão histórico-cultural os estudos sobre religião. Crítico acerbo da história factual, positivista e ingênua, Febvre fortaleceu a dimensão interdisciplinar dos estudos históricos, introduzindo a ideia de que a história deve ser entendida como o principal instrumento para compreendermos nosso presente. Afinal, as perguntas que fazemos sobre o passado, sobre os problemas atuais e sobre o sentido das coisas são filhas de nosso próprio tempo. E ele sabia perguntar e *problematizar* como ninguém. Introduzindo com vigor a dimensão temporal nos debates, ele obrigou seus contemporâneos a reverem as premissas de suas "ciências" cristalizadas. E alertou os estudiosos de todos os campos contra o perigo do anacronismo, pecado de muitos deles; ou seja, a transposição simplista de nossos valores para outras épocas e sociedades.

A partir de Paris, vivendo as crises europeias de variada ordem, como o profundo *crash* de 1929 e a Segunda Guerra Mundial, ele se tornaria uma referência para várias gerações. Deixou textos fortes sobre o fazer e escrever história, sobre a ideia de nação, de cultura, sobre o livro, sobre a universidade, sobre a história da Terra, sobre a cooperação transdisciplinar. Vale a pena relermos os manifestos e textos de fundação da influente "Escola dos Annales", sobretudo o manifesto "Face au vent", que abre uma enorme brecha para a entrada dos novos ares do pensamento contemporâneo na universidade. Descobriu ângulos novos para pensar o processo histórico, e isso num momento em que as ciências ganhavam a teoria da relatividade com Einstein, as artes viviam o impacto do surrealismo, do dadaísmo, na música descobriam-se a dodecafonia e o atonalismo. Nascia a psicanálise, com Freud e Jung, William James. Na arquitetura, no urbanismo e no mundo do *design* Frank Lloyd Wright, Le Corbusier e tantos outros sinalizavam os novos tempos, aliás reforçados com iniciativas como a Bauhaus. Já no período entreguerras, novas formas de pensamento e expressão ganhavam corpo, como o existencialismo, a fenomenologia, e o marxismo era testado nas experiências do que depois se chamaria de "socialismo real". Teorias sobre o nascimento, o apogeu e a queda das culturas e civilizações eram discutidas, como as do inglês Arnold Toynbee, na sequência das do alemão Oswald Spengler; para Lucien Febvre dois autores de filosofia "oportunista" da história...

De tal forma que a presença ativa e atenta de Febvre na vida intelectual tornou-se uma referência internacional, deixando o traço forte de suas teorias em obras clássicas, em artigos e verbetes de enciclopédias. Como na famosa *Encyclopaedia of social sciences*, publicada na Inglaterra. Manteve antenas ligadas para outros centros e produções, como a Itália, o México e mesmo o Brasil. Afinal, em sua prestigiosa revista, *Annales*, ele escreveu sobre as obras inaugurais de Gilberto Freyre e Caio Prado Júnior.

Febvre era também um grande conferencista e *causeur*. Bom conversador, deixou forte impressão quando esteve no Brasil naquele ano de 1949. No Rio de Janeiro e em São Paulo, Febvre foi estimado sobretudo nas recém-inauguradas Faculdades de Filosofia, Ciências e Letras, que provocaram uma efetiva revolução em nosso pasmacento e oligárquico ambiente cultural e universitário. Suas conferências heterodoxas reuniam muitos jovens que, depois, seriam os responsáveis pela revisão historiográfica e conceitual. É famosa sua visita ao interior do estado de São Paulo, mais precisamente a Tietê, em companhia de jovens professores da Faculdade de Filosofia, dentre os quais Antonio Candido. Muitas das ideias sobre cooperação transdisciplinar (que hoje parecem soar como *dernier cri* neste país sem memória) foram lançadas então, num campo que já vinha sendo trabalhado entre nós por vários de seus colegas franceses "em missão", como Pierre Monbeig, Émile G. Léonard (autor de importante *História do protestantismo* e de estudos sobre o presbiterianismo no Brasil), Claude Lévi-Strauss e sobretudo por Fernand Braudel, que redigiu parte de sua monumental obra sobre o Mediterrâneo no século XVI quando foi professor na USP, mais precisamente em sua casa térrea à rua Padre João Manuel, quase esquina da rua Estados Unidos. O velho Febvre, aliás, dedica seu livro mais importante, *Le problème de l'incroyance au XVIe siècle* ao jovem Braudel, que fora seu estudante, dedicatória feita *en espoir*. Outros tempos, já se vê. Muito do que hoje se discute a propósito de cooperação interdisciplinar já estava na obra e na ação desse grande escritor, e de seus jovens colegas de ofício, como Roger Bastide, aliás protestante como Léonard, um dos mestres visitantes de nossa então cadeira de História Moderna e Contemporânea da FFCL-USP. Uma tarefa a ser enfrentada pelos pesquisadores é avaliar o contato e as influências recíprocas entre protestantes franceses e brasileiros, como Bastide e Lívio Teixeira, um dos fundadores do Departamento de Filosofia da USP, ou o saudoso Isac Nicolau Salum, filólogo e professor nos dois lados da rua Maria Antonia, da mesma turma de formatura de Candido e Cleonice Berardinelli Serôa da Mota.

O Brasil lhe era simpático, até porque acolhera intelectuais como Georges Bernanos e Stefan Zweig. O poeta e embaixador Paul Claudel servira no Rio de Janeiro, com seu inquieto secretário, o compositor Darius Milhaud, que, motivado por nossa história e musicalidade, deixou composições fundamentais, como "Saudades do Brasil", conhecidas na França. O Brasil existia, com presença muito forte, no imaginário da França, sobretudo nas tertúlias e discussões sobre a reorganização mundial no segundo pós-guerra. Muito tempo depois, Braudel continuava a dizer, em tom de *blague*, que se "tornara inteligente no Brasil...". Portanto, não foi por acaso que, ao ser lançado na USP, em 1950, o primeiro número da *Revista de História*, a mais importante e inovadora em seu tempo, dirigida pelo saudoso e esquecido professor Eurípedes Simões de Paula, o artigo de abertura tenha sido de autoria do mestre Lucien Febvre, num precioso e marcante estudo sobre o homem do século XVI, fruto de uma conferência na USP no ano anterior, moldura maior em que se inscreve a interessante conferência sobre João Calvino ora republicada pela Universidade Presbiteriana Mackenzie.

Nascido em 22 de julho de 1878 na cidade de Nanci, capital da Lorena, Febvre era filho de um professor formado pela exigente Escola Normal no campo da gramática. Criado na Lorena, jamais deixou de se interessar pelas coisas da região. Era um homem do Franco-Condado. Foi aluno do Liceu Louis le Grand e da Escola Normal, tendo se graduado em história em 1902. Doutorou-se pela Sorbonne em 1912, lecionando em seguida na Faculdade de Letras de Dijon (1913) e, mais tarde, na Faculdade de Letras de Estrasburgo (1919), lugar fundamental para a compreensão do protestantismo na Europa. Em 1933, entra para o Collège de France. Em 1948, assume a presidência da VI Seção da Escola de Altos Estudos Superiores (depois incluída na École des Hautes Études en Sciences Sociales, hoje instalada no moderno edifício no conhecido Boulevard Raspail). No ano seguinte, é eleito membro da Academia de Ciências Morais e Políticas.

Sua vida não se passou apenas nos gabinetes e arquivos. Na Primeira Guerra, atuou de 1914 a 1919 nas frentes de batalha, tendo sido ferido em 1916. De sargento foi a segundo-tenente, e depois comandante de uma companhia de metralhadores (por certo aí desenvolveu o espírito de equipe que lhe seria fundamental para dirigir colegas professores). Foi condecorado ao fim da guerra com a Cruz de Guerra, a Legião de Honra, e também em outros países da Europa.

Foi presidente da comissão da Enciclopédia Francesa, presidente da Comissão de História da Segunda Guerra Mundial ("o importante não é apenas ganhar a guerra contra o fascismo, mas saber como escrevê-la"), da Comissão de História e do Centro Nacional da Pesquisa Científica (CNRS), vice-presidente da Comissão para a Reforma do Ensino, da Fundação Nacional de Ciência Política, diretor do Centro Nacional de Síntese, membro do Conservatório Nacional de Artes e Ofícios, delegado da França na UNESCO (1945). Aceitou várias missões de ensino no exterior, notadamente em Praga, na Áustria, em Buenos Aires e Montevidéu (1937, precisamente), Aberdeen e Glasgow, Istambul, Roma, Florença, Veneza e Pádua. E, no ano de 1949, nas universidades do Rio de Janeiro, Belo Horizonte, Bahia, Recife, Fortaleza e São Paulo.

Morreu em 1956, deixando vários discípulos. Em Portugal, por exemplo, nosso ex-professor e amigo saudoso, Joaquim Barradas de Carvalho, que lhe dedicou sua principal e volumosa obra, sobre o *Esmeralda de Situ Orbis*, do cientista e navegador renascentista Duarte Pacheco Pereira (talvez o verdadeiro descobridor do Brasil). Na França, seu discípulo principal foi Fernand Braudel, um estudioso dos tempos e das durações na história, que considera com rigor e erudição as bases geográficas, as estruturas econômicas, sociais, urbanas e políticas, e as mentalidades. Sem Febvre, não haveria essa visão sofisticada da *longue durée*, a mais eficaz para compreendermos a "respiração multissecular das estruturas", em suas longas ou curtas durações específicas, consideradas as civilizações. *Civilizações*, eis o grande tema de toda a vida de Lucien Febvre.

Sobre suas obras escritas, a lista é imensa. Sem contarmos a infinidade de artigos e ensaios, muitos dos quais veiculados nos *Annales*. Trata-se de revista de leitura obrigatória, fundada em 1929 com Marc Bloch, seu amigo inseparável, fuzilado pelos nazistas em território francês; objeto de um de seus mais comoventes ensaios, que reproduzo na coletânea que coordenei em 1978[102] sob o título, dado por Febvre, "Lembranças de uma grande história". Um documento de época, forte e denso, que nos obriga a meditar sobre a banalização dos valores do mundo presente.

Mas não seria possível, entretanto, deixar de mencionar sua conhecida coletânea, *Combates pela história* (1952). E lembrar *La Franche-Comté* (1902), *Philppe II et la Franche-Comté* (1912), *No-*

---

102. Cf. *Febvre*. São Paulo: Ática, 1987 (Coleção Grandes Cientistas Sociais, dir. Florestan Fernandes). Agradeço a colaboração de Adalberto Marson.

tes et documents sur la Réforme et l'Inquisition en Franche-Comté (1912), *La Terre et l'évolution humaine* (1922), *Un destin: Martin Luther* (1927), (um de seus melhores livros, há traduções para o português e o espanhol), *L'apparition du livre* (1934). Em 1942 é publicado seu livro mais importante, *Le problème de l'incroyance au XVIᵉ siècle: la réligion de Rabelais*. Nesta obra fundamental está explicitada sua metodologia, sua teoria da cultura e das religiões, da história e das mentalidades. Obra modelar. Outros de seus livros versam sobre *Honra e pátria* (anotações de aula publicadas, em português, em 1998, pela editora Civilização Brasileira), sobre o Cymbalum Mundi, sobre o Heptameron (o amor profano e o amor sagrado) e ainda sobre o historiador e homem de ação Jules Michelet, uma de suas paixões.

Finalmente, vale dizer que Febvre foi uma personalidade rara no mundo acadêmico. Seu exemplo continua vivo e, mais do que nunca, necessário. Erudito e polêmico, sabia combinar o bem escrever com o bem lecionar, sendo ao mesmo tempo notável conferencista e excelente e sereno administrador universitário. Uma inspiração nesta fase atual de reconstrução.

Um comovente balanço de sua vida e obra de grande humanista, efetuado por seu discípulo Braudel, pode ser lido no artigo "Lucien Febvre e a história", também na *Revista de História*,[103] dirigida por Eurípedes Simões de Paula, traduzido por Margarida e Joaquim Barradas de Carvalho, historiadores portugueses antissalazaristas exilados em São Paulo. Por intermédio desses amigos-colegas portugueses, bastante "afrancesados", conhecemos melhor o significado de Febvre, da Escola dos *Annales* e também de muitos e muitos outros historiadores franceses (como Albert Soboul, Jacques Gode-

---

103. Cf. *Revista de História*, São Paulo, vol. 31, nº 64, out./dez. 1965.

chot, Jean Delumeau, Maurice Crouzet, Frédéric Mauro), ou de intelectuais portugueses como Antônio Sérgio, Vitorino Magalhães Godinho (o maior historiador português do século XX e interlocutor de Braudel) e Joel Serrão. E também de um historiador inglês do porte de Charles R. Boxer.

Terminemos estas notas com palavras do próprio Febvre, numa de suas conferências, dirigida a estudantes recém-formados em história nos anos de 1940, que ainda reboam nesta pauliceia desvairada e nesta sala do nosso Instituto de Estudos Avançados da Universidade de São Paulo: "Para fazer história, virai decididamente as costas ao passado e vivei primeiro. Misturai-vos à vida. À vida intelectual, sem dúvida, em toda a sua variedade".

7. Raymundo Faoro e a revelação de um outro Brasil

Eu já conhecia *Os donos do poder*, um livro importante, mas só tive contato com seu autor, Raymundo Faoro, pessoalmente quando ele veio a São Paulo para arguir minha tese *Ideologia da cultura brasileira* como membro da banca de livre-docência, nos idos de 1975. Antes, eu conversara com ele MUITO brevemente, na festa da posse de José Honório Rodrigues como membro da Academia Brasileira de Letras.

Aquele livro foi decisivo para mim, pois andava amargurado com os rumos do nosso país, como volto a estar atualmente. Acabo de escrever uma volumosa *História do Brasil*, utilizei a obra do jurista e fiquei mais cético quanto aos nossos destinos, nesta terra das impunidades.

Na verdade, àquela época poucas pessoas haviam lido Faoro para valer. Florestan Fernandes, uma referência em minha caminhada, já citava sua obra quando falava de uma sociedade de estamentos, classes e castas, e mencionava "os donos do poder", assim entre aspas. Era obviamente uma apropriação do conceito do Faoro, que ele respeitava muito. Também o Oliveiros Ferreira, do *Estadão* e professor da ciência política da USP, estudava o tal estamento militar; para ele, os militares constituíam um estamento com regras e valores próprios, o que não significa exatamente uma classe social no sentido de "a burguesia". Outros que certamente conheciam a obra de Raymundo Faoro eram o Fábio Comparato, o Gabriel Cohn, o Evaldo Vieira. E o "subversivo" Maurício Tragtenberg, registre-se, bem acolhido na FGV-SP durante a ditadura, graças à coragem do mestre Angarita. Todos esses liam o Faoro de fato, pois em geral se falava muito nele, numa "outra visão do Brasil" elaborada por um advogado gaúcho, mas pouca gente conhecia seu livro.

A primeira edição é de 1958, discreta, muito sintética e enxuta. A segunda edição, de 1975, é mais volumosa, o dobro da primeira. Dos intérpretes do Brasil, o que líamos naqueles anos era o Nelson Werneck Sodré, Sergio Buarque de Holanda, Celso Furtado, Caio Prado Júnior, o próprio Florestan. Quanto ao Faoro, sabia-se vagamente de sua existência física, um gaúcho de Vacaria que havia publicado aquele livro pela tradicional editora Globo de Porto Alegre, por onde andava o Erico Verissimo.

Os donos do poder... Com o subtítulo "formação do patronato político brasileiro", chamou-me a atenção desde seu lançamento, quando eu estava saindo do Colégio Estadual Roosevelt, onde já tinha ouvido falar — imagine só — de Furtado e Florestan (Caio Prado Jr. era nosso arroz com feijão). Mas o Faoro concluía o livro de maneira radical: depois de examinar seis séculos de história do estamento burocrático, com todo aquele aparato jurídico-político de Portugal transplantado para o Brasil, terminava com uma frase tremenda, que punha em xeque a própria ideia de cultura brasileira. E era isso que eu andava pesquisando, anos depois, já no Departamento de História da USP, sob a ditadura. Dizia ele que, dada a persistência burocrática, no transcurso de toda a história do Brasil ao longo de seis séculos, jamais emergira a genuína cultura brasileira. A última frase do livro de 1958 era e é impactante: "A principal consequência cultural do prolongado domínio do patronato do estamento burocrático é a frustração do aparecimento da genuína cultura brasileira".

Fiquei atônito. Com tal conclusão, ele respondia à minha principal dúvida de então: existe, de fato, uma cultura brasileira? Nela estava embutido o problema da identidade cultural e política do país, tão questionada naqueles anos do reformismo desenvolvimentista da democracia patricial de JK e da democracia populista de Jango. E, depois, da ditadura, sobretudo a do período do Médici e da luta armada. Quem éramos nós, afinal?

Em 1958 tudo isso era muito radical, e hoje continua sendo, infelizmente, pois nossa história pouco muda em suas estruturas básicas, sobretudo na esfera das mentalidades. Naquele momento, o pitoresco oficial Jorge Amado falava gostosamente da cultura brasileira (tudo se "dissolvendo no 'saboroso', no 'gorduroso', no apimentado do regional", ironizou o Bosi), e pontificava um envelhecido Gilberto Freyre, guardião de nosso exotismo tropical, numa fase ainda respeitável, anterior ao golpe de 1964. No meio marxista, em que eu vivia, o nome do "Faôro" (era assim que se pronunciava; o certo é Fáoro) era anátema, por se tratar de um weberiano. Julgamento medíocre e apressado. Só que ele fornecia dois elementos fundamentais para nós pensarmos o Brasil: falava de formas de expropriação que não se encaixavam muito bem no esquema interpretativo baseado nas lutas de classes do marxismo dogmático (não que Faoro desconhecesse conflitos), e fornecia elementos para refletirmos sobre o Estado patrimonialista brasileiro e seus mecanismos de cooptação, conciliação, debilidade político-ideológica dos partidos e, como resultado, a corrupção como modo de vida. Com o conceito de estamento, onde se processa essa mistura do público e do privado, tipificador do coronelismo e do neocoronelismo atual, Faoro jogava novas luzes, oferecendo um outro instrumento para entendermos a cultura política do universo patrimonialista, em vigência até hoje. Mais ainda, oferecia ao leitor uma análise de nossa História vista na longa duração, com enorme fôlego, na perspectiva histórica de seis séculos.

Faoro foi um corajoso ao propor e escrever uma história de seis séculos, enquanto nós e nossos professores em toda a USP ficávamos burilando temas específicos, períodos curtos, quanto muito o período imperial, o período republicano, em nome da erudição e da "seriedade". Note-se que Furtado, Faoro, José Honório Rodrigues e Caio Prado Júnior, que escreveram obras de grande abrangência cronológica, eram estudiosos externos aos quadros universitários e às cátedras, sem compromisso com questiúnculas infernais de erudição, de métodos, técnicas, ou futricas departamentais. Exceções no meio acadêmico foram poucos, como Antonio Candido, Florestan, Eduardo Portela, e agora também Alfredo Bosi, Aderaldo Castello e Ivan Junqueira, Sábato Magaldi, dentre poucos e bons.

A segunda contribuição de Raymundo Faoro residia na possibilidade de reinterpretarmos a história social e das mentalidades no Brasil a partir desses conceitos de patrimonialismo, de estamentos, classes, castas e ideologia (todos juntos). Veja, por exemplo, essa "nobreza" pernambucana ou as castas na Bahia. Nós achávamos que Marx não usava os tais conceitos, que isso era "weberiano". Ignorância, pois bastaria ter lido *O capital*, na excelente tradução mexicana de Venceslao Roces. Usávamos esses conceitos com muito medo, mas Faoro nos dava a possibilidade de entender a pirâmide social em situação colonial, em que as lutas de classes teriam ocorrido de modo tão simples, o senhor do engenho contra o escravo, a "classe" dos senhores contra a "classe" dos escravos, e assim por diante.

Não, o que Faoro nos mostrava era a força, os valores e as formas de dominação do estamento senhorial, ainda hoje presentes na visão a partir da varanda de certos cientistas sociais, juristas, economistas e cientistas políticos, e a triste existência de castas lá embaixo, aprisionadas em quadros mentais coloniais de longa duração. Ajudava-nos a enxergar remanescências disso tudo, as heranças colonial e bragantina, visíveis até hoje nas relações entre patrões e empregados. Em suma, esclarecia a razão da fragilidade das relações contratuais de trabalho no Brasil, a ausência de sentimento de cidadania efetiva, o racismo, o classismo e o estamentalismo rançoso que vem até os dias atuais. O negócio era, portanto, mais complicado.

Esse conceito estranho, estamento, vinha por meio de Max Weber. Mas, com o tempo, descobrimos que também no alemão Karl Marx existe a palavra estamento, *stände*. Mais: "Stände und Klassen", estamento e classe. Marx, observando a formação do capitalismo na Alemanha, falava até de uma transição, em que coexistiam os estamentos pretéritos e as classes futuras. Veja só! Se não me engano isso está na *Ideologia alemã*, como quem diz "aqui existe uma sociedade oligárquica antiga", que eram os estamentos do passado, as famílias tradicionais, os proprietários rurais ainda marcados pelo feudalismo, mas também uma nova classe emergente... No caso do Brasil, o dramaturgo Jorge Andrade percebeu isso, quando falava da velha aristocracia do café empobrecida, "declassé": a noção de estamento atravessa sua obra, embora ele não tenha necessidade de usar o vocabulário histórico-sociológico nem o uspês.

O Faoro jogava uma luz forte nessa transição para uma sociedade capitalista moderna, que é bastante difícil, lenta e incompleta na história do Brasil. Incompletude que explica o presente miserável em que vivemos: nem uma revolução burguesa em profundidade nós tivemos, nem o tal "choque de capitalismo" advogado pelo Mario Covas. O jurista-historiador foi buscar o problema nas raízes, em Portugal, e mostrou a assustadora persistência cultural do domínio do patronato que explica essa frustração do aparecimento da genuína cultura brasileira. O que permite compreender, acho eu, o mau humor e a desesperança de Arnaldo Jabor, Luis Fernando Verissimo, Roberto DaMatta e muitos outros críticos da atualidade. E também o esvaziamento da cultura política dos partidos, a começar pelo PT e pelo PSDB.

Raymundo Faoro fornecia esses elementos com uma linguagem àquela época estranha para nós, falando de estamentos, patrimonialismo etc. Embora ele seguisse a periodização — período colonial, depois o da independência e o da república —, tinha uma interpretação que ultrapassava esses e outros marcos, porque havia persistências estruturais de natureza variada. A história das oligarquias, por exemplo, não parou em 1930, como pensávamos. Ela continua. E a da burguesia ou do proletariado não é tão nitidamente datada quanto na Europa ocidental. Para nós era esse o problema, porque estudávamos o fim da Primeira República como se fosse o fim das oligarquias. E a chamada Revolução de 30 não deu cabo delas, quando muito as abalou um pouco. Aplicávamos modelos errados e nem percebemos logo o que ocorreu em 1930 ou 1964. Na verdade foram rearranjos de oligarquias com o capital nacional e internacional, como hoje se sabe, e estão aí Sarney, ACM e tantos outros como documentos vivos.

Ele trazia então essa visão nova, focalizando o Estado com a tese básica de que, no Brasil, o Estado surge antes da nação, antes da sociedade. Como não houve uma revolução até hoje — aí Florestan Fernandes completa: não houve sequer uma revolução burguesa para redefinir as hierarquias sociais —, nós ainda pensávamos, imagine, na possibilidade de uma revolução proletário-camponesa. Depois, batendo de frente com a história, descobrimos que nem camponês tínhamos aqui, naquele sentido europeu. Camponês é outra coisa, é categoria da história europeia, onde houve feudalismo.

Então o Faoro, filho de imigrantes italianos, nos obrigava a repensar e discutir todo esse instrumental conceitual que estava na base de nossos estudos e pesquisas. Era a sociedade colonial uma sociedade de classes ou uma sociedade estamental-escravista? Acho que Faoro e Florestan foram os responsáveis principais por uma revisão conceitual para pensar esta sociedade — trata-se de uma sociedade de classes? Ou é uma sociedade de estamentos e classes? E as castas, como elas funcionam, de que tipo de consciência social são elas portadoras? Discussões que irritavam o Sergio Buarque, filho do estamento senhorial.

O livro do Faoro veio à tona quando discutíamos interpretações do Brasil. Assim como a geração anterior leu Caio Prado Jr. (que rompeu com o estamento senhorial a que pertencia), Gilberto Freyre e Sergio Buarque de Holanda, a nossa geração passou a ler, ou pelo menos a se inquietar muito com Celso Furtado, Raymundo Faoro, Florestan Fernandes, Antonio Candido. Esses foram os personagens que surgiram para nós como os novos explicadores do Brasil, em relação à geração anterior. Raymundo Faoro examina bem o Estado; Celso, a economia política; Florestan, a sociedade; Antonio Candido, a literatura. São essas as estrelas, os grandes formadores do novo pensamento brasileiro, e Faoro entra aqui como um grande dissonante porque, primeiro, não era um professor universitário, não tinha nem doutorado. Essa falta de títulos, aliás, quase foi um empecilho para participar de minha banca de livre-docência, em 1975. Na banca, montada pela congregação, estavam nomes como Afonso Arinos de Melo Franco, a catedrática de História do Brasil

Miriam Ellis (filha do interventor na Faculdade de Filosofia da USP), Francisco de Assis Barbosa, Sergio Buarque de Holanda, com quem eu tinha mantido uma polêmica vigorosa no *Estadão* por causa exatamente do conceito de estamento (ele quase acabou comigo, mas respondi; imagine, Sergio Buarque contra um "bagrinho", um professor em início de carreira).

Meus colegas Maria Sylvia de Carvalho Franco, Marilena Chauí, Walnice Galvão e Alfredo Bosi lutaram, dentro da congregação, para desmontar tal banca. E conseguiram, o que não era, digamos, usual. Depois das cassações, a USP estava muito fechada. Permaneceu o catedrático Oliveira França, que dizia, sobre o meu livro *Ideologia da cultura brasileira*, "isso aqui é jornalismo". Ao que respondi: "Os jornalistas é que estão fazendo as coisas hoje, não os historiadores, que estão muito quietos...". Continuou também a Sônia Siqueira. No lugar de um dos antigos entrou o Michel Debrun, cientista político da Unicamp, crítico notável, como também o geógrafo e historiador Manoel Correia de Andrade, do Recife. E entrou o Raymundo Faoro.

Foi quando se levantou a objeção, na congregação: "Mas o Faoro não tem título". Com esse tipo de mecanismo da sociedade estamental é que se vetam as pessoas. Aí eu informei: "Ele é doutor por 'notório saber' pelo Rio de Janeiro". E passou, com essa mentira de minha lavra. Nós mentimos e passou em votação apertada o nome de Raymundo Faoro. Entrou no estamento, digo, na banca em minha faculdade graças a essa mentira, que agora assumo. Até foi uma glória romper com ele, na votação de seu nome, o estamento, que quase é todo feito de mentiras, regras absurdas, comissões examinadoras por vezes estranhas, medalhinhas e promoção de imbatíveis mediocridades.

Minha tese foi encaminhada aos componentes da banca em junho de 1975. O livro saiu em 1977, com um belíssimo prefácio do Alfredo Bosi. O melhor do livro, digo sem falsa modéstia, é esse prefácio. Na tese há três personagens fortes: Florestan, Antonio Candido e Faoro. Dou uma malhada no Gilberto Freyre por causa daquela coisa da composição social, da miscigenação etc. Praticamente não cito Sergio Buarque, mas também não estudo Caio Prado Jr. Durante a defesa, o salão nobre ficou lotado, porque vinham o Faoro, o Manoel Correia (um homem da esquerda sofisticada) e vinha o Michel Debrun, um liberal complexo, crítico, um estudioso do pensamento brasileiro. Os três, aliás, de fora da faculdade, me deram dez em todas as provas; não os dois professores da casa. Antonio Candido e Florestan Femandes foram assistir. Foi um acontecimento, com nosso salão nobre (de pequena nobreza, diga-se) lotado, passar quatro dias nas mãos desses senhores. Faoro não se sentiu incomodado por ser personagem. Ele me disse uma coisa importante: "Eu achei que um livro desses, uma análise desse tipo, fosse surgir só daqui a uns dez anos". Fez também uma ironia gaúcha com o então jovem paulistano: "Dr. Mota, nós estamos aqui reunidos para churrasqueá-lo". Foi nessa ocasião, como já disse, que conheci Raymundo Faoro pessoalmente.

Seu livro *A pirâmide e o trapézio* estava saindo naquele momento, que li, obviamente, para ser arguido. Livro pelo qual tenho admiração, pois analisa os estamentos na narrativa do mestre maior da nossa língua, Machado de Assis. A pirâmide é representação de uma sociedade piramidal, em oposição ao trapézio, uma imagem rebaixada. Mas, como se passa de uma para outra? Isso tudo Faoro descobriu dentro da obra do Machado de Assis, com exemplos, e ali estão todos os ingredientes. É um exercício muito benfeito dentro da obra do Machado de Assis.

Após aquele ano terrível, 1975, o do assassínio do Vladmir Herzog, a sociedade civil se articulou. E o jurista foi a pessoa que mais bem enfrentou o regime militar, um aríete, quando o ministro da

Justiça era Alfredo Buzaid. Ficou célebre o episódio em que ele vai, em nome da OAB, ao escritório do Ministério da Justiça, no Rio de Janeiro, porque vinha recebendo denúncias de que pessoas estavam sendo torturadas, alguns colegas nossos, como o professor José Salvador Faro, muito torturado, dentre outros. Buzaid saía do escritório do ministério no Rio quando foi interpelado na escadaria por Faoro, que lhe disse: "Precisamos acabar com a tortura, senhor ministro". Buzaid sorri e diz: "Não há torturas no Brasil". Faoro usa então um palavrão de baixo calão, sobretudo em termos gaúchos, que é dos piores, tanto que não foi publicado. Sei porque jornalistas me contaram, é uma coisa até preconceituosa: "Seu filho da puta, turco cão". Parece que, para gaúcho, uma expressão como essa, "turco cão", é a pior coisa que existe. O impasse durou alguns segundos, mas Buzaid não deu resposta à altura. Ficou lívido, desconversou e foi embora.

Ele era um homem muito bom de copo e de conversa, amigo de Severo Gomes, de Paulo Sérgio Pinheiro, de Mino Carta, do Elio Gaspari. Voltava sempre ao tema quando falávamos de democracia representativa no Brasil: "Algumas ideias da Revolução Francesa que atravessaram o Atlântico não se enraizaram muito bem aqui. Talvez nada. O que é um jacobino, no Brasil? Existem vários tipos de jacobino, mas suas ações não resultam em revolução". Faoro formulou algumas teses sobre parlamentarismo em geral, o parlamentarismo vazio do Segundo Império, o permanente regressismo, a debilidade das ideologias políticas, a questão do estamento burocrático e da burocracia propriamente, da Constituinte, da Anistia... Escreveu páginas antológicas quando fala da fisionomia do chefe do governo, como é que o estamento vai apurando a chefia única. No correr da leitura, percebe-se que isso valia para o Médici, mas também para o Geisel, e mais recentemente para o Fernando Henrique, para o Lula. O conteúdo do Estado democrático de direito, a burocracia o afunila devagar, esmagando-o, aplastando-o — a burocracia, expressão formal do domínio (aparentemente) racional próprio do Estado, mas também a empresa pseudomoderna e a todo-poderosa máquina do tal estamento burocrático, com todos os seus tentáculos, que nasce do patrimonialismo. O estamento se atualiza e perpetua sempre em outro tipo social, capaz de absorver novas técnicas, criando novos mecanismos de apropriação, e até vocabulário aparentemente novo, em nome da "flexibilização", da "globalização", e assim por diante. E, sábio, cria todos os contra-argumentos para nutrir a contrarrevolução, evitando o perigo de uma ruptura político-institucional, econômica ou social. Daí a força da ideologia da conciliação, que Mangabeira Unger, Weffort e outros praticam com galhardia.

Finalmente, eu sugiro um método de leitura. "Como ler Faoro." É simples. Quem começar *Os donos do poder*, a partir do começo, vai parar na página 40 ou 50.

Não vai adiante porque tem uma discussão teórica, weberiana. Em vez disso, leia o último parágrafo do livro, mas leia com calma e pense. Sobretudo pense. Depois, leia três ou quatro páginas atrás, por exemplo a partir do parágrafo que começa assim: "O divórcio dos mundos estanques...". Por fim, ler todo o último capítulo, que é a viagem redonda, do patrimonialismo lá atrás, do século XIII, até o estamento agora. É muito bonito esse capítulo, porque é a síntese, mas é uma leitura que deve ser feita com o coração leve. Pondo-se uma linha do tempo, no papel, percebe-se que é um grande voo, uma grande interpretação do Brasil. A partir de então, começar pelo começo, com calma, para boa meditação.

Em suma, é um texto denso, de autor que manteve uma relação muito forte com a sociedade civil e escreveu obra clássica, mesmo sem possuir título universitário de doutor. Que não parece ter-lhe feito falta.

8. Intérpretes do Brasil: Antonio Candido e Raymundo Faoro

> *Em Raymundo Faoro é notável que a ação do jurista e do democrata esteja baseada na mais sólida base intelectual, feita de saber jurídico e filosófico, de saber histórico, sociológico e literário.*
>
> Antonio Candido, na apresentação de Faoro na conferência inaugural do Instituto de Estudos Avançados da USP em 1987.

O objetivo desta conferência-ensaio é o de rediscutir a noção de "cultura brasileira" como problema histórico, como já o fizemos em nosso livro *Ideologia da cultura brasileira*, publicado em 1977.[104] Neste caso, à luz das obras de Antonio Candido e de Raymundo Faoro, atualizando o significado de suas obras-mestras, precisando o lugar que ocuparam e ocupam nas interpretações do Brasil contemporâneo. Candido em São Paulo e Faoro em Porto Alegre pu-

---

104. *Ideologia da cultura brasileira (1933-1974). Pontos de partida para uma revisão histórica*. Prefácio de Alfredo Bosi. São Paulo: Ática, 1977.

blicaram livros fundamentais à mesma época, segunda metade dos anos 1950, num tempo em que ganhavam vulto no debate nacional o reformismo desenvolvimentista e o populismo: *Formação da literatura brasileira* aparece em 1957 e *Os donos do poder. Formação do patronato político brasileiro*, em 1958.[105]

Situados historicamente num momento decisivo do século XX brasileiro (e mundial, quando se processavam a descolonização na Ásia e África, a Revolução Cubana, mudanças significativas nos EUA e na URSS etc.), tais estudos constituem expressão, entre nós, do pensamento radical de classe média dos anos 1950. Ambos são livros de história com notável densidade teórica que se contrapuseram ao clima reformista-populista da época. Devem ser entendidos como obras de "formação", ou seja, voltadas (como as de Furtado, Roland Corbisier e Werneck Sodré, dentre outros) para o processo de construção da nação, do nacional, de nossa identidade coletiva. Ambos indagavam da *historicidade própria* de nossa formação, na longa duração. Seus estudos abarcam séculos de construção, de empréstimos culturais e políticos, mas também de impedimentos, limitações e bloqueios. Candido, em busca de uma literatura nacional, rompe com a tradição dos estudos lineares de "escolas", de "influências", de "reflexos", de grandes personagens, de determinismos e economicismos mecanicistas e de simplificações. Analisando sistemas e processos, detectando estruturas, os dois intér-

---

105. O livro de Antonio Candido foi editado em São Paulo pela Livraria Martins Editora em 1957 e o de Faoro em Porto Alegre pela editora Globo em 1958. A apresentação de Faoro por A. Candido está publicada na revista *Estudos Avançados*, São Paulo, vol. 1, nº 1, out./dez. 1987. Trata-se da conferência inaugural das atividades do IEA-USP, realizada na sala do Conselho Universitário, sob o título "Existe um pensamento político brasileiro?", sob minha coordenação. Faoro foi também o primeiro professor-visitante da instituição. Ainda na revista publicou-se seu estudo "A questão nacional: modernização" (v. 16, nº 14, jan./abr. 1992), dentre outras intervenções.

pretes não aderiram ao marxismo simplificador muito em voga na época, com suas explicações lineares e mecanicistas, muito menos aos engodos superficiais do pensamento liberal nativo, com suas harmonizações de conflitos político-culturais de cariz freyriano, buarqueano, ou afonso-arineano. Antonio Candido, procurando decifrar a nossa história social e cultural pelo flanco da produção literária, descobre variáveis sociopolíticas que definem uma mentalidade própria, nacional, enquanto Raymundo Faoro, para compreender as estruturas político-administrativas desta história, abafadora da vida cultural, viu-se obrigado a remontar às raízes ibéricas. Ao introduzir — dentre outras, como a de patrimonialismo — a noção de "estamento" (*Stände*), inspirado na historiografia alemã, ele verifica que nossa história, dado o peso da carapaça administrativa colonial, não possui as mesmas características da europeia, nem assiste aos ritmos das lutas de classes e à dinâmica de uma sociedade industrial consolidada.

Essas duas obras se inscrevem na *segunda revolução historiográfica* do século XX brasileiro vivenciada por intérpretes de nossa história, quando se desenha a nova consciência histórica contemporânea. Além de Faoro e Antonio Candido, dela participaram Furtado, Werneck, Florestan Fernandes, dentre outros. Como se recorda, a *primeira revolução historiográfica* ocorreu no contexto da crise mundial de 1929 e da Revolução de 1930, com o surgimento das obras-mestras de Gilberto Freyre, Caio Prado Júnior, Sergio Buarque de Holanda e Manoel Bomfim, magistralmente examinadas por Antonio Candido no célebre prefácio a *Raízes do Brasil*, de Sergio Buarque de Holanda, e no ensaio "Radicalismos", publicado na revista *Estudos Avançados* da USP, em que focaliza o pensamento de

Joaquim Nabuco, de Manuel Bomfim e de Sergio Buarque.[106]

Claro, a obra-mestra de Euclides é revolucionária e antecipadora, porém solitária em seu radicalismo. Não cabe aqui discutir as linhas fortes da história da produção cultural do período que abrange da publicação, em 1902, de *Os sertões*, de Euclides, que se impregnou em todos os diagnósticos de Brasil posteriores, até o tempo presente. Mas cabe indicar o impacto que provocou na *intelligentzia* do país, estando na base das visões de Brasil contidas nas duas obras-mestras de Freyre, revolucionárias em sua época, e, sobretudo, nas de Caio e, mais tarde, nas de Florestan, sinalizando a tradição radical que se afirma definitivamente com este último, notadamente com sua obra *A revolução burguesa no Brasil* (1975).

Vale notar que o Brasil teve sua história acelerada com a reurbanização de São Paulo e Rio, a industrialização, a fundação do PC e os movimentos sindicais e tenentistas que se abrem em 1922. Época de efervescência de ideias e projetos em que ocorreu a Semana de Arte Moderna. Em 1945, com o fim do Estado Novo e da Segunda Guerra Mundial, abriu-se um novo capítulo nessa história intelectual. Entramos para os quadros da Guerra Fria e, do lado de cá da Cortina de Ferro, assistiu-se do ponto de vista sociocultural, num arco de tempo de cerca de cinquenta anos, à transição da concepção aristocrática de cultura para a cultura de massas. A viragem pode ser acompanhada com a superação da perspectiva harmonizadora gilbertiana e seus mitos socioculturais pelas teses de Florestan, em que analisa as dificuldades, impedimentos e conflitos na implantação da sociedade de classes no Brasil. Com efeito, ao longo do século, passa-se de uma *sociedade estamental e de castas para uma sociedade de classes* (*ou da*

---

106. O prefácio a *Raízes do Brasil*, intitulado "O significado de *Raízes do Brasil*", data de 1967; o estudo "Radicalismos" foi publicado em *Estudos Avançados*, São Paulo, vol. 4, nº 8, jan./abr. 1990.

sociedade de status para uma sociedade de contrato), neste subsistema de capitalismo dependente, modificando-se o tecido social sobre o qual versaram as produções e interpretações *da e sobre* a suposta cultura brasileira. Nela, alteraram-se profundamente as linhas de estruturação da sociedade brasileira entre 1929/30 e 1969/70, no sentido de uma organização mais definida das relações de produção no modelo do sistema capitalista. Na periferia, o capitalismo se ajustou aos poderosos princípios do capitalismo monopolista,[107] que transferiu ao subsistema periférico algumas determinações da divisão internacional do trabalho, reforçando nas margens, em algumas regiões, concepções patriarcais de organização social e de produção cultural. A partir dos anos 1970, sobretudo após o "milagre econômico" (1969-1974), os meios de comunicação de massa tiveram papel importante nesse sentido, criando uma "falsa homogeneidade" cultural para encobrir as escandalosas disparidades sociais e econômicas do país (TV Globo, p. ex.). Com a emergência de uma nova sociedade civil e a desagregação do regime civil-militar de 1964 (mas não, completamente, do modelo autocrático-burguês), novos enfoques e novo instrumental conceptual vêm ajudando a delinear temas, problemas e a definir o novo perfil histórico da produção cultural no país.

Duas interpretações radicais sobre a cultura brasileira:
Antonio Candido (1944) e Raymundo Faoro (1958)

---

107. Sobre o tema, o estudo crítico mais recente é de autoria de Brasílio Sallum Jr., "A condição periférica: o Brasil nos quadros do capitalismo mundial (1945-2000)". In: Mota, Carlos Guilherme (coord.). *Viagem incompleta*, vol. II ("A grande transação"). São Paulo: Senac, 2000.

Novos paradigmas para se pensar o Brasil e sua história irrompem em 1944 e em 1958. A primeira ruptura aparece num depoimento de Antonio Candido na *Plataforma da nova geração* e a segunda, na obra de Faoro, *Os donos do poder*. Não aceitando a linearidade, ambos se descolam da historiografia tradicional marcada pela tradição culturalista freyriana e/ou do Estado-nação estimulador da produção socioeconômica e político-cultural. São textos de afirmação crítica. De ruptura, enfim.

a) A interpretação de Antonio Candido

Sua contribuição para a discussão da problemática da cultura brasileira atravessa toda sua obra crítica, histórica, sociológica e antropológica. Nos estudos sobre cultura caipira, família brasileira, literatura brasileira e latino-americana, sobre história da literatura entendida como expressão da vida social etc., o autor de *Formação da literatura brasileira* (1957) nunca deixou de entender a "cultura brasileira" como problema.

Tal postura vem definida desde praticamente o início de sua trajetória intelectual, indissociável do componente político. No fim do Estado Novo (ou seja, no fim da Segunda Guerra), Antonio Candido, recém-formado e jovem professor da Faculdade de Filosofia da USP, fixou sua posição no livro coletivo *Plataforma da nova geração* (Porto Alegre: Globo, 1944), uma série de depoimentos coordenados por Mário Neme, num projeto do jornal *O Estado de S. Paulo*. Para Candido, naquele momento histórico, a tarefa principal dos intelectuais não deveria ser menos que "o combate a todas as formas de pensamento reacionário" (p. 37).

No caso do Brasil, apontava três tendências que poderiam vir a ser nocivas, como de fato viriam a ser: as filosofias idealistas, a sociologia cultural e a literatura personalista. Quanto ao primeiro perigo, denunciava ele os descaminhos da atitude mental que empurrava as discussões metafísicas, terreno predileto para ocorrência de propostas de soluções de elite, em que o intelectual acaba por ficar segregado dos problemas recentes, reais. O mesmo para a literatura personalista.

Mas advertência antecipadora surge ao mencionar, de passagem, o perigo representado pelas filosofias evolucionistas, que tiveram "para a Reação um interesse enorme, uma vez que abrem caminho para a política liberal do progresso contínuo, e naturalmente gradativo, justificando todas as desarmonias sociais e embalando o espírito num liberalismo beatífico". A ausência dessa crítica ao evolucionismo em outros autores que cuidaram da chamada "cultura brasileira" talvez se explique se recordarmos as linhas de radicalização das posições, tanto nas formas de pensamento fascistas como naquelas marxistas, definidoras do momento em que escrevia Antonio Candido. Essa tendência, entretanto, considerados não só os quadros liberais como os marxistas, estaria impregnada mais fundamente por orientação evolucionista, em que a história é concebida em etapas — e que tanto marcaria o pensamento de esquerda, no Brasil como alhures.

A virulência de sua crítica surge mais radical na áspera condenação aos perigos da "sociologia cultural". Aí parece residir um elemento essencial da matriz de pensamento que representa e, talvez, inaugure, em oposição à interpretação de Brasil de Gilberto Freyre (que dez anos antes havia já quebrado o paradigma anterior, historicista e positivista). A citação é longa, porém relevante:

> Quanto à sociologia cultural, confesso que me arrisco a medo. Vou levantar umas hipóteses que ainda não vi formuladas, e receio ser malcompreendido. A sociologia cultural, chamando assim àquela que, de um modo ou de outro,

subordina a ideia de cultura à noção de ciclo, de estrato ou de círculo, tem prestado serviços enormes ao pensamento e às ciências sociais. Nos meus trabalhos universitários, sou o primeiro a tomar muitos dos seus métodos e das suas noções. No entanto, é preciso que se abra o olho para uma possibilidade perigosa desse método tão fecundo e tão caro à sociologia do Novo Mundo.

A concepção de ciclo ou círculo cultural — principalmente a primeira — leva quase que necessariamente à de função; à de interdependência necessária entre os traços de uma cultura e da sua existência em função uns dos outros. Está certo, e muito bem. No entanto, a concepção de funcionalidade pode levar perigosamente a uma justificação e, portanto, aceitação de "todos" os traços materiais e espirituais, dado o seu caráter de "necessário". E vem a tendência para aceitar *in totum* um complexo cultural e defender sua inevitabilidade funcional, digamos assim, em detrimento do raciocínio que tende a revelar suas desarmonias.

Não é uma consequência fatal da sociologia da cultura, está visto. É um abuso possível, uma deformação contra a qual chamo a atenção, num país em que ela vai entrando a toque de caixa. Veja você o nosso mestre Gilberto Freyre, a que ponto está levando o seu culturalismo. Suas últimas obras descambam para o mais lamentável sentimentalismo social e histórico; para o conservadorismo e o tradicionalismo. Enamorado do seu ciclo cultural luso-brasileiro, é levado a arquitetar um mundo próprio, em que se combine o progresso com a conservação dos traços anteriores característicos. Tudo estará justificado se trouxer a marca do mundo que o português criou e que nós vamos desenvolvendo e preservando, sim senhor, com a ajuda de Deus e de Todos os Santos Unidos. O mesmo movimento que o leva a gostar das goiabadas das tias e dos babados de prima Fulana o leva gostosamente a uma democracia patriarcal etc. etc. Como vê, Mário Neme, aí está um caso em que o método cultural carrega água para o monjolo da Reação (*Plataforma da nova geração*, p. 39).

A constância e profundidade da crítica de Candido permitem situá-lo como um dos pontos fulcrais para uma possível história das ideias no Brasil no século xx. Sua crítica detonava, a partir da base, todas as interpretações culturalistas, funcionalistas e evolucionistas (aqui não se excluem historiadores da cultura marxista) de "explicadores" da chamada cultura brasileira. Na retomada crítica da questão da cultura no Brasil e na América Latina neste início do século XXI, suas análises adquirem atualidade, podendo servir de novo ponto de partida para o exame das ulteriores intepretações de Brasil.

b) Raymundo Faoro: razões da frustração do aparecimento da "cultura brasileira"

Na *segunda revolução historiográfica*, a análise mais penetrante, e que surge em 1958 rompendo por dentro o sistema de interpretação dos ideólogos da cultura brasileira, foi produzida por Raymundo Faoro, sobre a formação do patronato político brasileiro, intitulada *Os donos do poder* (título dado por seu amigo, o notável romancista Erico Verissimo). Inspirada principalmente na obra de Max Weber, sua história se constitui a partir do enfoque em que privilegia o estamento burocrático na sequência da história do Brasil, cristalização histórica responsável pela montagem e persistência de instituições anacrônicas, frustradoras de secessões — leia-se levantes, rebeldias, revoluções — que poderiam levar à "emacipação política e cultural".

Um dos méritos do estudo reside no fato de Faoro não entrar nos velhos debates sobre distinções entre "cultura" e "civilização" — no interminável e vão esforço que vem de Freyre e Cascudo a Corbisier e o grupo do ISEB, no Rio de Janeiro. Esforço que serviu mais para camuflar a verdadeira questão, que é a das classes sociais, padrões culturais correspondentes e relações de dominação. Faoro é radical ao procurar indicar com palavras fortes, na página derradeira de sua obra, que: "A principal consequência cultural do prolongado domínio do patronato do estamento burocrático é a frustração do aparecimento da genuína cultura brasileira" (p. 269).

A "genuína cultura brasileira" não se desenvolve, adverte ele, em vista do esclerosamento da "nação", atrofiada na "carapaça administrativa": "A civilização brasileira, como a personagem de Machado de Assis, chama-se Veleidade, sombra coada entre sombras, ser e não ser, ir e não ir, a indefinição das formas e da vontade criadora".

O estudo de Faoro — aliás, pouco conhecido e discutido, sobretudo antes da segunda edição de 1975 — surgiu num quadro político e cultural de grande radicalização, porém de limitação teórica, nos anos 1950, dada pelas balizas da interpretação neocapitalista da economia brasileira (Celso Furtado, o grupo da CEPAL etc.), bem como pelas interpretações marxistas apoiadas numa rígida e mecânica teoria das classes sociais (Werneck Sodré), ou pela linhagem nacionalista algo ingênua, embora generosa, do citado ISEB (o dinâmico Instituto Superior de Estudos Brasileiros, em que imperavam as teses de Helio Jaguaribe e Álvaro Vieira Pinto).

Faoro introduzia, além da nova problemática e constelação de conceitos, *dúvidas quanto à verdadeira feição das classes dominantes no Brasil* e ao tipo específico de expropriação econômico-social. Nesse exame de nossa história política, demonstrava que o Brasil, a despeito de suas instituições nominalmente republicanas, "não logrou sequer entrar no caminho da nacionalização do poder minoritário. O povo inculto e de costumes primários, ausente do interesse da coisa pública, mesmo na pequena parcela que vota, não tem sombra de conhecimentos da máquina governamental e administrativa" (p. 264). Sobre a temática da revolução, indaga ele nessa perspectiva, "como manifesta o povo a confiança, ou a desconfiança, nos governantes? Nem a revolução lhes é deixada, usurpada pelas baionetas que a substituem, com elegância, pelo golpe de Estado" (p. 265).

Nessa análise, produzida num clima de reformismo desenvolvimentista e efervescência no campo (Ligas Camponesas no NE, discussões sobre o Estatuto da Terra no Sul e assim por diante), Faoro, considerando a história em sua *longue durée,* prefigura o desenho do modelo que se implantará sete anos depois, com o golpe de Estado de 1964. Segundo pensa, o Estado patrimonial e estamental-burocrático brasileiro, onde se "apura a chefia única", na cúpula da hierarquia administrativa, "tende a desvalorizar a direção da nação por órgãos colegiados, figurando como bom governante aquele que é bom provedor" (p. 267). A permanência desse estamento burocrático sustenta o Estado patrimonial e estamental, necessário à integração da "pobre economia nacional no ritmo da economia mundial" (p. 265). Dada a predominância do estamento burocrático, "a nação e o Estado se cindem em realidades diversas, opostas, que mutuamente se desconhecem. Formam-se duas sociedades justapostas: uma, cultivada e letrada; a outra, primária, com estratificações sem simbolismo telúrico". Dessa cisão é que deriva a orientação de nossos legisladores e políticos de "construir a realidade a golpes de leis". Então, como falar de uma "cultura brasileira", se "a legalidade teórica apresenta conteúdo e estrutura diferentes dos costumes e tradições populares"? (p. 268).

Uma crítica radical

Como pensar, em face de tal cisão essencial, em cultura brasileira? Essa a brecha teórica que Raymundo Faoro abre no quadro das interpretações sobre a cultura no Brasil, *chegando a questionar sua própria existência, o que nem mesmo parcela significativa da Esquerda percebeu.*[108] Suas análises, como observamos, não tiveram repercussão e penetração imediatas, e mesmo depois foram relativamente pouco divulgadas, em vista talvez do excessivo consumo de diagnósticos mais simplistas, de mais fácil digestão e que se coadunavam com a referida cisão ideológica. Nem mesmo as propostas do marxismo dogmático dos anos 1950, que alimentavam a ideologia genérica (não apoiada em teoria lastreada em pesquisa científica) de lutas de classes, com a falsa consciência de se compor a "Nação", aceitaram o diagnóstico de Faoro. O fato é que, com o auxílio da ideologia reformista desse marxismo dogmático e estreitamente nacionalista, a esquerda se desviou das questões essenciais e efetivas da luta concreta, atrelando-se à ideologia do Estado Nacional e do desenvolvimento.

Faoro não só fugiu a esse quadro cultural, partidário, acadêmico e político, como propôs outra angulação e novos conceitos para uma interpretação renovadora da vida política no Brasil. Com isso, escapou à pesada e conciliadora ideologia da cultura brasileira, diluidora das contradições reais, instrumento de dominação ela própria utilizada pelos estamentos dominantes, dos quais partidos de esquerda da época serviram de linha auxiliar. O drama da possível história da cultura no Brasil fica assim explicado dado o peso do "prolongado domínio do patronato do estamento burocrático". "A nação como se embalsamou com o braço enregelado da carapaça administrativa", não sendo receptiva a estímulos regeneradores de baixo para cima:

---

108. Salvo poucas exceções, como a do gaúcho Maurício Tragtenberg, e a do professor Florestan Fernandes, que passou a utilizar em seus estudos a expressão "donos do poder" no sentido que Faoro lhe conferiu.

A secessão do proletariado — na acepção toynbiana — não se opera completamente na história brasileira, frustrada pela capa dominante, dona do poder político, social e econômico. Nos raros interregnos de sua manifestação, a nação, suas classes e seu povo, não lograram diferenciar-se, formar um corpo comunitário com vida própria, abafados pela reação opressiva do estamento burocrático reorganizado. Assim ocorreu em todos os eventos principais de suas tentativas de emancipação política e cultural.

Tais observações do historiador gaúcho permitem-nos compreender sua teoria da história, ou pelo menos da história do Brasil. Suas análises detectam com rigor outros tempos históricos, mais lentos, subterrâneos, em razão da rigidez das complexas estruturas remanescentes de raiz medieval, colonial e imperial. Ao combinar o estudo sociopolítico com a reflexão sobre a vida cultural, o autor de *Os donos do poder* oferece um ponto de partida para uma futura e "genuína" história desta insondável sociedade, de suas instituições jurídico-políticas, de suas culturas e de seus opacos quadros mentais. Pois o "Brasil", ideia vaga e generosa, permanece como a civilização que é uma "sombra coada entre sombras".

Civilização brasileira? Não. Segundo o jurista, trata-se antes de "uma 'monstruosidade social' engendrada por instituições anacrônicas — comandadas pelo estamento burocrático —, as quais haurem sua longevidade do veneno, que as alimenta e corrompe o vinho novo, incapaz de assim fermentar". O que era verdadeiro em 1958 continua, a nosso ver, valendo em 2004, e abre uma pauta para novas pesquisas e debates sobre a identidade deste país que se quer nação.

9. A UNIVERSIDADE BRASILEIRA E O PENSAMENTO DE GILBERTO FREYRE

> *A principal consequência cultural do prolongado domínio do patronato do estamento burocrático é a frustração do aparecimento da genuína cultura brasileira.*
>
> RAYMUNDO FAORO, *Os donos do poder.*

I

EU QUERO DIZER, EM PRIMEIRO LUGAR, de nossa alegria em podermos receber os amigos e colegas aqui presentes para este encontro em São Paulo, em nosso Instituto de Estudos Avançados e com a presença de professores e pesquisadores de outros centros universitários e quadrantes teóricos e políticos. Procuramos tornar amplos seus objetivos, como eram os ideais e perspectivas daqueles escritores e produtores culturais dos anos 1930 e 1940. Pois, a pretexto do centenário do nascimento de Gilberto Freyre, o que interessa é discutirmos ideias e projetos de Brasil. De minha parte, é uma excelente oportunidade para rever meus estudos pernambucanos, iniciados com *Nordeste 1817* e tendo prosseguimento com a obra coletiva *Viagem incompleta*, em que revisitamos interpretações do Brasil português, popular, negro, mestiço, visto de longe e de perto, nas visões de Evaldo Cabral de Mello, Stuart Schwartz, João José Reis, Roberto Ventura (o autor de *Estilo tropical*), de Karen Lisboa, e outros, até os impasses políticos recentes examinados pelo cientista político Tarcísio Costa e pelo sociólogo Brasílio Sallum, que analisa nossa atual condição periférica.

Esta reunião deve muito ao empenho do professor Joaquim Falcão, meu amigo e amigo deste instituto. No Rio de Janeiro, sua Cátedra Gilberto Freyre, no Colégio do Brasil, criada por Eduardo Portella, um de nossos interlocutores mais vigilantes, representa um polo aberto de reflexão importante sobre a problemática da chamada "cultura brasileira", para nós um capítulo da *história das ideologias culturais* em nosso país e nas Américas. Mas deve também a todos os parceiros que resolveram revisitar a tal "unidade na diversidade", para iniciarmos um diálogo mais produtivo, como nossos maiores sabiam fazer. Dentre eles, Gilberto e Florestan, os dois principais sociólogos-historiadores brasileiros do século XX, representantes de duas escolas de pensamento distintas e de dois projetos de nação.

De todo modo, convencidos em Recife de que alguns demônios foram exorcizados, sensibilizamo-nos para este reencontro em ambiente localizado nesta zona temperada, para checarmos *se* e *quais* teorias funcionariam em baixas temperaturas, e aqui estamos implementando esta *glasnost*, ou melhor, *détente*, com Sonia, Fernando, com Joaquim Falcão e Edson Nery da Fonseca, e lembrando Fátima Quintas (filha de meu saudoso amigo Amaro Quintas, o estudioso das revoluções, que, vivo estivesse, faria cem anos em 2001).

Um outro título possível para este encontro seria "A constelação de Gilberto Freyre", conforme comentáramos em Recife, em março, com meu amigo erudito Edson Nery. Pois que Gilberto era uma das estrelas, e das mais brilhantes, de uma variada constelação de intelectuais mais ou menos da mesma geração, de José Lins do Rego a Câmara Cascudo. Em Recife notamos também a necessidade de celebrarmos dois outros centenários de grandes agentes do processo político-cultural e educacional: o do educador Anísio Teixeira e o do crítico Mário Pedrosa.

Mas por aí entraríamos na galáxia imensurável, tantos os contatos e referências de Gilberto com o mundo exterior, de Charles Wagley, Aldous Huxley e Roland Barthes a Lucien Febvre e Braudel, mestres e inspiradores, estes, da principal linhagem historiográfica aqui da USP.

De fato, a ideia de constelação vem do fato de Gilberto ter se tornado um dos personagens principais da vida intelectual e política da primeira metade do século XX, polarizando uma vasta rede de atores sociais, intelectuais, universitários e, numa perspectiva mais ampla, de educadores e políticos. De Estácio Coimbra, Gustavo Capanema e Anísio Teixeira (a Fundação Joaquim Nabuco tem um edifício com o nome do professor Anísio) até Afonso Arinos e Golbery do Couto e Silva, Freyre manteve sempre janelas abertas (por vezes demasiado abertas) ao diálogo político e à colaboração com os políticos da hora. O que lhe custou uma apreciação menos favorável de setores das novas gerações, sobretudo após o golpe de Estado de 1964 e sua colaboração com a Assessoria Especial da Presidência da República nos tempos da ditadura. Não por acaso teria ele um reconhecimento muito enfático desses setores ilustrados do estamento militar: no início da abertura, no fim dos anos 1970, na primeira entrevista longa concedida à TV por um general sobre a vida política e a cultura, o general Dilermando Monteiro — que Geisel enviou para substituir o bárbaro Ednardo Ávila, responsável pelo assassínio de Vladimir Herzog e Manuel Fiel Filho — não hesitou em afirmar para a entrevistadora, a atriz Dina Sfat: "Quem fez minha cabeça foi Gilberto Freyre".

Nada obstante, cientistas sociais das novas gerações vão acolhendo ou (o verbo é mau) "resgatando" fragmentos e *insights* do sociólogo-historiador, quase sempre dando relevo a um enfoque que suaviza as coisas, que detecta mas abranda as contradições, harmonizando o mundo brasileiro e apaziguando as almas rebeldes.

De todo modo, a constelação de Gilberto Freyre lançou novos paradigmas, abrindo novos campos para a pesquisa. Uma nova ideia de Brasil surgiu então, na escrita de José Lins do Rego, nos levantamentos de Luís da Câmara Cascudo, no conceito de patrimônio de Rodrigo Mello Franco de Andrade, nas tintas de Rego Monteiro, nos projetos educacionais de Anísio, Fernando de Azevedo e Lourenço Filho, nos atlas de Delgado de Carvalho que relocalizaram o Brasil no mapa-múndi, na caracterização cultural das regiões de Manuel Diegues Júnior. E por aí vamos, sem falar de José Américo, Carlos Drummond de Andrade, Villa-Lobos.

II

Com a Fundação Roberto Marinho, escolhemos esse tema geral, o da recepção das ideias de Gilberto pela universidade brasileira. Claro está que tratar dessa problemática é quase impraticável, no atual estágio das pesquisas. O que temos são apenas indícios, pois na verdade o que ocorreu dos anos 1930 aos dias de hoje foi a montagem de um *sistema ideológico* centrado na ideia de cultura brasileira fabricado por Gilberto e seu grupo-geração, quando o Brasil procurava seu lugar no concerto das nações. Essa teoria de Brasil ganhou fôlego, dando novo sentido ao "nacional". Note-se, de resto, que as grandes interpretações de Brasil foram produzidas por figuras que tiveram suas formações definidas anteriormente à criação da universidade. Dentre as várias alternativas históricas que se apresentaram, da crise de 1929 ao fim da Segunda Guerra, foi a vertente gilbertiana que venceu — a da modernização conservadora —, consolidando essa ideia de nação centrada num conceito de cultura harmonizador das diferenças, de sociedade, de família, de habitação. De processo civilizatório que vem até Darcy Ribeiro e Golbery, os dois gênios da raça, segundo Glauber... Um poderoso e desmobilizador conceito de cultura, aliás, que abriga a dialética dos conflitos, contrastes e contradições sociais para dissolvê-las e estabilizá-las num todo maior. Como escreveu Alfredo Bosi em 1970, na sua *História concisa da literatura brasileira*: "e tudo se dissolve no pitoresco, no 'saboroso', no 'gorduroso', no apimentado do regional...".

Em perspectiva histórica, perderam os integralistas, perderam os autoritários mais à direita (na linha de Alberto Torres, Oliveira Viana e outros), perdeu o catolicismo reacionário mas também perderam os marxistas de diversos matizes. Perdeu a interpretação de Caio Prado Júnior, que aliás nunca foi cassado da USP, porque nunca foi convidado para dela ser professor (cassaram-lhe o título de livre-docente pela Faculdade de Direito do Largo de São Francisco, equivocadamente, pois não se pode cassar um título desses...). Voltando a Gilberto: basta acompanharmos os prefácios e as notas de pé de página das várias edições de *Casa-grande & senzala* e *Sobrados e mocambos* para verificarmos *como* Gilberto, polemizando e respondendo a seus críticos à direita e à esquerda, de Oliveira Viana e Astrojildo Pereira a Caio, Werneck Sodré, Sérgio Milliet, José Honório e mesmo a Raymundo Faoro, *foi montando o espaço de sua teoria de Brasil*. Mapear a construção desse universo — que abriga uma ideia muito forte de cultura brasileira — seria um projeto enorme, que a FRM bem poderia bancar junto a diversas universidades, para entenderem-se as diferenças de recepção de Freyre desde Vacaria até o Acre. De Freyre e de outros intelectuais de porte. Afinal, de que Brasis está-se falando? Pois o olhar que se tem da casa-grande e da senzala em Garanhuns sofre variações quando nos deslocamos para o ABC paulista... Ou não?

Coube-me aqui falar mais particularmente da recepção de Gilberto Freyre na USP que, vale sublinhar, tampouco é homogênea. Afinal, a USP também produziu notórios reacionários, lembrando desde logo que a lista de cassações encabeçada por Florestan foi elaborada por aqui mesmo... De todo modo, a "visão de cultura da USP", ou o que isso possa significar, apesar de suas variadas origens, estímulos e compromissos teóricos, contrapõe-se de modo geral à visão idílica de um Brasil mulato, "diferente", com um "caráter nacional" específico, mais propício a certos avanços de uma suposta "democracia racial" etc., como imaginava o sociólogo pernambucano. Seria, em seu conjunto, uma visão crítica à adaptabilidade dos portugueses nos trópicos, sobretudo cultivada nos meios intelectuais salazaristas.

Quando começa essa crítica uspiana a Gilberto? Creio que em 1943, antes mesmo do fim do Estado Novo, e apenas dez anos após a primeira edição de *Casa-grande & senzala*, surge uma crítica contundente à teoria que inspiraria a visão de mundo freyriana, num depoimento do jovem professor da Esquerda Democrática, Antonio Candido, na enquete do *Estadão*, "Plataforma da Nova Geração". (Como se sabe, Antonio Candido escreveria depois o famoso prefácio de 1967 a *Raízes do Brasil*, de Sergio Buarque de Holanda, em que fala da importância de *Casa-grande & senzala* para a formação de seu grupo-geração.) Mas vamos ao depoimento crítico:

> A concepção de *funcionalidade* [da sociologia cultural norte-americana] pode levar perigosamente a uma justificação e, portanto, aceitação de "todos" os traços materiais e espirituais, dado o seu caráter "necessário". E vem a tendência para aceitar *in totum* um complexo cultural e defender sua inevitabilidade funcional, digamos assim, em detrimento do raciocínio que tende a revelar suas *desarmonias*. Não é uma consequência fatal da sociologia da cultura, está visto. É um abuso possível, uma deformação contra a qual chamo a atenção, num país em que ela vai entrando a toque de caixa. Veja você nosso mestre Gilberto Freyre — a que ponto está levando o seu culturalismo. Suas últimas obras descambam para o mais lamentável sentimentalismo social e histórico; para o conservadorismo e o tradicionalismo. Enamorado do seu ciclo cultural luso-brasileiro, é levado a arquitetar um mundo próprio, *em que se combine o progresso com a conservação dos traços anteriores característicos*. Tudo estará justificado se trouxer a marca que o português criou e que nós vamos desenvolvendo e preservando, sim senhor, com a ajuda de Deus e de Todos os Santos Unidos. O mesmo movimento que o leva a gostar das goiabadas das tias e dos babados de prima Fulana o leva gostosamente a uma democracia patriarcal etc. Etc... Como vê, Mário Neme, aí está um caso em que o método cultural carrega água para o monjolo da Reação (*Plataforma da nova geração*, p. 39).

Dez anos depois, em 1954, Dante Moreira Leite apresentou à Faculdade de Filosofia uma tese de psicologia social que quase foi reprovada, pois discutia os conceitos de caráter nacional, de nação e de cultura. Reescrita depois nos anos 60, ele aprofundaria sua crítica a Paulo Prado, Freyre, Buarque, ao próprio Fernando de Azevedo, dentre outros. Na verdade, ele contrapunha às teses de Gilberto as teorias de Caio, para quem "as características da colônia não são determinadas por misteriosas forças impostas pelo clima ou trazidas pelas raças formadoras, mas resultam de um tipo de colonização imposto pela economia europeia" (*O caráter nacional brasileiro*, p. 349). Também contrapunha as teorias de Florestan, que mostrou as "raízes da desorganização do grupo negro, bem como a impossibilidade de integração numa sociedade que se industrializa e na qual encontra a *competição* de imigrantes brancos", fazendo notar ainda que Gilberto Freyre "considera quase que exclusivamente a perspectiva do branco em contato com o negro empregado em trabalho doméstico" (p. 351). E contrapunha os estudos do próprio Celso Furtado que, ao fazer uma análise da estrutura econômica e social do Nordeste, indicara seus pontos críticos e as possibilidades de solução, contrariamente a Freyre, que "tende a interpretar a vida nordestina como situação de equilíbrio". Dante indica como Furtado inverte com brilho os argumentos dos teóricos sulistas — principalmente de São Paulo — que tendiam a ver o NE como "peso morto" na economia brasileira e o estado de São Paulo como espoliado por outras unidades da federação (p. 355).

A crítica mais contundente e frontal se manifestaria portanto nessa tese de doutorado desse jovem professor de psicologia social que, utilizando algumas técnicas também aprendidas nos EUA, analisa e desmonta o "caráter nacional brasileiro", esboçando a história de uma ideologia, e contestando fortemente as tipologias fabricadas ao longo da formação histórica por assim dizer "brasileira". A reação da banca examinadora foi duríssima, tendo quase sido reprovado o candidato. Esse livro, O *caráter nacional brasileiro. História de uma ideologia*, seria reescrito após 1964, mantendo as teses centrais e participando do debate sobre o Brasil numa era de revisões radicais de nossa história intelectual (1964 a 1969, como indiquei em meu livro *Ideologia da cultura brasileira*, em 1977). De modo geral, não foi um livro apreciado pela ordem estabelecida dentro de nossos departamentos, tanto mais que também criticava a visão de história de Sergio Buarque e de Fernando de Azevedo, entre outros, ressalvando as interpretações de Manoel Bomfim, Cruz Costa, Caio Prado. A história desse livro é bem narrada no prefácio do professor Alfredo Bosi.

Seria o caso de rastrearmos também outras teses, como as de Emília Viotti, de Verena Allier (da Unicamp), de Octavio Ianni, de vários outros. Quando, após o golpe de Estado de 1964, e sobretudo o de 1968, a teoria geral da história do Brasil de Gilberto Freyre foi adotada pelo regime, em sua dimensão harmonizadora e dissolvedora das contradições sociais, a rejeição tornou-se maior. Mas também a frustração, pois a escrita de Gilberto fora sedutora, por revelar um Brasil que nossos bandeiristas, nossos reacionários locais, não admitiam. Darcy Ribeiro, após os anos 50, sempre adotara suas teorias, pois Gilberto lhe fornecia o ingrediente principal para se forjar um "tipo ideal" terceiro-mundista, mulato, expressão maior da hibridização, colocando em foco "algumas felizes predisposições de raça", para usarmos uma expressão muito estranha de Gilberto (*Casa-grande & senzala*, p. 17).

A crítica uspiana é, portanto, bastante desigual, pois, como notei, Fernando de Azevedo adotara com grande empatia as teorias de Freyre. Produziu mesmo uma frase infeliz, quando escreveu em seu importante livro de memórias (*História de minha vida*):

> É um prazer acompanhá-lo [G.F.] nas suas visitas às casas-grandes, onde nos faz respirar a atmosfera ainda quente da vida familiar; nos passeios aos canaviais e a fábricas de açúcar e em suas senzalas onde se acotovela a escravaria, depois dos rudes trabalhos, de busto nu, de sol a sol nas plantações e nos engenhos (Op. cit., p. 72)...

Portanto, antes mesmo de 1964, já existia um contraponto crítico à visão freyriana. E vale notar que a crítica não surgiu apenas dentro da USP, mas também no exterior. Na África, por exemplo, o angolano Mario de Andrade (Buanga Fele), um dos líderes intelectuais da descolonização portuguesa, já protestava contra essa ideologia lusotropical de fundo racista; e o inglês Charles R. Boxer, historiador eminente, contrapôs-se diretamente a tal visão em seu livro de 1963, *Relações raciais no império colonial português* (1415-1825). Logo em seguida Perry Anderson foi cáustico em seu livro-denúncia *Portugal e o ultracolonialismo*.

Nessa perspectiva, falar de uma USP crítica a Freyre pressupõe um estudo mais amplo e detalhado de formas de recepção, contextualizando-se grupos, épocas, tendências e teorias. A própria USP não possui ainda uma história das correntes de pensamento que a marcaram, ou que sofreram apagamento. Cite-se, por exemplo, o jurista Miguel Reale, que também é da USP, tendo sido duas vezes reitor: a que correntes pertenceu, e como tem evoluído seu pensamento? Nas ciências humanas, Emília Viotti, Ianni, Fernando Henrique, Paul Singer, Bento Prado, Gianotti, Florestan e vários outros foram cassados pelo regime civil-militar quando chegaram aos postos mais altos da carreira.

Curioso é que, percorrendo a extensa obra de Florestan, encontram-se escassas referências à obra de Freyre, inclusive em *O negro no mundo dos brancos* (1972) e no clássico *A integração do negro na sociedade de classes* (1964), em que analisa o "negro na revolução burguesa". Criticando a inexistência da proclamada democracia racial (e, portanto, de uma democracia), Florestan conclui entretanto que, "por um paradoxo da história, o 'negro' converteu-se, em nossa era, na pedra de toque da capacidade de forjar nos trópicos este suporte da civilização moderna". A miscigenação, a mestiçagem em *longue durée* não é a chave para Florestan: o problema é o modelo de sociedade discriminatória estruturada nesta região periférica, modelo que logo mais ele estará denominando de autocrático-burguês. Sua obra fundamental *A revolução burguesa no Brasil*, de 1975, revelará em corpo inteiro a história desse modelo. Uma sociedade de classes muito particular, expressão de um certo padrão de dominação em que ainda remanescem traços e uma mentalidade estamental-escravista, eis o grande personagem de sua obra.

Como se vê, há uma profunda diferença entre Freyre e Florestan, revelando dois projetos distintos de Brasil. Se conseguirmos enxergá-los de modo positivo, mas contrastando-os, diremos que um subverteu a história dos heróis de raça branca do IHGB; o outro, a visão idilizada de um Brasil tropical, mestiço, democrático por natureza... Um surge na antiga cidade colonial do Recife, capital decadente da açucarocracia, por um descendente dos estamentos senhoriais; o outro, em São Paulo, no principal polo do novo capitalismo industrial em que se estruturam, apesar de tudo, focos de sociedade de contrato. Ambos com vastíssima obra, instauradores — cada um a seu modo — de uma visão interdisciplinar e de uma teoria de história. Gilberto escreve a saga dos estamentos pretéritos e Florestan a pré-história das classes futuras, para usarmos a expressão do velho Marx. Em Gilberto, detecta-se "um gosto aristocrático pelo popular", traço de resto da cultura barroca; em Florestan, abriga-se um filho da lumpemburguesia urbana olhando a história de baixo para cima, descobrindo (como nenhum outro cientista social; talvez só o escritor Lima Barreto) os estamentos senhoriais, as classes e as castas...

III
AS IDEIAS DE GILBERTO FREYRE E A UNIVERSIDADE

Ao examinarmos a recepção de Gilberto Freyre pela universidade é necessário constatar que, apesar de rejeições esporádicas, de modo geral sua obra foi sendo bem recebida durante longo tempo pelos universitários, pelo menos até 1964. Por certo foi melhor acolhida que a do marxista paulistano Caio Prado Júnior, que embora houvesse ajudado na criação da própria USP (como Paulo Duarte), não foi convidado para nela ser professor.

A obra de Gilberto nasce no mesmo contexto que a Universidade de São Paulo, e de certo modo acompanha seus desenvolvimentos. Basta lembrar das relações distantes no início, firmes depois, entre Fernando de Azevedo e Gilberto, trianguladas por Anísio Teixeira. *Casa-grande & senzala* e *Sobrados e mocambos* surgem no clima político-cultural em que são fundadas as universidades em São Paulo e Rio de Janeiro, trazendo, como outros estudos citados, e também os de Manoel Bomfim, as marcas da crise mundial na esteira de 1929. Com efeito, trata-se de um tempo de crise e rearranjo de oligarquias, e esses ensaístas, mais Afonso Arinos, Anísio Teixeira, Rodrigo Mello Franco de Andrade, Lúcio Costa e outros, traduzirão em suas intervenções políticas, escritos e projetos o sentido da profunda crise histórico-social e cultural vivida.

Esses intelectuais renovadores, frutos de dissidências oligárquicas e com enorme conhecimento do que se produzia nos principais centros culturais do mundo, são partes de uma grande teia que, cada um a seu modo, se perguntará dos significados desta história, desta cultura, e buscará um projeto para a nação. Vão procurar os sentidos de nossa "formação", palavra-chave no sistema ideológico em *statu nascendi*, e que estará em quase todos os livros desse tempo. *Impacto semelhante assistiremos somente, depois, na virada dos 1950 para os 60, com as obras de Faoro, Candido, Furtado, Florestan, Werneck.*

Aqueles "explicadores do Brasil" reviraram as fontes, criaram coleções, brasilianas, foram a missões no exterior buscar obras raras, reviraram as raízes dessa história que se desenrolava até o seu presente. Na literatura, na pintura, na pesquisa histórica, na antropologia, essa sociedade sentia a urgência de se atualizar, "como se tudo dependesse de sua geração", como disse Gilberto. Por toda parte ressumava a ideia de atraso e a correspondente necessidade de se recuperar o tempo perdido, uma das teclas aliás de Gilberto. Época de afirmações nacionais, havia que se fabricar um "povo" com características próprias para esta república recém-proclamada. A nação, a república precisava de um povo, que já não poderia ser o dos heróis de raça branca. A mestiçagem, a miscigenação, tornou-se a grande descoberta gilbertiana, nessa região em que a lentíssima transição de uma sociedade de estamental-escravista para uma sociedade de classes ainda se processa de modo lento, incompleto, atropelado, dando essa impressão de derrapagem permanente.

As melhores páginas de Gilberto, sobretudo em *Sobrados e mocambos*, mostram essa complexidade de uma sociedade de estamentos pretéritos (ele não usa esse conceito, mas os de ordem, de *status* etc.) convivendo com classes futuras e por certo Florestan bebeu dessas águas. Apontando as diferenças e especificidades, ele constrói um conceito de cultura que se alonga (o verbo é dele) e se estabiliza em nossa história. *Sobrados e mocambos* não é livro de formação, mas de afirmação, de estabilização de uma elite já "nacionalizada", e de uma teoria correspondente da história do Brasil. As remanescências da economia escravista colonial que se arredondam na nova ordem sociocultural são o tema dileto desse ideólogo-historiador, sua teoria podendo ser sintetizada na seguinte formulação:

> É tempo de procurarmos ver na formação brasileira a série de desajustamentos profundos, ao lado dos ajustamentos e dos equilíbrios (prefácio à primeira edição de *Sobrados e mocambos*).

E se mais não avança é porque ele próprio é parte do estamento, podendo-se supor que está no seu limite, rompido por Caio Prado.

Note-se que quase todos seus companheiros de geração ou correspondentes em outros estados eram filhos de dissidências oligárquicas, encaminhando soluções regionais para a construção do "nacional". A nova ordem mundial exigia o reforço da ideia de nação, e esta provoca a definição das regiões, tema ainda controverso (a Bahia faz parte do NE, ou não?), que será retomado com força por outro nordestino, Celso Furtado, fundador da Sudene e primeiro ministro do Planejamento. Os regionalismos, inclusive na literatura, se afirmariam naquele tempo, a ideia de Nordeste se consolidando desde então, nos mapas como nas mentes.

Necessário dizer que no início da universidade tivemos aqui também nossos ideólogos, com Alfredo d'Escragnolle Taunay e Alfredo Ellis Júnior. O tema do café foi tratado por Taunay com rigor, mas com evidente sentido de uma história regionalizante. Já Ellis Júnior, catedrático-interventor na Faculdade de Filosofia da USP, foi defensor da especificidade de uma curiosa e brava "raça bandeirante", selecionada na dureza da vida e da subida da serra do Mar. O bandeirismo foi uma ideologia poderosa, eivada de racismo e outros desvios históricos. Dessa época, escapam duas ou três análises, como a de Sérgio Milliet (*Roteiro do café*) ou a de Roberto

Simonsen (*História econômica do Brasil*), além de alguns estudos do citado Fernando de Azevedo. **Em verdade, no que diz respeito aos estudos históricos, a USP foi mais reacionária àquela época que a obra de Gilberto. Vale repetir: Caio, Gilberto, Buarque estavam fora da docência.**

Quanto à obra inaugural de Gilberto, nos Estados Unidos, se houve reações negativas e racistas na imprensa, sobretudo as do *New York Times*, a reação foi positiva na esfera acadêmica, inclusive em segmentos da esquerda. Seu tradutor, Samuel Putnam, tradutor também de *Os sertões*, de Euclides, para o qual fez importante prefácio, alinhava-se na vanguarda dessa esquerda, muito próximo do Partido Comunista. Sem dizermos do velho Casper Branner, reitor da Stanford University, que viveu longos anos no Brasil, e que nutria pelo jovem Gilberto extrema amizade, a ponto de ter escrito um artigo a ele dedicado sob o título "Que faria eu se fosse um estudante brasileiro em Stanford".

A primeira geração de professores universitários brasileiros, a começar por Fernando de Azevedo, é muito favorável às interpretações de Freyre e a essa busca pela especificidade de nossa cultura. De tal modo que sua monumental *Cultura brasileira* começa com as teorias de Freyre, de modo explícito, para terminar num vago evolucionismo socialista. O mesmo se diga de Cruz Costa, e de tantos outros, nesse esforço para se interpretar o Brasil. O clima ideológico é o mesmo em que se produziu o *Manifesto dos pioneiros da educação*, em 1932, do qual participaram vários intelectuais, mas do qual Freyre não é signatário.

Reação muito mais adversa no jovem pensamento universitário teve a obra de Caio Prado Júnior, a julgarmos pelas anotações de Sérgio Milliet, em seu *Diário crítico*. Já o próprio Milliet era muito avançado para o liberalismo de então, mas o marxismo de Caio ele não engolia. Para além disso, Caio abandonara os valores do patriciado local para abraçar a causa comunista (nos *Tristes trópicos*, Lévi-Strauss o menciona, entre os primeiros alunos da novíssima Faculdade de Filosofia, mostrando o luxo a que essa sociedade se dava, o de ter até um comunista...). Aos ouvidos da alta cultura paulistana, suas análises sobre o passado brasileiro, trazendo os movimentos populares para o primeiro plano, soavam demasiado esquemáticas e economicistas. De fato, o problema é que o jovem militante adotava o materialismo histórico e as lutas de classes como critério de análise...

Em suma, a reação mais explícita à obra de Gilberto foi mesmo a de Antonio Candido, durante a guerra, dez anos depois da publicação da primeira edição de *Casa-grande & senzala*. Nos anos 1920, alguns intelectuais brasileiros como Lobato, Anísio e Gilberto foram atraídos pela América, não se podendo esquecer entretanto o grande impacto que a Revolução Russa causara, isso sem falarmos no *Front Populaire* de centro-esquerda, ou no efeito que provocara nos corações e mentes a Guerra Civil Espanhola. Foi naquele contexto que surgiu a crítica do jovem professor da USP, contra os perigos da teoria funcionalista que a obra de Freyre adotara. E que continua a fazer escola.

Aqui já se distinguia, além de uma clivagem teórica entre dois modos diferentes de se compreender o Brasil (uma funcional, outra marxista), uma outra, marcada por uma dimensão geracional. A geração de intelectuais "tradicionais" se definia a partir da oposição crítica dos novos intelectuais "orgânicos". Também a primeira nota da primeiríssima edição de *Formação econômica do Brasil* (1959), de Celso Furtado, continha uma alusão irônica às nhanhás e nhonhôs, que desaparece nas outras edições... Essa novíssima geração representada por Candido, Furtado, Florestan é mais rigorosa, "crítica, crítica e mais crítica". Expressão do pensamento radical de classe média, segundo Candido.

IV
Concluindo

Finalmente, para concluir, há que registrar três pontos. O *primeiro*: Gilberto foi possivelmente um dos autores-fundadores da história das mentalidades entre nós, dado o tipo de abordagem, de metodologia e de temática que escolheu. Daí entender-se a acolhida que teve pela escola dos *Annales*, e, hoje, sua aceitação pelas novas gerações, que tendem a dissolver as tensões, os conflitos, as contradições sociais, as lutas de classes em quadros mais gerais, algo indefinidos.

Segundo ponto: foi um autor que defendeu a possibilidade de conciliação entre etnias diversas e mesmo antagônicas, e também entre capital e trabalho. Daí sua acolhida pelas vanguardas liberal-democráticas e mesmo setores da esquerda norte-americana. Num mundo conflagrado, com a crise de 29 agudizando as tensões sociais e internacionais, eis que surge da periferia um jovem elegante, fluente em línguas, sugerindo uma acomodação tropical mais amena que as visões rebeldes provenientes do México revolucionário, ou da Nicarágua de Sandino, do inquieto Panamá, do Caribe, da Índia ou do Congo. Gilberto adaptou-se otimamente em "The Farm", a fazenda, na silvestre, branca, chique e aborrecida Stanford. Mais explícito e taxativo foi o editor Weinstock, em sua breve nota à edição norte-americana de *Casa-grande & senzala*:

> Freyre served in the National Assembly that drew up Brazil's present constitution [1946], being responsible for the (...) final expression given to the

principle of conciliation between management and labor (publisher's note, p. v, *The masters and the slaves*, 2. ed. rev. Nova York, 1956).

Terceiro ponto: Gilberto escrevia e se expressava muito bem, e com isso seduzia seu público nos alongamentos de frase, nas quase definições, anticonvencional naquele mundo engravatado, utilizando-se de um andamento dialético curioso e hábil em sua argumentação, operando com pares antitéticos que iludiam o observador. Em verdade, trazia um olhar novo que seduzia com mais graça que o Lampedusa do *Gatopardo*. *Ele foi o porta-voz de uma sociedade oligárquica que precisava mudar, se aceitar — ou quando menos se atualizar — para... continuar no mesmo lugar*. A crise chegara ao Nordeste, os movimentos populares recrudesciam e Gilberto abriu a vida íntima do estamento, como que para justificá-lo, criando um conceito mais plástico, amplo, de cultura que segurasse as diferenças e os abismos sociais e econômicos. Com efeito, menos de trinta anos depois, no Nordeste surgiriam as Ligas Camponesas, o Método Paulo Freire, a Sudene e manifestações engajadas de cultura popular, expressas em *Morte e vida severina*, de João Cabral. Daí esse conceito de cultura ter sido apropriado pelo sistema instaurado em 1964, para mexer em tudo deixando as coisas como estão.

10. A INACABADA *HISTÓRIA DA HISTÓRIA DO BRASIL*

> *Minha viragem para os problemas do presente é para fazer com que a história fique ligada e tente responder às indagações presentes. Resulta de duas coisas: primeiro, de certas influências de caráter filosófico e da problemática nacional, que se vai agravando; e, em segundo lugar, de minha entrada na Escola Superior de Guerra. Em 1955, quando entro na ESG, deparo com a problemática nacional toda, pois a escola nessa época era muito aberta, ouvia todas as tendências, e eu vivia até então num ambiente fechado, muito erudito. Senti que o historiador tinha que estar atualizado com o seu presente para que realmente pudesse buscar no passado aquilo que respondesse às interrogações do presente.*
>
> José Honório Rodrigues

O HISTORIADOR JOSÉ HONÓRIO RODRIGUES, falecido no ano passado, disse essas palavras ao *Jornal da Tarde*, por ocasião do lançamento do primeiro volume da *História da história do Brasil*. O volume II (dois tomos) do seu ousado (e inconcluso) projeto de revisão da produção historiográfica brasileira, da colônia aos nossos dias, acaba de chegar às livrarias. As avaliações, as análises, os conceitos, as revelações, as observações e o resultado dessa obra de Honório, reputado como um dos mais eruditos dos grandes historiadores brasileiros, são o tema desta página.

A publicação póstuma do segundo volume da *História da história do Brasil*, do historiador carioca José Honório Rodrigues (1913-1987), dá continuidade ao seu esforço notável de sistematização e avaliação da historiografia brasileira, lamentavelmente interrompido com o seu falecimento na madrugada de 6 de abril de 1987. Com ele, uma visão generosa e empenhada da história do Brasil desaparece. Coube a sua mulher e permanente colaboradora, a historiadora Lêda Boechart Rodrigues — autora, entre outras obras, de uma excelente *História do Supremo Tribunal Federal* —, cuidar da edição final dos dois tomos que ora publica a Companhia Editora Nacional, sob a direção de Jorge Yunes, com apoio do Instituto Nacional do Livro. Iniciativa inestimável — que esperamos tenha prosseguimento, pois a obra honoriana é vasta e muito resta a vir à luz — num país em que livros desta importância não têm mercado assegurado a curto prazo.

Autor de quase trinta livros, além de inúmeros ensaios e artigos sobre nossa história e sobre historiografia contemporânea, José Honório projetava algo que seria sua obra maior sobre a historiografia brasileira, de que é hoje a figura mais eminente e produtiva. A *História da história do Brasil* está planejada em seis volumes, dos quais já publicara em 1979 o primeiro, *Historiografia colonial*, seguido agora do volume II, dois tomos, sobre a *Historiografia conservadora* e sobre *A metafísica do latifúndio: o ultra-reacionário Oliveira Viana*, que comentaremos adiante. Os demais volumes versariam sobre *A historiografia liberal*, *A historiografia católica, republicana e positivista*, *Do realismo ao socialismo* e o último sobre a *Historiografia estrangeira sobre o Brasil.* Esse o grande projeto de José Honório, iniciado em 1944, após seu retorno dos Estados Unidos, e que se desdobrava em três vertentes maiores: o da *Teoria da história do Brasil*, o da *Pesquisa histórica no Brasil* e o presente, inacabado, *História da história do Brasil*. Paralelamente, recordem-se seus livros de polemista, *Conciliação e reforma no Brasil* (1965), *Aspirações nacionais* (1963) e *História combatente* (1982), além do trabalho incansável de pesquisa erudita e de publicação como a que relizou da obra de Capistrano de Abreu — de quem descendia intelectualmente —, ou dos *Documentos históricos* da Biblioteca Nacional — ou, ainda, dos numerosos prefácios que escreveu apresentando estudos de viajantes e historiadores, ou catálogos e documentos como *Os holandeses no Brasil*, as *Atas do Conselho de Estado* ou *O parlamento e a evolução nacional*. Talvez não exista na historiografia brasileira alguém que tenha desempenhado com tanto conhecimento e ardor o "métier d'historien" em todas essas facetas. Empolgava-se com o que escrevia, com o que falava, com o que pesquisava, julgando e qualificando as informações e os personagens envolvidos como se fossem seus contemporâneos. Assim, frei Caneca e seu algoz Pedro I, por exemplo, são devidamente recolocados no contexto sociopolítico da época, em frases contundentes e diretas, da mesma forma que ao historiador Varnhagen reserva José Honório classificação dura, não passando para ele de um áulico — o que aliás era. Honório alinhava-se ao lado dos vencidos, denunciando os mitos da história "cordial" do Brasil numa época em que era difícil fazê-lo (hoje é moda), analisando a vitória permanente da contrarrevolução ("há um esboço de revolução, vem a contrarrevolução que reprime e extrai algumas poucas teses do movimento inovador e as aplica a seu modo, conciliando e esvaziando o conteúdo hustórico", disse-me certa vez, numa mesa-redonda organizada pelo *Jornal da Tarde*) ao longo da nossa história, revelando a história cruenta e criticando os "sipaios" brasileiros, que têm os pés no país mas o coração em outro lugar.

Nos dois tomos do volume II, José Honório apresenta a historiografia conservadora de modo a se visualizarem as diferentes facetas do pensamento conservador no Brasil. "Somos por tradição portuguesa um povo extremamente conservador", diz Honório, justificando sua atenção na problemática. No tomo 1, focaliza a historiografia conservadora, a monarquista e a linha reacionária e contrarrevolucionária. No tomo 2, concentra a atenção no pensamento de Oliveira Viana, percorrendo sua extensa obra e indicando sua presença no pensamento político brasileiro contemporâneo, particularmente em Golbery do Couto e Silva, ideólogo do movimento de 1964.

Rico de informações e sugestões, em *A historiografia conservadora* Honório conceitua a interpretação tradicionalista de história, localizando-a no contexto brasileiro, ou melhor, na definição do processo histórico do país recém-independente. Embora se possa discutir a simplificação dessas "teorias" e a divisão em três vertentes (historiografia conservadora, monarquista e reacionária ou contrarrevolucionária), pois em alguns casos se sobrepõem, em outros conflitam, há neste tomo 1 análises que valem o livro. Está-se longe da lição de Karl Mannheim para a compreensão do conservadorismo, no sentido de que não há em José Honório um esforço para explicar as condições em que se produzem (e reproduzem) no Brasil as formas de pensamentos ligados à ordem estabelecida, ou francamente regressista e que ocorrem de tempos em tempos, como hoje. Nada obstante, na apresentação do cap. I já há indicações da postura do historiógrafo de combate. O texto é desigual, revelador da impaciência do autor, mas o resultado é correto na avaliação do conservadorismo historiógrafo ("O Brasil é um país atrasado, sempre foi", dizia Caio Prado há não muito tempo), e o ataque desferido a Varnhagen e outros disso é exemplo. Particularmente interessante a comparação deste com o inglês Southey, o historiador que "condenou o despotismo, o sistema de vigilância policial, a falta de segurança do cidadão, a falta de instrução e imprensa, os monopólios, os agravos que tanto frearam o curso livre da história nacional".

Aí se encontra a pedra angular da teoria da história do Brasil de Honório. Todos seus atos, pesquisas e ensaios ligam-se à procura da história nacional, mas não em perspectiva simplista ou conservadora. A chamada *questão nacional*, a irresolução do Brasil enquanto país moderno e autossuficiente, assume em sua visão da história importância central. Daí dedicar-se febrilmente enquanto historiador a temas decisivos como *Independência: revolução e contrarrevolução*, obra em cinco volumes, ou à vida parlamentar ou ainda à política externa brasileira (participou aliás da criação da revista *Política Externa Independente*). Enquanto editor de documentos, procurava sempre organizar coleções que contribuíssem para a elaboração de nossa história social e política, e os melhores exemplos são os *Documentos históricos* (1946-1955) e o *Anais da Biblioteca Nacional* (1948-1963), em geral sobre movimentos ligados à emancipação. Enquanto historiógrafo, sempre procurava os elementos intelectuais e políticos que colaborariam para a formação de uma "consciência nacional" — para ele inextricavelmente vinculada a uma consciência social. Liberal, não via o povo numa perspectiva populista, como muitos de seus companheiros de geração, eventualmente mais à esquerda ("Somos por tradição portuguesa um povo — incluo aqui todas as classes em conjunto — extremamente conservador"). Enquanto conferencista e polemista, ressaltem-se suas conferências na Escola Superior de Guerra que redundaram nos livros *Aspirações nacionais* e o célebre *Conciliação e reforma* (livros com várias reedições), época em que julgou possível falar aos militares (na verdade, seus intercâmbios bibliográficos com figuras como o então coronel Golbery do Couto e Silva ampliaram suas leituras, que passaram a incluir ainda nos anos 50 Hannah Arendt e David Reisman..., mas em geral foi um cético quanto a eles, que o procuravam bastante para "subsídios" históricos). Ou palestras a estudantes, como aquela nos idos de 1964 (*Vida e história*), no cine Gazeta, com apresentação de Sergio Buarque, Davi Lerer e minha, em que a avenida Paulista foi cercada por policiais. José Honório inflamava-se e transfundia seu entusiasmo aos mais novos.

Suas opiniões sempre foram diretas e incisivas, ora lembrando que frei Caneca foi o maior pensador político do século XIX, ora alertando contra os transbordamentos do militarismo antinacional: "Todo absolutismo é uma forma de colonialismo". Ou: "Se o Tenentismo não foi bom para o país, o generalismo foi péssimo". Em qualquer hipótese, a *questão nacional* era sua paixão, o historiador com seus instrumentos ajudando a construir um país moderno, aberto ao mundo, porém independente. Os "sipaios", os cabeças de ponte, os empresários, militares ou intelectuais alienados, os ambivalentes, provocavam seu desprezo, quando não ira.

Nos referidos dois tomos, Honório revela, em seu contundente estilo, os limites ideológicos e historiográficos de figuras como Joaquim Manuel de Macedo, liberal que impôs à juventude uma conservadora visão da história do Brasil. Critica abertamente esse liberalismo paradoxal e extremamente conservador, que defendia a escravidão negra, distanciado do liberalismo mais radical de 1817, 1824 e 1848, e que volta "a se redefinir nos liberais reformistas dos monarquistas representados pelos dois Nabucos, ou pelos republicanos e federalistas". Macedo "escreveu um péssimo livro didático", "era um professor medíocre", eis um julgamento severo proferido num tom que a crítica contemporânea já não sabe ou não ousa mais fazer.

No percurso, o leitor encontrará análises e observações vigorosas sobre o conservador-monarquista Bernardo Pereira de Vasconcelos, expressão de um grupo-geração resistente às insurreições populares: Clemente Pereira, liberal na Independência e conservador depois; Afonso Celso, o visconde de Ouro Preto, numa perspectiva nova, inclusive crítico da expoliação inglesa; e sobretudo de Eduardo Prado (1860-1901), a quem dedica a melhor e mais longa análise. "Sabia bem todas as coisas que sabia", segundo Machado de Assis. Sua geração, seus livros, sua colaboração na revista de Eça de Queirós, a luta contra a República, seu antijacobinismo e suas pesquisas eruditas são visitadas por José Honório como razoável distanciamento crítico, sobretudo para um jacobino como era. No capítulo III, dedica-se ao pensamento reacionário, em que focaliza, entre outros e com destaque, José da Silva Lisboa, o visconde de Cairu. O reacionarismo ideológico surge, segundo pensa, como reação à Revolução Francesa e marca figuras como o bispo ilustrado Azeredo Coutinho, Cairu e Oliveira Viana — "este, horrorizado com as constantes rebeliões brasileiras que encheram a República desde a fundação até sua época". No caso de Cairu, o historiógrafo oferece em cinquenta páginas excelente exercício de reconstrução do pensamento histórico desse "combatente do predomínio inglês no Brasil", revendo sua formação e repassando as leituras críticas contemporâneas de Oliveira Lima, Buarque, San Tiago Dantas, em contraposição ao entusiasmado Alceu Amoroso Lima. No exame da extrema direita, desfere golpes em Helio Viana e Gustavo Barroso, "dois pequenos reacionários", muito "longe de seguirem uma linha reacionária coerente e lógica como a de Oliveira Viana".

Ao "ultrarreacionário" Oliveira Viana dedica um tomo especial sob o título instigante *A metafísica do latifúndio*. Embora a moderna historiografia contemporânea venha se desembaraçando decididamente das teorias de Viana, não se pode negar sua importância para o grupo-geração Caio Prado-Buarque-Freyre. Caio Prado, em seu revolucionário *Evolução política do Brasil* (1933), critica a todos, mas ressalva a importância das análises de Viana já na primeira nota; Buarque polemiza abertamente com ele em *Raízes do Brasil* e Freyre cria seu espaço na interlocução com Viana, à direita, e à esquerda com Astrojildo Pereira, embora incorporando muito do primeiro.

Ao dedicar um volume especial a Oliveira Viana, que tanto marcou o pensamento autoritário brasileiro contemporâneo, José Honório, comentando um medíocre pensador francês que estimulou o ideólogo racista, não deixa por menos e oferece excelente exercício de seu áspero estilo, que tanta falta fará para a elaboração de uma historiografia brasileira autêntica:

> A diferença essencial entre Le Play e Oliveira Viana é que o primeiro não mudou nada no mundo da organização política e social, enquanto Oliveira Viana encontrou os Golbery, que por sua meia-ciência se deixaram empolgar pelo ultrapassado e ultrarreacionário sócio-psico-antropólogo-geógrafo pensador, que não encontrou no meio civil uma única expressão intelectual que o seguisse, exceto, de certo modo, mais pela admiração que pela adesão, o velho e confuso jurista Levi Carneiro e o velho moço Marcos Almir Madeira.

11. Debrun e o pensamento crítico de Gramsci

A PUBLICAÇÃO DA TESE de livre-docência do professor, filósofo e cientista político Michel Debrun ocorre em boa hora, quando a crise de paradigmas que atravessa a vida universitária parece soterrar toda uma linhagem do pensamento crítico entre nós. De fato, as ideias de Antonio Gramsci, que tanto auxiliaram na renovação das análises de inspiração marxista, vão entrando em desuso. Não foram poucos os intelectuais brasileiros que se utilizaram, com proveito, das análises do pensador italiano, dentre eles Carlos Nelson Coutinho e Alfredo Bosi, trazendo importantes contribuições para os estudos em nosso país. Creio ainda que não teria logrado escrever meu *Ideologia da cultura brasileira*, procurando entender as vicissitudes das organizações e constelações intelectuais no Brasil, sem as teorias de Gramsci, que adotei para entender os blocos no poder dos anos 1930 à década de 1970. Tese de livre-docência em cuja banca examinadora, aliás, Debrun esteve presente, acutilando-me com questões agudas e pertinentes.

Michel Debrun foi uma figura exponencial no panorama intelectual do Brasil. Primeiro, nos anos 1950 no Rio, junto ao Instituto Superior de Estudos Brasileiros (ISEB), quando foi consultor da UNESCO e escreveu o importante *Ideologia e realidade*. Nos anos 1960, em São Paulo, deixou forte marca de sua presença na Faculdade de Filosofia da USP, onde ministrou cursos de ética política, introduzindo-nos no pensamento de Sartre, Merleau-Ponty, Raymond Aron, Simone de Beauvoir e tantos mais, obrigando-nos a pensar a condição do intelectual em países do Terceiro Mundo. Nesse período, com sua aguda inteligência e notável formação, funcionou como uma espécie de antirrolo compressor às formulações simplistas de cientistas sociais, historiadores e teóricos do marxismo vulgar e do liberalismo nativo. Ajudou a criar esse meio de campo crítico, estimulando ainda o estudo e a reflexão sobre as vicissitudes e natureza do chamado pensamento brasileiro, de Freyre a Faoro e José Honório Rodrigues. O que era muito importante, visto que os franceses e seus seguidores na antiga faculdade continuavam com seus corações e mentes plantados na Europa, mais precisamente na *rive-gauche*. Nos anos 1970, ele desempenharia o papel de grande teórico do recém-criado Instituto de Filosofia e Ciências Humanas da Unicamp onde, a convite do diretor Fausto Castilho, criou um núcleo de reflexão que se desdobraria nos anos 80 e 90 no Centro de Lógica, Epistemologia e História da Ciência. Dentre as pessoas que marcou, destaquem-se Paulo Sérgio Pinheiro e Marilena Chauí. Aos esforços do primeiro, visto que Debrun resistia a publicar seus ensaios e estudos, devemos a publicação de seu importante *A conciliação e outras estratégias*, em que desenvolve análises sobre os arquétipos do pensamento político brasileiro. Nesse livro, o leitor encontra uma das obsessões do filósofo, que era o mapeamento das famílias de pensamento no Brasil, de Azevedo Amaral e Oliveira

Lima a Gilberto Freyre e Buarque, e destes a Florestan, Faoro, Antonio Candido, Miguel Reale, Oliveiros Ferreira.

Já naqueles estudos, nosso professor — que não era marxista — insinuava o uso de uma terminologia que tinha alguma afinidade com as teorias de Gramsci. A preocupação maior de Debrun era com as mediações (palavra-chave para ele) entre infraestrutura e superestrutura, negando desde seus primeiros escritos as pobres ideias de "reflexo" e "influência" na explicação dos fenômenos sociais, políticos e ideológicos. Debrun tinha horror aos mecanismos, às explicações fáceis, às simplificações, e isso por vezes o alijou dos debates públicos, das correntes principais, das "igrejinhas". Sua heterodoxia, entretanto, encontrou na obra e na ação de Gramsci um porto mais ou menos seguro para suas teorias. Desde logo, topou em Gramsci reflexões que o distanciavam de Benedetto Croce e dos marxistas dogmáticos mas com critério e profundidade. Depois, a ideia de que a genérica infraestrutura possui ambiguidades, não sendo sempre um referencial monolítico como imaginavam os ortodoxos. Além disso, encantava-o o fato de Gramsci recusar a natureza humana como dado permanente, imutável. Qual a possibilidade da liberdade humana em face de leis econômicas ou sociológicas? Como pensar leis em história?

Debrun indica como em Gramsci questões magnas como essas encontram caminhos explicativos. Sim, para ele havia "de fato regularidades sociais", mas cada época tem sua característica. Também certas regularidades têm vigência em certas épocas, e não em outras. "Elas não remetem, portanto, a uma natureza humana imutável" (p. 131). A partir daí, sua teoria se encaminha para a riqueza de possibilidades de participação da sociedade considerada num mesmo universo de valores, e do grau ou intensidade nessa participação. Não se nega a existência de leis, mas elas são relativizadas, e a construção de consensos em torno de certos valores passa então a ser privilegiada nos estudos da política, da história e também da educação. Nesta última parte, os escritos de Debrun sobre filosofia e pedagogia são de extrema importância, na crítica que faz à cultura imanentista que subjaz nos currículos, programas e teorias contemporâneas, em que se veiculam falazes ideias de Estado, sociedade e política.

Esta obra sobre o pensamento de Gramsci reconduz o debate ao ponto central de nosso tempo. Para Debrun, a filosofia de Gramsci possui um papel estruturante em relação às demais esferas da superestrutura (inclusive a política), como notou o professor Ricardo Antunes, um dos responsáveis com a professora Itala D'Ottavianno pela organização e edição das várias versões que Michel Debrun deixou e estão contidas neste importante livro.

Debrun situa finalmente o filósofo italiano nos quadros intelectuais e políticos da Europa contemporânea, ao lado dos "eurocomunistas", localizando-o nos segmentos que viam a possibilidade de transição não violenta da democracia liberal para o socialismo. Além disso, valoriza o "filósofo da práxis" em suas análises voltadas para as dificuldades do empreendimento pedagógico, tantas vezes banalizado ou simplificado pelos educadores de ontem e de hoje. Notável, em particular, o esmiuçamento que faz de conceitos operatórios, como o de bloco histórico, em suas montagens e desmontagens, extremamente útil para entendermos as atuais constelações do poder no Brasil tucano.

Em suma, esta obra póstuma de Michel Debrun veio para ficar. Tratando de um clássico do pensamento marxista contemporâneo, estuda-o a partir dos debates que se travam nos principais centros de reflexão da atualidade, em que formas liberais, céticas ou pós-modernas apressadas vão ganhando espaço (e perdendo tempo).

Trata-se de obra que interessa a todos os especialistas, dado seu caráter interdisciplinar. Do ponto de vista metodológico, são exemplares os esforços de desmontagem, reconstrução e sistematização das ideias-chave do pensador italiano. Ainda uma vez, Debrun continua o grande mestre de muitos de nós, nesta mudança de época, fornecendo instrumentos para nos localizarmos neste velho-novo mundo.

12. Civilizando a barbárie: Golbery e Geisel

> *Por que não fazem uma ditadura bem botocuda? E me botam para fora!*
>
> Presidente Geisel no *Diário* de Heitor Ferreira em 1975.

Com *A ditadura encurralada*, a Companhia das Letras dá sequência à publicação da obra que Elio Gaspari vem produzindo sobre o regime instalado com o golpe civil-militar de 1964. Nesse livro ele combina melhor sua formação de historiador com as técnicas de experimentado jornalista, resultando no mais importante da série, ao lapidar o conceito de poder que marcou a atuação e a época do general-presidente Ernesto Geisel (o "sacerdote") e de seu chefe da Casa Civil, general Golbery (o "feiticeiro"). Gaspari conheceu como poucos — não sem riscos — as entranhas do poder e soube amealhar, organizar e dar sentido às informações colhidas na documentação básica de personagens que, alguns, se tornaram seus interlocutores. Notadamente, o próprio general Golbery, e o secretário de Geisel, Heitor de Aquino Ferreira, autor de um diário minucioso do dia a dia da presidência.

Com esta publicação, a compreensão desse período de transição (da "distenção à abertura") deverá sofrer profunda revisão. Prova-se que a direita, embora empedernida, não era tão compacta como se pensava, e que a esquerda, nos partidos, não atuava com tanta eficiência como proclamavam seus mitômanos. Mais: que o empresariado andou a esmo, balbuciante, perdido nesse tiroteio sobre privatização *versus* estatização, e que Geisel não era tão "liberal" como se imaginava (chegara a admitir tortura). E, finalmente, que o ideólogo Golbery, homem cultivado e doentio, não logrou conduzir o processo de democratização para um desfecho que evitasse as trombadas no período de Figueiredo, "um primitivo".

Leva-nos a pensar, ao folhearmos essas páginas, que houve mais transação que transição.

Com efeito, todas as análises dos livros anteriores da série pareciam já se encaminhar para a interpretação do papel de Geisel-Golbery, a dupla que logrou dar um significado mais profundo ao regime militar, sobretudo ao explicitar suas contradições. Papel pressentido por historiadores como José Honório Rodrigues que, no seu apartamento-biblioteca em Ipanema, nos dizia, em setembro de 1967: "Essa ditadura vai longe. É preciso ficarmos de olho nesses irmãos Geisel [Orlando e Ernesto], que estão galgando o poder".

José Honório acertava no diagnóstico mas errava o alvo: quem ascendia de fato era uma outra Direita, a pré-megalítica, responsável pelo que Gaspari denomina de "anarquia militar" (sobretudo a do ministro do Exército Sylvio Frota), a ser domada pelo poder republicano encarnado por Geisel-Golbery-Heitor. A Geisel ficaria reservado um papel distinto nesse quadro ditatorial: o de enquadrar a "anarquia militar" de desfigurar o regime. Nas palavras de Gaspari, em nota explicativa:

> Entre as últimas semanas de 1974 e a jornada de 12 de outubro de 1977, quando Ernesto Geisel demitiu o ministro de Exército, general Sylvio Frota, a anarquia militar e o poder republicano do presidente enfrentaram-se. Era o confronto que o regime evitava desde 1964. À noite, quando Frota transmitiu o cargo ao seu sucessor, Fernando Bethlem, a anarquia estava enquadrada. Coube ao general Ernesto Geisel a defesa do poder constitucional. (p. 14)

Com efeito, Geisel, o "último tenente", pode ser entendido como expressão tardia dessa vertente reformista e antioligárquica que emergiu na República Velha, atravessou boa parte do século XX e se viu confrontada com os dilemas e opções criados pela Guerra Fria, pelo reformismo desenvolvimentista-populista, pelas tentativas de revolução do tipo socialista, pela "necessidade" de reforma do Estado e privatizações, pelo capitalismo selvagem, pela ultradireita e pela internacionalização do país. Um discreto perfil do ex-tenente já se delineia nas páginas iniciais, jogando luz no modo com que enfrentou os dilemas criados com a "distensão", por ele iniciada: com Golbery e Heitor (mais Humberto Barreto), sensibilizava-se com os reclamos da sociedade civil, mas cultivou até o fim pétreo senso hierárquico. Graças ao qual livramo-nos do pior: uma ditadura jurássica (ver o capítulo "Um saiu").

A formação de historiador de Gaspari no Rio, na universidade polarizada entre direita e esquerda, num caldo populista, temperado com generoso terceiro-mundismo, aguçou a percepção deste que iria se transformar num dos principais jornalistas-historiadores do país, interlocutor de esquerdas e direitas. Das lutas pela garantia dos direitos civis e das estratégias do jurista Raymundo Faoro à direita ilustrada de Golbery, passando por personagens notáveis como o republicano Severo Gomes, ex-ministro de Castelo e de Geisel, Gaspari soube registrar as perplexidades do patronato ("O governo passado torturava pessoas físicas. O atual tortura as pessoas jurídicas", dizia Antonio Galotti, presidente da Light, em 1977), descrevendo de quebra as peripécias do empresariado paulista e dando polimento ao papel de figuras como o senador Petrônio Portella.

Fazendo falar os personagens — há inúmeros debates, diálogos (como o de Golbery com Severo, quando de sua demissão), e até explosões de ira (a de Geisel com Heitor, quando lhe atirou o telefone) —, personagens que conheceu e dos quais extraiu o que havia de melhor, o livro oferece uma visão de conjunto inédita, por vezes surpreendente, num período decisivo de nossa história contemporânea. Não foram poucos os jornalistas, políticos e historiadores (como Thomas Skidmore) em busca de velados sinais e informação, além de agentes vigilantes, que seguiram — por vezes literalmente — os passos de Gaspari. No diário de Heitor, que um dia será publicado, certamente haverá informação sobre o próprio Gaspari...

Na análise de algumas ideias e intervenções de Geisel encontram-se alguns dos pontos altos do livro. O "Alemão" se destaca nessa precária galeria de presidentes militares, marcados por rudimentar visão da história. E não apenas por suas frases de impacto e ações fulminantes, vindas do alto: ciente do poder paralelo, subterrâneo, feroz, e da existência, nem sempre discreta, de uma guerra de extermínio e de forças do "porão" manipuladas pela "tigrada" ultradireitista (como conceitua Gaspari), Geisel teve alto senso histórico.

Em exposição para o Alto-Comando das Forças Armadas, reunido a seu convite já em 20 de janeiro de 1975, no Palácio do Planalto, tem-se um diagnóstico da situação, na ótica presidencial, como em poucos momentos da história do Brasil. Nessa sessão, recomposta por Gaspari com rigor inexcedível, Geisel analisa a situação mundial, com inflação e desemprego, desprestígio dos EUA, avanço da esquerda na Europa e um possível renovado perigo soviético, além da renúncia de Nixon, da queda de Salazar, seguida da do general Spínola, e do golpe (e prisão) dos coronéis na Grécia. Em seguida, o quadro interno. Aí menciona a derrota do governo nas eleições de novembro, quando o sistema foi apanhado de surpresa. "Por baixo, nós não sabíamos o que estava acontecendo." Critica o comodismo, define a Arena como partido "extremamente fraco". Suas palavras abrem uma nova etapa na vida política do período ditatorial: "O governo despreocupou-se muito com a política. (...) agora, ou nós cuidamos desse problema, ou então continuamos a não gostar de política e vamos sonhar com uma ditadura, que eu acho a pior solução" (p. 10. Documento extraído de uma degravação, revista por Heitor Ferreira).

Seu senso histórico — aprimorado com Golbery — leva-o a analisar o quadro eleitoral, o peso e as inovações da esquerda, sua infiltração na imprensa, os problemas da previdência, conflitos com a Igreja, problemas de saúde pública, desfiguração do governo, e assim por diante. Mais: urgia conhecer as mudanças na esquerda, ver como atuava para se encontrarem novos métodos. "Não podemos cristalizar nosso sistema de repressão." O regime não podia continuar como em 1969 e 70. Percebe-se o quanto as acusações de arbitrariedade, de torturas e procedimentos ilegais iam calando fundo no presidente: "Isto é um fator muito negativo para o governo e nós temos que examinar, ver até onde nós podemos ir para atender a este problema que se apresenta aí, dos direitos da pessoa humana e não sei mais o quê".

Conhecedor da história, louvava a "unidade militar", mas temia um "esgarçamento das bases", advertindo: "Não sou um fetichista nessa história, mas acho que nós temos que ter cuidado para que isso não vire um bumerangue contra nós" (p. 30).

Estava posta a questão do estado de direito e o MDB lançara a luta contra o AI-5, "objetivo remoto que nós devemos procurar atingir, mas antes de atingir o estado de direito nós temos que nos preocupar em manter a ordem no país". Em sua fala, repleta de termos como renovação, criação, ideias novas de ação, Geisel deu todos os recados que queria, inclusive ao ministro do Exército Sylvio Frota sobre excessos no julgamento de subversivos.

Dias depois, quando se aventou a possibilidade de nova reunião do Alto-Comando, Geisel disparou: "Não vou fazer, todo mês, uma Pastoral do Exército" (extraído do diário de Heitor Ferreira, 13 fev. 1975).

Portanto, já em seu início, o governo Geisel trazia a mensagem, começando seu debate entre dois polos. O porão estimulava mais prisões, torturas, desaparecimentos e suicídios; e a ala branda alimentava a distensão. E dava a partida a uma série de avanços e recuos, permissões e negações, marchas e contramarchas, exercitando em novos moldes a dialética do poder. Em síntese, eis a chave do período, segundo Gaspari:

> Colocando-se na posição de árbitro do gradualismo, estava a um só tempo descomprimindo o processo e cristalizando na sua vontade o arbítrio da ditadura. Queria a distensão, desde que tivesse a prerrogativa de dizer qual, como e quando. Queria menos ditadura tornando-se mais ditador. Abrindo o regime, exercia sobre ele uma pressão maior que aquela usada por Médici para mantê-lo fechado. (p. 35)

A partir dessa tese, Gaspari elabora uma série de ideias sobre o poder, para além de narrativas minuciosas e bem calçadas por documentação de arquivos pessoais, notícias, entrevistas, resultando o conjunto numa tessitura bem amarrada em que ideologias, modelos, tendências e instituições (inclusive partidárias) sustentam a ação dos personagens. Personagens que cobrem todo o espectro jurídico-político, econômico e jornalístico brasileiro, da firmeza do doutor Ulysses e do cardeal dom Paulo Evaristo Arns a Marcos Vianna, da pressão do embaixador norte-americano Crimmins (com o apoio do cônsul presbiteriano Chapin, contra a tortura) à ação decisiva de Faoro no caso do *habeas corpus*, a atuação da imprensa (*Estado, Jornal do Brasil*, Mino Carta, Otávio Frias Filho, Claudio Abramo, Audálio Dantas, Carlos Castelo Branco), de Marco Maciel a Fernando Henrique (o episódio da tentativa de sua cassação é risível). E, naturalmente, personalidades que tiveram destino trágico, como Wladimir Herzog, o professor-jornalista "suicidado" pelo regime.

Para quem acompanha a vida, a história e os projetos de Brasil cultivados pela caserna, o mapeamento de Gaspari é um prato cheio. Localiza desde modernizantes como o brigadeiro Délio Jardim de Mattos até trogloditas como o tenente-coronel Ustra, além de opacas figuras de energúmenos do "porão" que torturaram barbaramente homens dignos, de ideias e ação, como o fizeram com o mineiro Marco Antônio Coelho, uma das figuras mais nobres de sua geração.

Por fim, muito se discutiu a transição para a democracia, quase sempre "pelo alto". Ocorre que o modelo autocrático-burguês, descrito por Florestan Fernandes, era — e continua a ser — movido por pessoas: este livro revela suas faces, máscaras e caras. Com a *Ditadura encurralada*, encontramos, no chão da história, todos os personagens em sua verdadeira grandeza. Encerra um período, e abre uma nova pauta, com perguntas inquietantes. Por exemplo, qual o papel dos empresários, inclusive os que financiaram a repressão, e que não comparecem aqui? E do outro lado do balcão, não valeria examinar melhor a atuação do próprio Faoro, que Gaspari conheceu tão bem? E permanecem dúvidas, como a hipótese de Geisel ter providenciado "limpeza" prévia em certos porões dominados pela ultradireita, antes de assumir.

Finalmente, diga-se que sua escrita excelente permite conversação direta do leitor com os personagens. Não é esta, também, uma das características de um grande estudo de história?

13. Os dois Darcys

> *Ninguém pode se libertar duma só vez das teorias-avós que bebeu.*
>
> Mário de Andrade

Segundo Darcy Ribeiro, *O povo brasileiro* constitui o maior desafio de sua intensa vida. Talvez seja mesmo. Poucos escritores de seu grupo-geração representam como Darcy o que se entende por cultura brasileira, com tudo o que carrega de crítico e empenhado, mas também de ambíguo. De autoproclamado populista. Sua obra desafia o leitor preocupado com a história dos sistemas culturais e ideológicos que ora libertam ora aprisionam a própria ideia de Brasil.

Observador das civilizações, o antropólogo modula a velha questão: como se formou o povo brasileiro? E, de antropólogo, Darcy passa a herói-civilizador: como "ajudar o Brasil a encontrar-se a si mesmo"?

Em suas páginas regressamos ao restrito patamar da alta historiografia e das ciências humanas no Brasil. Num diálogo ansioso com Capistrano, Sergio Buarque (v. o cap. "Aventura e rotina"), Gilberto Freyre, José Honório Rodrigues (penso em *Teoria da história do Brasil* e *Aspirações nacionais*), com Caio Prado, Darcy se esforça para inserir sua obra de antropólogo naquele panteão dos "explicadores do Brasil". Só o tempo dirá, como sempre, se ficará na ala dos críticos da cultura ou na dos ideólogos.

O povo brasileiro fecha um ciclo de reflexões sobre os brasileiros e o que somos, iniciado com *Teoria do Brasil* (1ª edição em 1969), seu livro mais estimulante. Procura se alinhar com *Raízes do Brasil*, de Buarque, com as obras de *formação* do patriarcalismo brasileiro de Freyre e de *formação* do Brasil contemporâneo de Caio. Mas também com as "formações" de seus contemporâneos Candido, Faoro, Furtado e outros... Não por acaso o subtítulo do livro é "Formação e sentido do Brasil". Nessa procura obsessiva dos traços essenciais de "nossa formação", que remonta a Nabuco e Euclides, e trabalhando com as noções de nação, elite, "povo-nação" e "destino nacional", Darcy faz de "nossa etnia" a sua ideologia. "Os brasileiros se integram em uma única etnia nacional, constituindo assim um só povo incorporado em uma nação unificada, num Estado uni-étnico" (p. 22). Ponto.

Não se trata aqui de acompanhar, em perspectiva biobibliográfica, as vicissitudes e as contradições, os altos e baixos de vida intelectual tão intensa e copiosa. O que é teorização *sua* ou de toda uma constelação que, no Brasil, vai de Honório a San Tiago Dantas, e, no resto da América Latina, de Zea ao peruano Carlos Delgado? Poderíamos descobrir que sua generosidade indignada, capistrânica com o sofrido "povo brasileiro" nem sempre foi acompanhada de ação pacienciosa, de longa duração e de enraizamento institucional, *no sentido de formar novos quadros críticos*.

Por que as ações e propostas permanentemente fabricadas pelo antropólogo-taumaturgo não vingaram no solo ingrato de nossa chamada cultura brasileira? Será porque "cada vez que um político nacionalista ou populista se encaminha para a revisão da institucionalidade as classes dominantes apelam para a repressão e a força"? O fato é que a vida de Darcy por vezes avança, por vezes retrocede em relação a sua obra. E não esqueçamos ter sido ele um dos responsáveis pelo histórico Programa de Reformas de Base antes de 64, e ter sido dos poucos que resistiram concretamente aos golpistas civis e militares, até o último minuto.

Num país com tantos problemas de identidade cultural, social e até monetária, de "imagem externa" e interna, uma das chaves do sucesso é trabalhar com o velho tema da identidade nacional. Nesta fase em que Darcy assiste a verdadeira consagração em vida, mercê de suas formulações generosas sobre o povo brasileiro, que é ótimo mas ainda não encontrou — afirma — seu "espaço", uma visita a algumas de suas teses permitirá talvez fixar melhor o sentido de sua obra. E seus conceitos de cultura brasileira e de identidade cultural.

É difícil perceber o quanto Darcy absorveu da variada crítica revisionista nas ciências sociais nos anos 1960/70, desde Stavenhagen e Marini. Somente um estudo mais acurado de seus textos permitirá entender como captou o colapso do populismo nos anos 60 e 70, ou o fortalecimento de *modelos autocrático-burgueses* de exploração em nossos países.

Em seu novo livro, ele retoma, reelabora e eventualmente desradicaliza algumas de suas teses anteriores. Mas permanece a interessante tipologia histórico-cultural que formulara para uma possível classificação das civilizações em geral (povos-testemunhos; novos; transplantados; e emergentes). Faltava um trabalho específico sobre a formação — digamos — sócio-étnico-cultural da população brasileira, que aparece agora.

Dividido em quatro partes ("O Novo Mundo", "Gestação étnica", "Processo sociocultural", "Os Brasis na história"), o livro indica o processo de encontro étnico que, na colônia, "deu nascimento aos núcleos originais que, multiplicados, vieram a formar o povo brasileiro". A discussão sobre o processo civilizatório a partir da análise das *matrizes* étnicas desemboca numa curiosa tipologia étnico-cultural da população, digamos, "brasileira", na parte da "Gestação étnica". Nas outras partes, acompanha processos de diversificação populacional que marcaram as regiões, "os nossos modos regionais de ser". E finalmente localiza os vários Brasis (crioulo, caboclo, caipira etc.), em visão despojada e polêmica, mas com crítica aos regimes fundiários e de trabalho.

Que quer o Darcy teórico? Quer demonstrar que nenhum povo vive sem uma teoria de si próprio. Para além de Freyre e Buarque, que critica, e de Florestan, que incorpora, o impaciente Darcy não procura elaborar propriamente uma *história*. Em segundo lugar, quer reforçar a tese — nacionalista retroativa — de que desde cedo já se formara aqui uma "protocélula étnica neobrasileira, diferenciada tanto da portuguesa quanto da indígena". É a precocidade dessa matriz étnica embrionária e sua sobrevivência por quato séculos, essa *unidade* essencial, que o atrai. Dessa unidade é que parte para analisar as variantes principais do que denomina "cultura brasileira tradicional": a cultura rústica, camponesa, cabocla etc. No processo de fusão de matrizes tão diferenciadas é que se define "nossa neorromanidade", como nova Roma tardia e tropical...

Darcy quer ainda que, unificados, nos unifiquemos uma vez mais com os latino-americanos. Contra quem? Contra a América anglo-saxônica, para fundarmos, tal como ocorre na comunidade europeia, a nação latino-americana sonhada por Bolívar. Aqui, com a "etnia brasileira" se fortalecendo, aglomerados de gentes despojadas de identidade, desindianizadas, desafricanizadas "se veem condenados a inventar uma *etnicidade* englobadora de todos eles". Plasma-se a nova etnia e se promove sua integração na forma de um Estado-nação.

Faltou a Darcy mostrar que já neste século o Estado oligárquico necessitou *fabricar ideologias culturais* que trouxeram o "povo" e a "cultura brasileira" para seu controle. E encontrou agentes do Estado dispostos a fazê-lo.

Curiosa dualidade, a sua. Um Darcy gilbertiano observa que não houve nesse processo de identificação a formação de grupos separatistas ou tendência a guetos e quistos, o que favorece a "integração". Mas avulta por outro lado o Darcy, por assim dizer "marxista", notando que antagonismos e desgarramentos de grupos opostos são provocados pela *estratificação de classes*. Ao longo da história, diz este, uma estratificação classista de "nítido colorido racial e do tipo mais cruamente desigualitário que se possa conceber". Correto. Deixando de lado a existência de poderoso *sistema ideológico-cultural*, que parece não ver, caracterizado por pesada blindagem que elimina a dissidência desde a formação do Estado nacional, o outro Darcy mostra, iracundo, que nossa democracia racial é falsa, que nossas elites raramente perceberam os abismos que separam os estratos sociais. E aqui se impõe este outro Darcy: "o mais grave é que esse abismo não conduz a conflitos tendentes a transpô-lo, porque se cristalizam num *modus vivendi* que aparta os ricos dos pobres como se fossem castas e guetos".

Finalmente, seu conceito de cultura brasileira. Creio que apareceu melhor elaborado em *Teoria do Brasil* (1978), época em que estava voltado para a questão das relações das vanguardas com o povo, com a revolução necessária. E, no plano da crítica cultural, com a consciência culposa e reacionária, como a de Gilberto Freyre (o exemplo é seu). Agora, Darcy faz um balanço e vê que seu querido "povo brasileiro" não conseguiu ainda reverter a história, contra a violência da classe dominante. Apesar de tanta luta, teria faltado aos movimentos sociais "espaço" para promover a reversão.

> Faltou sempre, e falta ainda, clamorosamente, uma clara compreensão da história vivida, como necessária nas condições em que ocorreu, e um claro projeto alternativo de ordenação social, lucidamente formulado, que seja apoiado e adotado como seu pelas grandes maiorias.

Projeto, propõe Darcy, a ser tocado por um político nacionalista e populista, formulado por alguém lúcido e adotado como seu pelas massas. Mas não é esse o movimento inverso ao da história contemporânea, em que as bases elaboram seus projetos e definem — elas definem — suas lideranças e representantes?

14. Presença de Florestan no iea*

"Eu pergunto: Instituto de Estudos Avançados? Avançados em quê?" Desse modo irônico e desafiador, o professor Florestan Fernandes abriu a conferência do mês que marcava a abertura, em nosso instituto, de uma reflexão sobre o modelo autocrático-burguês no Brasil. Esse era também um momento muito especial na vida do sociólogo-historiador: pela vez primeira, pisava ele num tardio 1987 a sala do Conselho Universitário da usp, o colegiado principal de *sua* universidade. Após anos de ditadura e de mediocridades instaladas nos colegiados da instituição, finalmente o Conselho Universitário — ou, ao menos, o auditório de reuniões — recebia a figura maior das ciências humanas produzida por esta instituição. Mas a pergunta florestânica permaneceria no ar, valendo também para toda a universidade: para que serve um Instituto de Estudos Avançados?...

* Palestra feita pelo autor no Ato *Presença de Florestan Fernandes*, organizado pelo Instituto de Estudos Avançados na Sala do Conselho Universitário da usp em 5 de outubro de 1995.

Respondemos ao mestre: para criar, entre outras coisas, oportunidades e situações como aquela e receber o melhor de nossas inteligências. Permanece entretanto a pergunta: para que servem a universidade, os departamentos, os museus, os institutos? Serão todos avançados?

Naquela oportunidade, Florestan, já adoentado, proferiu uma longa aula, em pé, sobre a ambígua e complexa transição histórica para a democracia no Brasil, uma das mais longas da história contemporânea. Sintetizou, atualizando, as teses que estão em seus livros clássicos *A revolução burguesa no Brasil* e *Poder e contrapoder na América Latina*, além de ideias e hipóteses espalhadas em quase cinquenta outras obras de sua autoria. Uma rotação de perspectivas, num exercício transdisciplinar. A sala do conselho poucas vezes terá sido palco de uma reflexão tão original sobre nossa complexa história.

As ligações de Florestan com o IEA foram muito fortes. E sempre desafiadoras. Na primeira vez que esteve em nossa sede, ao abrir a porta principal, deparou-se com as três fotografias que adornam o *hall* de entrada: no alto, a de Caio Prado Júnior; mais abaixo, a de Mário de Andrade e, ao lado, menor, a de Sigmund Freud. Florestan não teve dúvida: "Eis aí: Caio, com seu desejo de ser popular; Mário, com sua aspiração a aristocrata. E Freud, para analisar os dois"...

O sociólogo respondia assim ao desafio que lhe fizéramos, anos passados, ao dizer-lhe que uma de suas poucas falhas era não ter muito senso de humor. Em verdade, tinha-o violento e incontido, e nem sempre o graduava com maestria. Com a maturidade, porém, o tom cáustico deu lugar a uma fina, suave sabedoria. Já perto do fim, Florestan era a imagem perfeita de um completo e sábio gentil-homem. No hospital, em junho de 1995, mantinha-se aprumado em seu belo *robe de chambre*, cuidando, dentro das limitadas possibilidades de suas condições físicas e de um Hospital das Clínicas de uma USP gravemente abandonada, os cabelos e a face em boa apresentação. Cavalheiro, não esquecera de uma escapadela para comprar o presente de aniversário para seu amigo de sempre, Antonio Candido.

Deputado federal, soube utilizar-se do trabalho que nosso instituto produzia, reunindo material sobre a escola pública, organizado e discutido sob a regência suave mas firme do professor Alfredo Bosi. Com efeito, um grupo brilhante e variado de educadores, que incluía seu ex-assistente, sociólogo e pedagogo, Celso Beisigel, fornecia material para vários parlamentares do Congresso Constituinte e mais autoridades, numa atitude que eu chamaria de *ilustrada*. Florestan soube captar aquele material e transformá-lo, com Bosi e colegas, em letra de lei. Alguns itens de nossa Constituição de 1988, dos mais avançados, têm sua origem ou quando menos estímulo nas reuniões do IEA com Florestan. Ele foi o *nosso* deputado por excelência, entre tantos outros excelentes, vigorosamente ligado à defesa da escola pública.

Vale também registrar que acedeu em publicar nesta revista *Estudos Avançados* seu discurso de recepção do título *Honoris Causa* concedido pela Universidade de Coimbra, em 1990, quando completava ela 700 anos. Constitui, seu discurso, peça forte e definitiva na história do pensamento socialista no Brasil. Ou melhor, no mundo afro-luso-brasileiro, como assim foi conceituado naquela oportunidade, em Coimbra, quando estudiosos de vários quadrantes se reuniram no Primeiro Congresso do Mundo Luso-Afro-Brasileiro de Ciências Sociais, tendo sido escolhido precisamente o sociólogo brasileiro para a homenagem tão cheia de símbolos (atas em *Revista Crítica de Ciências Sociais*, Coimbra, nº 32, jun. 1991).

Para saudá-lo, Coimbra escolheu o professor Boaventura de Sousa Santos, um dos organizadores do encontro, ex-pesquisador visitante do IEA, preocupado com as novas formas de saber e imaginar o social, onde produziu seu importante livro *Introdução a uma ciência pós-moderna* (Graal).

* * *

Por que Florestan é tão importante para nós? Para um grupo-geração que despontava na viragem dos anos 1950 para os 60, a presença de Florestan Fernandes foi decisiva. Muitos ainda estávamos no colégio, geralmente em colégios do estado. Havia também algumas boas escolas particulares, mas *nós éramos* do colégio do estado... Nossos professores de filosofia, de história, de ciências naturais nos falavam de uma instituição nova e então muito combativa e avançada: a Faculdade de Filosofia. Nela, vários estudiosos com garra, divergentes e anticonvencionais aborreciam o *establishment*, a cultura *estabelecida* e as verdades acabadas. A simples expressão *Faculdade de Filosofia* nos encantava, a nós que já líamos as obras de Caio Prado, as críticas de Antonio Candido, Sábato Magaldi, Lívio Xavier, textos de Jorge Andrade e muitos outros no Suplemento Literário do *Estadão*, coordenado pelo professor Décio de Almeida Prado, também ele um professor de escola pública. Líamos também Sartre e Simone de Beauvoir, Camus, Merleau Ponty, Arthur Miller, Tennessee Williams e os apreciávamos, mais talvez que autores comunistas e socialistas. Se possível com pitadas generosas de autores existencialistas que Sérgio Milliet traduzia para a Difusão Europeia do Livro, capitaneada por um editor francês de esquerda, o discreto Jean-Paul Monteil, cidadão paulistano e dono da Livraria Francesa da rua Barão de Itapetininga... O mesmo que convidou Florestan para inaugurar a mais importante coleção de obras renovadoras sobre o Brasil de então, a Corpo e Alma do Brasil. O primeiro título era *Mudanças sociais no Brasil*, do próprio Florestan, seguido das obras de Octavio Ianni, Fernando Henrique Cardoso, entre muitas mais: um sopro renovador nas searas em que se cultivava o marxismo, a história, a sociologia... Definia-se a chamada Escola Histórico-sociológica de São Paulo. Rigor, temas fundamentais da história do Brasil, métodos e técnicas modernas de pesquisa postas em prática, leitura mais cuidadosa dos clássicos e sobretudo de Marx, Weber e Mannheim, atitude interdisciplinar, tudo isso marcava o novo horizonte intelectual que se desenhava então. E que viera para ficar. Uma nova *postura*, enfim.

Era esse o *espírito da Faculdade de Filosofia* em várias de suas disciplinas e não só exclusivo das ciências sociais e humanas. Talvez seja esse *espírito* que Florestan representa em sua versão mais radical, mais combativa, sobretudo no que diz respeito ao papel dos intelectuais na transição para a democracia. Se foi ele plástico e bastante eclético em suas opções teóricas para elaborar um marxismo inovador, por assim dizer, brasileiro, sempre foi intransigente em suas firmes determinações políticas. Sobretudo no tocante à escola, ao ensino, à pesquisa e aos serviços públicos. Sentimento trágico e quase premonitório num país como o nosso, numa universidade como a nossa: foi por imperícia e falta de zelo que viria a falecer, em hospital da USP, como se constatou.

* * *

Para os pesquisadores da *geração intermediária* que ajudaram a criar este instituto, a presença de Florestan tornou-se marcante também por ter posto sempre em discussão o papel do novo intelectual socialista, que deve ser a um só tempo rigoroso, eclético e combativo. Com isso, distanciava-se de um certo tipo histórico de militante comunista algo esquemático e simplista, que via a história de maneira reduzida, em *etapas* a serem cumpridas necessariamente. Suas pesquisas nos liberavam para um outro olhar sobre a história e as ciências humanas. E tanto mais quanto conhecia e dominava, além dos clássicos da sociologia e da antropologia, os clássicos do pensamento marxista. Sua coletânea sobre o pensamento de Marx publicada na coleção Grandes Cientistas Sociais é uma referência fundamental neste fim de século, em que a intelectualidade periférica distraída com o pós-modernismo parece ter enterrado antigas utopias. Mas Florestan também dominava os clássicos da historiografia contemporânea, de Huizinga a Febvre, de Labrousse a Braudel, preferindo entretanto os clássicos de Soboul (que o visitara em São Paulo quando de sua cassação); de Dobb e Hill a Hobsbawm (que o considerava um dos maiores cientistas sociais de nosso tempo) e Wallerstein. E cultivava interlocutores em vários quadrantes: Aníbal Quijano no Peru, Stanley e Barbara Stein em Princeton (acolheram-no em sua casa em 1976), Richard Morse em Washington, Magalhães Godinho, Cunhal e Boaventura em Portugal... No Brasil, destaco sua interlocução permanente com Candido, e a referência intensa a obras de Caio e Faoro (o autor de *Os donos do poder*, cujo título adotou como expressão recorrente). Mas, também, além de seu catedrático Fernando de Azevedo, de Wagley, de Willems e de seu querido Roger Bastide, citava Sérgio Milliet, Paulo Duarte e sobretudo Herbert Baldus, gente de uma época em que política cultural era coisa séria. Hoje, passado o tempo, creio que foi o francês abrasileirado Bastide quem lhe abriu, com Candido, as comportas da vida intelectual universitária concreta no campo da pesquisa.

Florestan deixa algo que é fundamental: a lembrança de que a discussão sobre a *requalificação do trabalho científico e intelectual* deve ser sempre e sempre reproposta, *senza fine*. Sem o que não há avanço. Tema decisivo, num momento em que a universidade brasileira — que vai muito mal — deve ser repensada de alto a baixo, reavaliada e atualizada. Muitas congregações e departamentos deveriam ser rachados ao meio ou até eliminados, camo por vezes acontece em universidades de países mais adiantados. Perguntávamo-nos ultimamente: será que o *departamento* é de fato a unidade básica e intocável da organização universitária brasileira? Será verdade, como dizia Anísio Teixeira — outra grande referência na vida de Florestan —, que a universidade no Brasil não passa de um aglomerado de congregações que só se reúnem para discutir o orçamento? Essas dúvidas provinham de um cientista social que, diversamente de outros cientistas sociais narcísicos, era exímio crítico de si próprio e das instituições das quais participava, fosse a cadeira de Sociologia, da qual se tornaria catedrático em 1964, fosse a sua querida Faculdade de Filosofia ou seu Partido dos Trabalhadores. Também com amigos fazia a *autocrítica deles*...

Florestan tornava-se assim algo incômodo e *áspero* para alguns, sobretudo para os inseguros ou oportunistas. Mas respeitava adversários, fossem universitários ou não. Numa conversa sobre a vida parlamentar no Brasil em 1994, lastimava a falta de atenção que a Câmara dispensava ao deputado Roberto Campos, "nosso inimigo", com seus discursos bem preparados, eruditos e agudos. Embora discordasse radicalmente, Florestan comentava a falta de percepção, e mesmo decoro, de muitos companheiros parlamentares. Imagino que o mesmo deve ter ocorrido com ele não poucas vezes, em sua atuação como deputado, quando teve papel decisivo nas questões ligadas a ciência, tecnologia, educação e saúde, para mencionarmos campos específicos.

Muito já se escreveu sobre o Florestan professor e sobre o pesquisador, mas ainda falta uma boa tese, certamente alentada, sobre o Florestan político, o grande admirador de Lula, o intelectual tão respeitado por seus companheiros do PT e também de outras agremiações, como Roberto Freire, por seus colegas combatentes por uma universidade crítica no Brasil, por ter reabilitado o papel do intelectual em nossa vida cultural e política. E mesmo o Florestan político admirado por políticos como o velho Ulysses Guimarães ou o seu amigo e ex-aluno da antiga Faculdade de Filosofia, o ex-senador Severo Gomes. Severo que muito atuou neste IEA e compartilhou com Florestan, aqui e no parlamento, algumas teses — não todas — sobre o futuro da nação.

O senso da história na obra e na ação de Florestan vinha de baixo. Jamais esquecerei o encontro simples mas solene de Florestan com Soboul, o grande historiador da Revolução Francesa autor do *Les sans-culottes parisiens à l'an II*. Numa visita ritual em 1970 ao cassado, Soboul, o professor da Sorbonne, também de origem modesta e filho da escola pública, discípulo do socialista Georges Lefebvre e de Mathiez, impressionara-se com a solidez do conhecimento historiográfico do sociólogo paulistano. Sobretudo com sua erudição no tocante aos jacobinos, *montagnards* e *sans-culottes* da Revolução Francesa. Ou da segunda Revolução, a de 1793, a verdadeira, segundo eles (e nós). Tal erudição não era para mim novidade, pois presenciara a arguição de exame de qualificação por que passara meu professor e amigo Fernando A. Novais, que escolheu precisamente o rigoroso professor Florestan como arguidor de disciplina complementar para seu doutorado. Um dos debates mais avançados e duros que presenciei, em que o patamar mínimo de discussão eram as obras de Marx, Weber, Pirenne, Maurice Dobb e Eli Heckscher. Nascia o livro clássico de Fernando, *Portugal e Brasil na crise do antigo sistema colonial (1777-1808)*...

Tal senso de história e da importância dos estudos históricos é que levou seus assistentes Cardoso, Ianni, o saudoso Luiz Pereira, Maria Sylvia, Beisigel e tantos outros a procurar temas fundamentais de nosso passado. Creio que eles participaram de um novo *redescobrimento* do Brasil, da mesma importância que fora o da geração de Freyre, Buarque, Caio e, nos anos 1950, de Candido, Faoro, Furtado. A preocupação com as historicidades e com a especificidade de nossa formação econômico-social atravessa todos eles, que produziram estudos e ensaios notáveis. O senso histórico de Florestan levou-o a estudar e a compreender não apenas a história dos negros no Brasil e a demolir o mito freyriano da democracia racial, mas a desvendar os mecanismos de montagem da sociedade de classes aqui e, depois, na América Latina. A história dos excluídos não foi para ele apenas um clichê de combate, mas o resultado de sofisticada pesquisa. Procurando compreender os negros e sua exclusão, descobriu — literalmente — a sociedade de classes. E outros tipos de formações societárias, de cunho *estamental* e de *castas*, tão essenciais para o estudo de sociedades como as nossas, de asfixiante passado colonial e escravista. Eu diria que sua obra desvenda os mecanismos mais complexos, duradouros, que hoje a chamada história das mentalidades procura estudar. E como não dizer que as discussões sobre as *ideias fora do lugar*, na proposta brilhante de Roberto Schwarz, não têm sua origem no livrinho fundamental de Florestan, *Subdesenvolvimento e sociedade de classes*?

Não se trata nesta breve memória de estudo histórico-bibliográfico, mas impõe-se constatar que os estudos históricos ganharam nova dimensão com várias obras de Florestan, desde seu estudo sobre *A função social da guerra entre os tupinambá* até *integração do negro na sociedade de classes* e *Circuito fechado*. Em *Poder e contrapoder na América Latina* Florestan nos advertia para o perigo de uma contrarrevolução mundial, indicando em 1981 que uma nova direita, mais sofisticada, se articulava em escala internacional, direita que nada tinha a ver, na aparência, com os antigos fascismos. Propondo uma rotação de perspectivas, ele estimulava as esquerdas a se repensarem naquele momento de reorganização mundial. Da atualidade daquela advertência torna-se inútil dizer. Mais diretamente sobre nosso país neste fim de século, as conclusões de *A revolução burguesa no Brasil* permanecem iluminando a história presente do Brasil e nos colocando em situação de desafio, o que era bem típico de seu autor. Situação desafiadora tanto mais difícil quando alguns de seus ex-alunos estão no poder, prestando justa homenagem à memória do mestre, embora correndo o risco de se enredarem na metodologia da conciliação política e cultural, velha de mais de um século em nosso país.

Que sua memória seja uma presença e uma companhia. Por certo vamos necessitar dela na longa travessia que nos aguarda, pois o que estamos assistindo é a emergência de uma *nova sociedade civil*, com novos parâmetros socioculturais e ideológicos. A transição, diversamente do que pensa Alain Touraine, mal começou. Afinal, como dizia o professor Florestan, "naturalmente, existe um antes e um depois. O que se impõe agora examinar com profundidade possível, é o *durante*" (*A revolução burguesa no Brasil*, 1974).*

---

* Hoje, é de se perguntar se o professor Florestan Fernandes continuaria filiado ao PT, caso estivesse vivo, dados os diversos escândalos a que a nação assistiu. A saida do partido de vários militantes e intelectuais de esquerda extremamente respeitados permite seja levantada tal dúvida.

15. Saindo das brumas: *o mundo que o português criou* ruiu

> Com efeito, Portugal parece destinado a esgotar os absurdos, como um justo castigo das suas depredações, violências e injustiças seculares (...) e não foi o Brasil das vítimas o que menos sofreu (...) Aprendamos a ser outros, rompamos.
>
> Sampaio Bruno. *O Brasil mental*. Porto, 1898.

Esboçando o problema

Nas celebrações dos 500 anos do descobrimento oficial das terras em que se implantaria a colonização portuguesa na América, revisitaram-se estudos que se tornaram clássicos sobre o *sentido* de nossas respectivas histórias. Também se forçaram algumas interpretações que insistem numa unidade "luso-afro-brasileira", no calor das celebrações do centenário de nascimento do autor de *Casa-grande* & *senzala*. Vale a pena, entretanto, colocar em relevo duas das principais teorias sobre o legado da colonização portuguesa no Brasil: a do sempre referido Gilberto Freyre, revista, e a de Florestan Fernandes, tão pouco referida.

Não é a temática dos descobrimentos que nos ocupa. Não se vai discutir a anterioridade dos achamentos do navegador Duarte Pacheco Pereira, examinados com percuciência pelo saudoso mestre Joaquim Barradas de Carvalho, grande conhecedor da historiografia brasileira do renascimento português, historiador das mentalidades algo esquecido nas comemorações do v Centenário...

O lugar de Portugal na *modemidade* é conhecido. Talvez essa discussão até valesse a pena, pois Barradas, como Jaime Cortesão, Vitorino Magalhães Godinho, Oliveira Lima, Charles R. Boxer, I. Wallerstein e poucos outros tentaram compreender as duas tradições, no que têm em comum e — não menos importante — de diverso. E tornar mais nítido o caminho historiográfico das imagens recíprocas, em seus encontros e desencontros, sobretudo após o traumático (principalmente para Portugal) e longo *processo* de *descolonização* vivido no período crucial que abrange desde as inconfidências e conjurações do fim do século XVIII no Brasil até meados do século XIX (e aqui se tornam necessárias menções aos professores Luís Henrique Dias Tavares, que revelou em estudo inaugural o movimento revolucionário na Bahia em 1798, e João José Reis, que vem estudando as insurreições de escravos no século XIX, um legado do sistema colonial).

Tal processo de descolonização — e nele se localiza o tema da "modernização" e da "vanguarda" — aprofundou-se na grande insurreição nordestina de 1817, nas participações da vanguarda daquele tempo (penso no baiano Cipriano Barata nas Cortes em Lisboa), de José Bonifácio na Constituinte de 1823 (da qual saiu direto para o exílio), até a emancipação intelectual representada pelas visões de mundo de Machado de Assis e Eça de Queirós. Dois escritores, não por acaso contemporâneos, em vários sentidos, que representam a consciência-limite dessa história. Dois escritores que estiveram à frente de seu tempo, portanto na vanguarda, embora na periferia do capitalismo. Esse o quadro maior em que deveríamos situar nossas reflexões.

Persiste, porém, a questão essencial: de *que vanguardas estamos falando*, lá e cá, e também na África? Quando falo de vanguardas, em nosso mundo, penso na figura maior do africano Amílcar Cabral, cujo conceito de *cultura* torna-se fundamental, nesses anos de celebrações gilbertofreyrianas. Perguntava ele, pouco antes de ser assassinado: "Cultura, fator de libertação? Não, libertação, fator de cultura". Nessa inversão de termos, está a rotação de perspectiva que talvez devêssemos adotar para examinarmos possíveis novos olhares sobre nossa história comum.

O problema das relações Portugal-Brasil permanece irresolvido. Esta é uma dúvida levantada pelo historiador português Vitorino Magalhães Godinho, numa conferência inquietante realizada em 1987:

> E será hoje a grande pergunta a fazer: se ainda agora é possível, nesta desagregação em que persistem estruturas e mentalidades arcaizantes, ao mesmo tempo que penetram em enxurrada a "modernização" e os interesses transnacionais, se ainda é possível construir uma memória para Portugal e para os portugueses? *Essa memória, para mim, tem que se situar na Europa, no meio de desencontrados valores.* Tem de assentar no humanismo universalizante, a não confundir com a inconsistência que muitas vezes leva o português a acomodar-se a outras civilizações.[109]

Nessa visão, o destino de Portugal, "país semiperiférico" (para usarmos o conceito na acepção conferida por Boaventura de Sousa Santos), deveria se reorientar em direção ao capitalismo central, na velha Europa. O mundo atlântico — América do Sul e África

---

109. GODINHO, Vitorino Magalhães. "O naufrágio da memória nacional e a nação no horizonte do marketing". In: BETHENCOURT, F. & CURTO, D. R. (orgs.). *A memória da nação.* Lisboa: Sá da Costa, 1991, p. 27 (grifo meu). Colóquio na Fundação Calouste Gulbenkian.

— não mais constituiria o suporte tradicional para a inserção dos portugueses na contemporaneidade. Mas aí reside um outro problema, qual seja, o da forma pela qual os portugueses digerem sua história, ponto detectado com argúcia por Eduardo Lourenço, um dos melhores ensaístas europeus de nossa (des)atualidade:

> Nas relações consigo mesmos os portugueses exemplificam um comportamento que só parece ter analogia com o do *povo judaico*. Tudo se passa como se Portugal fosse para os portugueses como a Jerusalém para o povo judaico. Com uma diferença: Portugal não espera o Messias, o Messias é o seu próprio *passado*, convertido na mais consistente e obsessiva referência do seu presente, podendo substituir-se-lhe nos momentos de maior dúvida sobre si ou constituindo até o horizonte mítico do seu futuro.[110]

Essa é uma diferença significativa entre as duas histórias de nossos países, e portanto entre as duas maneiras de pensar de suas *vanguardas*. Será possível uma comparação?

No Brasil, já nos anos 1960, Roberto Schwarz perguntava: "O vanguardista está na ponta de qual corrida?". O modo pelo qual o Brasil constrói sua história tem muito de antropofágico e mesmo autofágico, seja em sua "integração" no continente americano, seja em sua relação com o mundo em geral. Em contrapartida, a Portugal, pesa-lhe um brilhante passado, mitificado, atrás de si. No Brasil, o Messias dissolve-se num futuro e a redenção ("amanhã há de ser outro dia", como no samba de Chico Buarque) em utopias vagamente situadas num horizonte mirífico, evanescente. (Note-se que os desenhos e debuxos de Niemeyer não têm a linha do horizonte...).

110. LOURENÇO, Eduardo. "Identidade e memória: o caso português". In: *Nós e a Europa, ou as duas razões*. 3ª ed. Lisboa: Imprensa Nacional/Casa da Moeda, s.d., p. 32.

Mas, se a questão é a das vanguardas e/ou das ancestralidades culturais, sobretudo no campo das fronteiras (e, em sentido amplo, também o das fronteiras mentais), o tema já foi pontuado por Antônio Carlos Jobim: "Desculpem-me, mas, como diz o Carlos Drummond de Andrade, devido ao adiantado da hora, eu me sinto anterior às minhas fronteiras".

No caso do Brasil, um outro "descobrimento" está lentamente se produzindo. Em Salvador, veja-se o livro de Antonio Risério, *Avant-garde na Bahia*, sobre o grupo-geração de Glauber, Caetano Veloso, Gilberto Gil, Emanoel Araújo e tantos outros produtores culturais, filhos da universidade da gestão do reitor Edgard Santos, que polarizou em Salvador uma vanguarda que incluía gente como Agostinho da Silva e Lina Bo Bardi. Em Pernambuco, o mundo de Jomard Muniz de Brito ou de Brennand sugere que há muito a se discutir. Também as análises mais recentes sobre o vanguardismo e a internacionalidade de Villa-Lobos, e sua participação no Estado Novo, jogam uma nova luz sobre a própria ideia de Brasil no século xx (Villa-Lobos não tem um correspondente português ou africano).

Saindo das brumas: por que Gilberto e Florestan?

Daí a importância de chamarmos a atenção, no limiar do novo século, ao papel dos dois sociólogos-historiadores brasileiros que, em língua portuguesa, representaram duas vertentes distintas de pensamentos originais sobre os destinos do mundo luso-brasileiro, as quais não vêm sendo devidamente avaliadas em seus significados profundos.

Com efeito, Gilberto Freyre e Florestan Fernandes são duas figuras muito conhecidas no mundo acadêmico internacional, porém de fato pouco lidos em profundidade e raramente debatidos com rigor em nossas universidades, escolas, congressos e imprensas. Ambos pensaram e estudaram a temática das raízes culturais do Brasil contemporâneo; ambos colocaram o negro de origem africana no cerne de suas preocupações; ambos tiveram uma atitude empática para com a África e as vicissitudes da história de seus filhos transplantados para a América. Dois legítimos representantes do *pensamento* de *vanguarda* no Brasil, que refletiram sobre o mundo afro-luso-brasileiro. (Em verdade, mundo que se desconhece cada vez mais: sem internet, fax, DDD e ensino a distância, as gerações de Joaquim de Carvalho, Antônio Sérgio, Fidelino de Figueiredo, e de Gilberto, Sergio Buarque e Cruz Costa eram mais próximas, interdisciplinares e instruídas.)

Após três séculos de colonialismo do tipo "ancien régime" e quase um século sob o chicote dos Bragança (d. João VI, Pedro I e Pedro II, este exilado em 1889, pela República), muitas das estruturas administrativas, políticas e culturais da ordem colonial remanesceram na vida social da nação brasileira independente. Sabemos, os quadros mentais são prisões de longa duração, dizia Fernand Braudel, ex-professor de História Moderna e Contemporânea em nossa Faculdade de Filosofia da USP. Com efeito, a Primeira República (1889-1930) consagrou o *herói da raça branca* como o tipo ideal defendido no Instituto Histórico e Geográfico Brasileiro no século XIX, fazendo com que, como num passe de mágica, nos desfizéssemos de quatro séculos de escravismo. A despeito das denúncias do negro Lima Barreto e do mulato Euclides da Cunha na virada do século passado, da brutalidade e rusticidade de Canudos, dos cortiços e dos inúmeros movimentos sociais dos condenados da terra, foi essa visão do paraíso branco que prevaleceu em nossa estranha *belle époque*. No Brasil, as vanguardas, inclusive as da Semana de 22, eram brancas, com exceção do negro Mário de Andrade, que no fim da vida lamentou: "meu aristocracismo me puniu". "Não sou companheiro de meu passado."

As crises do modelo agroexportador e europeizante da Primeira República trouxeram à tona conflitos sociais e políticos ancestrais, exacerbados com a crise internacional de 1929 e a Revolução de 1930. É no bojo dessa crise que surge a reação modernizadora-conservadora representada por Gilberto Freyre, um moderado dissidente da oligarquia pernambucana que, incorporando elementos de um certo passado, construirá um novo conceito de "cultura", aberto, dinâmico, amortecedor de tensões e suavizador de conflitos, numa imaginosa "transição" para uma ordem burguesa. Captado até mesmo por algumas lideranças militares que dirão, no início dos anos 1980, já na "abertura": "Quem fez nossa cabeça foi Gilberto Freyre" (cf. afirmação do general Dilermando Monteiro, em depoimento a Dina Sfat na tevê nos anos 1980).

Transição entre aspas, pois não se alcançou em nossa história uma ordem democrático-burguesa plena. O que se prolongou e consolidou, nessa passagem, foi o *modelo autocrático-burguês*, como detectou Florestan Fernandes na segunda metade do século XX, modelo que, a despeito das lutas e aparências político-sociais e institucionais, ainda permanece vigente. Tal modelo constitui-se historicamente na *longue durée*, caracterizando-se por uma estrutura rígida que, remontando ao antigo sistema colonial, incorporou elementos político-jurídicos do período imperial que o ajustaram ao sistema mundial de dependência (sob a égide inglesa), aperfeiçoando-se, já no período republicano, com a implantação do capitalismo monopolista e associado. Daí a expressão pitoresca — "modernização conservadora" — usada por alguns cientistas políticos para caracterizar a história do Brasil no século XX. De nossa parte, preferimos denominar esse processo de "A grande transação".[111]

Nossa condição semiperiférica provocou a crítica percuciente do escritor e estudioso baiano Eduardo Portela:

> Aqui o imitado nunca foi delimitado. Procurou-se resolver essas questões pendentes, esse contencioso persistente, no âmbito global ou no facilitário da modernidade. No limiar do III milênio, ainda nos encontramos às voltas com o legado moderno, sem saber ao certo o que ele possa ter de lição e de mal-entendido.[112]

As análises de Gilberto e Florestan se completam, mas se contrapõem. Para Freyre, formou-se aqui uma "cultura brasileira", com identidade própria, incorporando a "herança" luso-afro-brasileira; já Florestan, após analisar os modelos adotados pelas burguesias nacionais e/ou associadas ao longo dessa história, constata a impossibilidade de construção da nação sem ruptura profunda com os sistemas de dominação do passado:

> Enquanto não rompermos definitivamente com as cadeias invisíveis do passado, não conquistaremos o mínimo de autonomia. Nosso padrão de vida cultural foi moldado numa sociedade senhorial-escravista. Passamos a nos ver à luz de uma concepção estamental do mundo.[113]

---

111. Ver MOTA, Carlos Guilherme (org.). *Viagem incompleta: a experiência brasileira (1500-2000)*. 2 vol. São Paulo: Senac SP, 2000.

112. PORTELA, Eduardo. "Literatura e realidade nacional". *Tempo Brasileiro*, Rio de Janeiro, nº 121, p. 168, dez. 1995.

113. Cf. conferência no Instituto de Estudos Avançados da USP, setembro de 1986.

Nessa perspectiva, há que qualificar a temática de hoje: nos dois lados do Atlântico, vanguarda e modernização, menos que conceitos, são noções que podem dizer muito, ou nada. Vejamos o lado de cá, o brasileiro.

Vanguarda de qual "cultura brasileira"?

O ponto central desta reflexão torna-se, pois, nessa perspectiva, a discussão da própria noção de cultura brasileira. Trata-se de expressão que se estabilizou nos discursos históricos, políticos, antropológicos, diplomáticos e outros. Mas surge a pergunta: nesta virada de milênio e de século, como sustentar tal noção do ponto de vista teórico-epistemológico?

O problema se torna mais dramático quando tentamos visualizar um mundo orgânico luso-afro-brasileiro, com uma certa unidade interna etc., tal como propunha Freyre, cujas ideias serviram até mesmo como fundamento para o ultracolonialismo salazarista.

A principal teoria sobre a cultura brasileira foi formulada em 1933 por Gilberto Freyre, filho dos estamentos senhoriais nordestinos e autor dos clássicos *Casa-grande & senzala*, *Sobrados e mocambos* e *Nordeste*, seus três livros mais importantes, e, aliás, notáveis em sua feitura. Tal noção, entretanto, pode ser redimensionada a partir da crítica realizada pelo sociólogo e historiador paulistano Florestan Fernandes, autor de *A revolução burguesa no Brasil* (1975), *A integração do negro na sociedade de classes* (1964) e de *Sociologia numa era de revolução social* (1962). Com efeito, Freyre e Florestan podem ser considerados os dois mais importantes sociólogos do século XX não apenas no Brasil, mas no mundo afro-luso-brasileiro e também, em larga medida, no mundo latino-americano, possuindo em comum o fato de terem sido homens de vanguarda em seus tempos: um, liberal; outro, socialista. Internacionalistas, tornaram-se ideólogos e participantes ativos da vida política brasileira: Freyre, após a Segunda Guerra Mundial, como deputado pela União Democrática Nacional, a UDN; Florestan, deputado pelo Partido dos Trabalhadores, o PT, após o fim da ditadura de 1964-1984. Outra característica em comum: seus estudos e ensaios foram marcados por forte vocação interdisciplinar, com ênfase nos estudos históricos. (Quanto a Florestan, o historiador Eric J. Hobsbawm dizia-me em 1978, numa cantina italiana em Londres, ser ele um dos cinco ou seis maiores cientistas sociais de nosso tempo.)

Gilberto sustentava uma certa harmonia e especificidade no "mundo que o português criou", mercê da miscigenação e de supostas características democratizantes da colonização portuguesa nos trópicos; já Florestan enfatizava a permanência de formas autoritárias e de exclusão ao longo de nossa história comum, até hoje ainda não liberta das estruturas remanescentes do *Ancien Régime* e do sistema social estamental-escravista. Freyre, uma espécie de conde de Lampedusa à brasileira, expressou melhor do que ninguém — e não por acaso no Recife, a maior capital nordestina — a visão de mundo das elites em decadência na República Velha (1889-1930), que, na crise, fabricaram uma ideologia da cultura brasileira (vale dizer, uma ideia de nação) muito bem articulada, resistente e sofisticada. Um conceito estamental que arredondava, sonegava ou amaciava as diferenças. Já Florestan, nascido na lumpemburguesia de São Paulo (não por acaso, o principal polo da industrialização no Brasil), filho de modesta imigrante portuguesa, emergiu nos quadros da recém-criada Faculdade de Filosofia da USP expressando o pensamento radical de classe média, construindo uma espécie de visão contracultural e introduzindo novas teorias de estratificação e estruturação social. Como professor e pesquisador, criou condições para uma releitura crítica da história do Brasil. Se Freyre, Caio Prado Júnior, Sergio Buarque de Holanda e o radical Manuel Bomfim (esse grande esquecido) foram importantes para o grupo-geração — do qual Florestan foi precisamente um dos expoentes — que surge na vida brasileira do segundo pós-guerra, já Antonio Candido, Celso Furtado, Florestan Fernandes e Raymundo Faoro (do grupo-geração de Florestan) serão fundamentais para as novas interpretações que surgiriam na metade do século xx.

Após o golpe de Estado de 1964, eles radicalizariam posições, explicitando suas teorias da história e da cultura. Uma revisão completa e profunda das historicidades de nossa formação histórico-cultural e política surgiria dessas interpretações que, embora clássicas, continuam praticamente desconhecidas do outro lado do Atlântico.

Nada obstante, até hoje, nos dois lados do oceano fala-se muito em "cultura brasileira", sem maior apreciação crítica. Um campo consolidado e distinto, definido em seus códigos, temas e repertórios. Algo assim como a "cultura mexicana", que o crítico Carlos Monsiváis, o autor de *Amor perdido* (o livro, não o belo bolero), também afirma nunca ter existido. Uma *ideologia* mais cristalizada e consolidada do que a "cultura espanhola" ou a "cultura italiana", a noção de "cultura brasileira" vem, entretanto, merecendo reavaliação, sobretudo a partir dos desafios postos pela globalização. O crítico Roberto Schwarz, autor do controvertido ensaio *As ideias fora do lugar*, assinalava já na década de 1970 que no Brasil, país então com mais de 90 milhões de habitantes, apenas 50 mil poderiam ser considerados como parte integrante da "cultura brasileira", isto é, participantes de um grupo letrado que compartilhava o código culto desse universo coerente de símbolos. Atualmente, com a chamada globalização, poderíamos indagar se o círculo ilustrado que cultiva a noção estamental de "cultura brasileira" diminuirá ainda mais, proporcionalmente, ou não.

O problema a enfrentar no milênio que se inaugura é, portanto, o seguinte: quando tentamos vislumbrar e operar num mundo afro-luso-brasileiro, de que "cultura brasileira" está se falando? Sem essa resposta, qualquer discussão pode cair no campo do imenso mal-entendido referido por Eduardo Portela.

A tese da unidade cultural do Brasil, país sustentado por uma única língua, pelo ideal de harmonia social e da miscigenação, foi a ideologia dominante e o instrumento básico de "nossa modernidade", uma modernidade de meia-confecção numa república tropical. Para redirecionar a jovem República Nova, que poucos anos depois iria a pique com o golpe de Estado de 1937, os ideólogos precisavam criar um "povo", uma "raça" e uma "cultura". Inventar uma nação, enfim. Esse é um dos motivos pelos quais a literatura desse período discute e busca o "caráter nacional brasileiro" e sua contrapartida, introduzida pela literatura regional de José Américo, José Lins do Rego, Erico Verissimo, Monteiro Lobato.

Mas a poderosa ideologia de uma única — e dominante — cultura brasileira permanece ainda hoje em vários aspectos, uma vez que as condições que a engendraram não mudaram. Essa ideologia é a ferramenta mais importante criada para benefício das oligarquias do Nordeste (incluindo a da Bahia) e São Paulo, Rio de Janeiro e Minas Gerais. No fim da Primeira Guerra Mundial, a antiga doutrina Monroe ("a América para os americanos") se rejuvenesce sob uma nova roupagem, e os intelectuais mais avançados e mais bem informados do Brasil, entre os quais se destacavam Mário de Andrade e os "meninos dourados" Gilberto Freyre, Sergio Buarque de Holanda e Sérgio Milliet, mantinham os olhos nas transformações da ordem internacional. Quase todos estudaram no exterior, mas Freyre, Anísio Teixeira e Monteiro Lobato (além de Viana Moog e, mais tarde, Erico Verissimo) foram os que mais se beneficiaram da experiência norte-americana.

De fato, a "globalização" daquele período trazia a esses jovens um outro sentido de internacionalização, com a Revolução Russa e os primórdios da descolonização na Ásia e na África. Filhos bem-comportados das oligarquias, falavam francês, inglês e, alguns, como Caio Prado Júnior e Buarque, até alemão em casa, familiarizando-se com os principais movimentos intelectuais e políticos da época. Marcel Proust, Romain Rolland, André Breton, Thomas Mann, McLeish, Pablo Picasso, William James, Joyce e John Dewey faziam parte, entre muitos outros intelectuais e artistas da linha de frente da época, de seu quadro de referências e de suas inspirações.

Freyre, Buarque e Caio Prado:
três estudiosos da colonização

O "fim" do sistema cultural do Segundo Império não se deu por completo até hoje, de vez que no Brasil nunca ocorreu uma verdadeira revolução.

Quatro séculos de escravismo impregnaram as mentes das classes e estamentos dirigentes brasileiros que controlavam algumas regiões do país — até hoje sob a dominação de um sistema vertical de estamentos e castas, como nos casos do Maranhão, Piauí ou aqui na Bahia. Quatro séculos de escravismo — marcado por resistência continuada, mas sem uma guerra civil, como a que ocorreu nos Estados Unidos entre 1861-1865 — produziram um *habitus* sutil, no plano das mentalidades e da consciência social, que os economistas, alguns historiadores e a maior parte de nossos cientistas políticos desconsideram em seus estudos. Em suma, há que entender por que o "Haiti é aqui", como diz a canção de Caetano Veloso e Gilberto Gil.

O sistema da chamada cultura brasileira, cristalizado entre as duas guerras mundiais, era um sofisticado e poderoso complexo de símbolos (temas e conceitos, formas, instituições, livros, sabores e sons, em que se remixavam elementos africanos e "raízes" portuguesas) criados para controlar a transição flexível da República Velha para uma nova ordem social e política, que acabou por dar no Estado Novo (1937-1945). Não por acaso Freyre e Jorge Amado — este na vertente da esquerda, membro do Partido Comunista — "revelaram" esse outro Brasil: também eles constituem um par antitético de um mesmo sistema ideológico... tropical. A evolução da temática e o amornamento do estilo de Amado confirmaram essa vertente.

Numa perspectiva histórica continental, note-se que a ideologia da cultura brasileira, da cultura peruana, da cultura mexicana etc. fortaleceram-se, com os mesmos ingredientes suavizadores dos conflitos e de radicalizações durante a passagem da ordem neocolonial ao imperialismo norte-americano, tal como foi analisada por Tulio Halperin Donghi em seu clássico *História contemporânea da América Latina* (1967). Tais teorias da cultura somente foram rompidas quando ocorreram rupturas mais radicais, como em Cuba com Che Guevara, na Nicarágua com Ernesto Cardenal (depois estancada), ou na Guiné-Bissau (terra de impasses) com o notável Amílcar Cabral.

Essa geração, no Brasil, contou também com grandes pintores como Di Cavalcanti, Portinari e Pancetti. E o compositor citado, Heitor Villa-Lobos, que combinou em sua obra a tradição europeia com as tendências e os sons da música popular, introduzindo o canto orfeônico nas escolas primárias que prosperaram durante o período populista do Estado Novo — e mesmo muitos anos depois. A correspondência entre esse movimento erudito e o mundo popular era total, pois Villa-Lobos e muitos outros compositores e maestros de seu grupo-geração bebiam diretamente nas fontes, como Heckel Tavares, com seus estudos em que a cultura dos negros africanos ocupava lugar de relevo. Uma nova ideia de Brasil mestiço, do ponto de vista étnico-cultural, e sincrético, do ponto de vista religioso (ideia nem sempre efetivada, diga-se), surgia no horizonte. Uma ideologia, enfim.

Para finalizar, recorde-se que um dos mais sofisticados poetas da língua portuguesa, Carlos Drummond de Andrade, era o chefe de gabinete do ministro da Educação, Saúde e Cultura, o também mineiro Gustavo Capanema, um dos esteios do Estado Novo. Nesse tempo, ele produziu alguns de seus mais importantes poemas, como *Rosa do povo* ("É tempo de homens partidos"), e um pequeno livro de memórias, *O observador no escritório*, em que registra suas dúvidas sobre o processo vivido. "Serei político?" ou "Eu também já fui brasileiro"...

Essa geração redescobriu o Brasil, mas também passou a valorizar a África e as raízes africanas, forjando um sólido ideal cultural, reinventando um passado, um "povo", um estilo, uma nova identidade nacional e "popular", "uma consciência estética nacional" (fórmula de Mário de Andrade) misturada com a tradição erudita, articulada no "mundo que o português criou". Foi uma geração sem dúvida sofisticada e estudiosa, que realizou pesquisas profundas contra a ideia de cultura sustentada pelos "carcomidos" da República Velha. Embora sutil, havia uma atitude firme para criar e divulgar um "conceito homogêneo das coletividades", para usarmos a expressão da crítica e historiadora da cultura Mary Louise Pratt, da Stanford University, em seu estudo clássico sobre a heterogeneidade e o pânico da teoria.

É isso, precisamente, o que Freyre representa quando abre o foco de seus estudos com a finalidade de "integrar" os negros e mulatos, mulheres, índios e outras minorias (que são de fato maiorias) num mundo harmonizado, num curioso processo de "miscigenação" — outra palavra-chave para ele. Em todos os cantos do país, e mais abertamente no Nordeste, os padrões de sociabilidade coloniais e imperiais estavam em profunda crise nos anos 1920-1930, os movimentos populares adquiriam vulto e a sociedade de estamentos e castas sofria o impacto de novos valores. As teorias de Freyre funcionaram como uma saída, o amálgama decisivo para a construção do bloco no poder numa "nova" ordem republicana pseudo-harmoniosa. Para nós, foi o principal ideólogo da chamada cultura brasileira, a "cultura" de um país atrasado — como amargamente definiria Caio Prado Júnior, já no fim de sua vida.

A IDEIA DE "CULTURA BRASILEIRA": UMA SOCIEDADE HÍBRIDA

Freyre, cujo centenário também se celebrou em 2000, apresenta desta forma a essência de seu método: a harmonização dos opostos, a conciliação dos contrários:

> Sem esquecer por um momento que o antagonismo do qual falamos foi demolido pela interpenetração de culturas e pela miscigenação — os fatores democratizantes de uma sociedade que, de outra forma, teria permanecido dividida em dois grupos irreconciliáveis —, não podemos ver com indiferença o efeito aristocrático dessas relações interpessoais e inter-regionais simbolizadas pelo complexo da Casa-Grande e Senzala na história da sociedade brasileira e da *cultura brasileira*.[114]

114. FREYRE, Gilberto. *Casa-grande & senzala*, 14ª ed. Rio de Janeiro: José Olym-

Foi esse, precisamente, o cimento ideológico (para usarmos a expressão de Gramsci) que o novo Estado brasileiro precisava para justificar as mudanças políticas e sociais. Essa ideologia cultural desempenhou papel essencial na nova ordem — com imigrantes, conflitos abertos, uma grande parcela de trabalhadores desempregados e os desequilíbrios provocados pela migração em massa do Nordeste pobre para o Sul industrial. Substituir os valores da velha aristocracia, ventilando o passado de conflitos entre brancos e negros, mas resgatando e presumindo relações aparentemente não conflitivas, constituiu um desafio histórico, mas também historiográfico.

Em resumo, Freyre introduziu um poderoso conceito de cultura, trabalhando com o que poderíamos denominar "método dialético negativo". Ou seja, há polarizações, antagonismos e conflitos, porém sempre harmonizados de algum modo. Em suas próprias palavras, conforme aponta Florestan Fernandes: "A ausência de rancores violentos devido à raça constitui uma das peculiaridades do sistema feudal nos trópicos, um sistema que, de certa forma, foi suavizado pelo clima quente e pelos efeitos da miscigenação, que tendia a dissolver os preconceitos".

E, para forjar a ideia de cultura nacional, que abrangesse todo o Brasil, completava: "Esse foi o sistema que, no nosso país, cresceu em volta dos engenhos e, mais tarde, das plantações de café".[115]

Ou seja, no Nordeste e no Sul, vale dizer, em todo o país...

A apologia da iniciativa privada é outra chave para se compreender o sucesso das teorias de Gilberto Freyre — o discreto elogio da iniciativa privada — na observação da comparação permanente

---

pio, 1969, p. xvi.

115. FERNANDES, Florestan. Prefácio à primeira edição, em *Reflections on the Brazilian counter-revolution: essays*. Nova York: M. E. Sharpe, s.d., p. xii. Publicado em inglês com introdução de Warren Dean.

com a história dos Estados Unidos: no Brasil, assim como nas colônias produtoras de tabaco, algodão e arroz na América do Norte, as grandes plantações eram o resultado de um esforço de colonização não do Estado, que em Portugal foi sempre irrelevante, mas da corajosa iniciativa privada.

A construção de uma sociedade híbrida, baseada na iniciativa privada, seria um bom método para evitar as lutas entre as raças e as classes. Não é difícil, assim, compreender por que suas ideias foram tão discutidas tanto no Brasil como nos Estados Unidos. A tradução de *Casa-grande & senzala*, terminada em meados da década de 1940, chegava no momento em que os conflitos raciais nos Estados Unidos tinham de ser controlados, visto que o país enfrentava dois fortes desafios. A melhor conclusão a respeito da importância da principal obra de Freyre foi dada, entretanto, pelo autor da nota biobibliográfica da publicação, o editor Herbert Weinstock: "Freyre serviu na Assembleia Nacional que redigiu a atual Constituição do Brasil (1946) e foi responsável pela ampliação dos direitos dos cidadãos naturalizados e pela forma final dada ao princípio de conciliação entre dirigentes empresariais e trabalhadores".[116]

Ou seja, ajudou a ampliar a cidadania dos estrangeiros naturalizados e promoveu a conciliação entre capital e trabalho, harmonizando-os dentro da "nação".

Ao formular e dar corpo teórico a uma cultura da conciliação, ele reforçou os fundamentos históricos de uma linha de pensamento político que, no Brasil, vem do Império e ainda sobrevive em Brasília ao menos até 2003.

As relações entre Brasil e Portugal (e África) sofreram mudanças profundas na passagem dos anos 1950 para os anos 1960. O

---

116. FREYRE, Gilberto. *The masters and the slaves*. Tradução de Samuel Putnam. Nova York: Alfred A. Knopf, 1956, p. VI.

período desenvolvimentista no governo de JK foi marcado por movimentos de reforma e "modernização" pelo alto. Uma política externa independente se esboçou, sendo cortada pelo golpe de Estado civil-militar de 1964. A África, vivendo profundo processo de descolonização, adquiria novo peso nos debates e na vida político-cultural. As relações com Portugal também foram intensificadas nesse período, quando diplomatas-escritores como Álvaro Lins e congressos de estudiosos dos dois continentes abriram novos horizontes.

Léopold Senghor, do Senegal, ou a própria Revolução da Argélia (1962) entravam pelos jornais, salas de aula, livrarias e pelo cinema. Notícias vagas e fragmentadas de guerrilhas nas colônias portuguesas da África circulavam nos meios acadêmicos e letrados. Nesse contexto, é que surge um novo tipo de reflexão sobre as relações luso-afro-brasileiras. O Atlântico adquire outro significado, quando se revela que nem tudo é ameno e pacífico nos países de língua oficial portuguesa. No Brasil, o professor Florestan Fernandes, paulistano, é figura representativa dessa nova visão de mundo, menos harmonizadora, em que se procura entender o significado dos conflitos e das contradições.

FLORESTAN FERNANDES

Com efeito, Florestan Fernandes foi o sociólogo e historiador mais importante de seu grupo-geração. Socialista inicialmente inclinado para o trotskismo, foi um intelectual heterodoxo que forneceu um novo ponto de partida para se repensar o Brasil na América Latina e na história contemporânea. Baseado na leitura dos clássicos — especialmente Marx, Durkheim, Weber e Mannheim —, pesquisou vários campos das ciências sociais: história, antropologia, literatura e sociologia, como se constata em quase todos seus livros, em particular em *A integração do negro na sociedade de classes*, sua tese de cátedra na Universidade de São Paulo, em 1964.

Esse grupo-geração lutou contra a ditadura de Getúlio Vargas, contra as oligarquias da República Velha, contra o nazismo e o fascismo. E, depois da década de 1950, contra o imperialismo, a ditadura militar de 1964 e o estabelecimento de corporações multinacionais no Brasil. O modernista Oswald de Andrade chamava esse grupo de intelectuais de "chato boys", devido à nova postura acadêmica que representavam, com teorias, métodos, estudos de campo e técnicas. Eles contavam com uma nova ferramenta: o método científico, e, durante aproximadamente vinte anos, de 1945 até 1964, viveram num contexto de liberdade de expressão e criação, de respeitabilidade acadêmica moderna, e mantiveram contatos internacionais frequentes com centros como Columbia, Stanford, Princeton, Colegio de Mexico, Yale, ou com a Escola de Altos Estudos de Paris, por exemplo. Nos Estados Unidos, seus interlocutores faziam parte de uma geração de "brasilianistas" — ou americanistas brilhantes, como Charles Wagley, Emilio Willems, Donald Pierson, Stanley e Barbara Stein, Richard Morse.

Conforme lemos nas memórias de Lévy-Strauss, *Tristes trópicos*, desse grupo-geração saíram os melhores alunos das missões europeias, em que vieram ao Brasil professores/pesquisadores do porte de Fernand Braudel, Bastide, Lévy-Strauss, além de botânicos, biólogos, geólogos e físicos.

Nas humanidades, esses novos professores/pesquisadores críticos eram os arautos do pensamento radical de classe média. Em sua maioria, eram socialistas. Alguns eram comunistas ou radicais republicanos, sempre engajados nas discussões sobre problemas culturais e públicos. Esquerdistas, levemente jacobinos, outros anarquistas moderados, de modo geral eram filhos da escola pública democrática e laica. Alguns simpatizavam com Franklin D. Roosevelt e John Dewey. Poucos, geralmente os de classe média alta, podiam viver a ilusão de pertencer ao mundo de Zelda e Scott Fitzgerald, numa São Paulo nem sempre tão sofisticada.

Desse grupo, Antonio Candido foi o responsável pela crítica mais radical e direta ao conceito de história e cultura de Gilberto Freyre. Num importante livro, *Plataforma da nova geração* (1943), entre os depoimentos de duas dúzias de intelectuais e cientistas, o jovem Candido escreveu, diretamente contra Freyre, o mais conceituado e notório intelectual da vanguarda, advertindo para o perigo da entrada das teorias funcionalistas, provenientes dos Estados Unidos. Uma teoria que tendia a ver as coisas de um ponto de vista harmonizador, em detrimento das teorias que procuravam explicar os processos histórico-culturais a partir dos conflitos.[117]

Florestan e suas reflexões sobre a contrarrevolução

> O fato de as classes burguesas e suas elites se verem condenadas à contrarrevolução permanente conta, por si mesmo, outra história — e toda a história, que se desenrolou e está se desenrolando.
>
> FLORESTAN FERNANDES,
> A revolução burguesa no Brasil, 1975.

Nascido em 1917 na classe média baixa de São Paulo, filho de uma lavadeira portuguesa, "Dona Maria", e pai desconhecido, depois de

---

117. Ver a crítica de Antonio Candido em meu livro *Ideologia da cultura brasileira* (São Paulo: Ática, 1977); e também o capítulo "Florestan Fernandes: uma trajetória radical".

estudar numa precária escola e trabalhar como garçom e alfaiate, ingressou na Escola Livre de Sociologia e Política de São Paulo, quando conheceu Antonio Candido e alguns membros intranquilos da nova pequena burguesia universitária paulista.

Trabalhou duro para sobreviver entre os netos da oligarquia de São Paulo e Minas Gerais. Naquela época, o espaço político, intelectual e social da moderna sociedade civil era muito limitado. O Partido Comunista, por exemplo, conseguiu manter-se na legalidade durante apenas dois anos. Isso demonstra até que ponto o moderno conceito de cultura brasileira auspiciado por Freyre — do qual a Constituição de 1946 era a melhor expressão — era, nada obstante, muito excludente, e não apenas com relação ao Partido Comunista e os socialistas. Pois até mesmo os poucos liberais radicais e discretos esquerdistas enfrentaram tempos difíceis nos principais centros urbanos do país.

Florestan, radical e heterodoxo

Nesse contexto, Florestan era considerado muito radical, embora heterodoxo. Em seus primeiros trabalhos acadêmicos, tentava discutir a possibilidade de aplicação de conceitos marxistas, como o de "modo de produção", às sociedades primitivas, principalmente durante o processo de colonização. Estudava furiosamente. Provocou algumas confusões e debates ásperos, introduzindo conceitos analíticos como os de classe, estamento e casta para reavaliar quatrocentos anos de escravismo no Brasil. Estendeu essa perspectiva sobre várias áreas do conhecimento, combinando abordagens de psicologia social, sociologia, antropologia, economia e, sobretudo, de história. Em seus seminários, discutia os clássicos e os modernos da historiografia brasileira, como Joaquim Nabuco, Manuel Bomfim, Gilberto Freyre, Sergio Buarque e, nos anos 1950, Raymundo Faoro. Mas encontrava mais identidade na perspectiva marxista não ortodoxa de Caio Prado Júnior.

Florestan tinha acesso a autores como Simiand, Max Weber e Karl Marx e lia os clássicos traduzidos pelo Fondo de Cultura Económica, do México, além de cientistas sociais e da nova historiografia inglesa, alemã e francesa da época. Talvez por isso, a maioria de seus escritos e as teses de seus assistentes, como Fernando Henrique Cardoso, Octavio Ianni e quase duas dezenas de outros, possam ser considerados trabalhos de história. Nunca perdeu a perspectiva da *historicidade* própria dos estudos latino-americanos e terceiro-mundistas, representada pelos trabalhos de Pablo Gonzalez Casanova, no México, Orlando Fals Borda, na Colômbia, Manuel Moreno Fraginals, em Cuba, Stanley e Barbara Stein, nos Estados Unidos, Tulio Halperin Donghi, na Argentina, e assim por diante, conforme se vê em *Poder e contrapoder na América Latina* (1981) e *Reflexões sobre a contrarrevolução brasileira*, obra publicada em inglês, pelo saudoso professor Warren Dean, sob o título *Reflections on the brazilian counter-revolution: essays* (s.d.).

Freyre versus Florestan

Vimos que Gilberto Freyre abriu os horizontes culturais para uma nova burguesia, contra as tradições estabelecidas, na expectativa de uma possível e pacífica revolução burguesa, criando um novo passado com negros e mulatos participando da história, embora passivamente. Florestan, por outro lado, definiu sua principal área de estudo priorizando as classes subalternizadas e as castas da sociedade, enfatizando os movimentos de resistência. Daí seu interesse pelos tupinambás, submetidos, afugentados e praticamente dizimados durante o período colonial, os negros e os imigrantes nos períodos imperial e republicano, e "os de baixo", excluídos antes e depois do golpe de Estado de 1964. Durante todo esse tempo, discutia ele o papel dos intelectuais em sociedades como as latino-americanas. Em seu último livro, póstumo, *A contestação necessária* (1996), cada capítulo trata das vidas e das ideias de Martí, Mariátegui, Prestes, Antonio Candido, Marighella, Lula, e um estudo crítico a respeito de seu velho amigo, Richard Morse. Há muitos anos, traduziu Mariátegui para o português e escreveu um instigante estudo sobre a Revolução Cubana; também coordenou uma importante coleção editorial, Grandes Cientistas Sociais, que incluía seleções de textos de Weber, Marx, Mannheim, Febvre, mas também de Bolívar, Guevara, Ho Chi Minh e Lênin.

Florestan se tornou ainda mais radical e empenhado depois de ter sido cassado da Universidade de São Paulo pelo regime militar de 1964. Quando o sistema político-militar quis negociar a anistia, ele não aceitou a ideia do perdão recíproco; até porque nada havia a "perdoar" ou "ser perdoado". A partir de então, tornou-se um engajado publicista, no sentido atribuído ao termo durante a Revolução Francesa. Em visita ao Brasil, Nelson Mandela fez questão de manter um encontro particular com Florestan, a quem admirava.

Uma "civilização brasileira"?

No contexto das discussões sobre a existência de uma cultura brasileira ou de uma "civilização brasileira", os estudos realizados por Florestan Fernandes rompem com essa ideia de luso-brasilidade.

Passa a ter sua preocupação centrada na complexidade e nos impasses da burguesia brasileira, na natureza das lutas sociais e nas especificidades de nossa história. Nas décadas de 1950 e 1960, ele participou da discussão sobre as características e a dimensão histórica dos processos de reforma e de revolução no Brasil e na América Latina com Caio Prado Júnior, autor do importantíssimo *A revolução brasileira* (1966), Andrew Gunder Frank e outros marxistas, contra as teorias dos chamados "dois Brasis" (avançado e arcaico, industrializado e rural). Depois de 1964, e durante os trinta anos seguintes, ele lançou as bases para a discussão sobre a dependência, vinculando, porém, as ligações externas de nossa economia às estruturas sociais e à formação histórica de um Estado específico. É interessante que seu livro clássico, *A revolução burguesa no Brasil*, foi escrito durante o final da década de 1950 e terminado durante o período do chamado "milagre econômico", um dos períodos de ditadura mais violenta no país, quando a natureza da revolução burguesa se explicita em todos os seus termos, caracterizando o modelo de exclusão social e política.

Também é importante observar que ele revelava a natureza histórica dessas burguesias, na perspectiva histórica de longa duração, em seus padrões culturais e mentalidades específicas. Uma de suas observações mais interessantes diz respeito à formação de algo como uma "civilização brasileira", um conceito extenso e espaçoso, mas que ele localiza com certo rigor.

A perspectiva histórica em Florestan: as sete teses

Vale a pena notar que Florestan conecta a noção de "civilização brasileira" (em formação) às peculiaridades e funções da dominação burguesa. Passo a indicar, livremente, sete teses ou hipóteses sobre o Brasil contemporâneo que talvez possam resumir o sistema de ideias por ele esboçado, na última parte de sua vida, e que estão contidas na obra *Reflections on the Brazilian counter-revolution: essays*.

Primeira tese

O Brasil ou, melhor ainda, a burguesia brasileira viveu uma virada histórica na década de 1960, que foi especificamente contrarrevolucionária em termos dos modelos "clássicos" e históricos de revolução nacional burguesa democrática. Uma virada que rompeu com todo um arsenal utópico inerente à "tradição republicana" dessa burguesia. Com isso, entramos no território da consciência de classe e comportamento coletivo de classe, que, infelizmente, tem sido pouco estudado.

Segunda tese

O período de quatro décadas que se seguiu à Primeira Guerra Mundial foi a época de formação da burguesia (embora, conforme saibamos, isso tenha ocorrido antes); esse período não corresponde, segundo alguns estudiosos indicam, à "crise da oligarquia".

Essa crise assumiu a forma de um reordenamento das estruturas econômicas, sociais e políticas, na qual o estamento oligárquico, antigo ou mais recente, foi reabsorvido pela sociedade de classes que estava em processo de formação e expansão.

Em suma, não houve um verdadeiro deslocamento das "velhas classes" dominantes pelas "novas classes", de origem contemporânea.

Terceira tese

Fato ainda mais amplo e mais dramático, embora não tenha parecido, foi a coalescência estrutural entre diferentes estratos sociais e diferentes agrupamentos econômicos que formaram as "classes possuidoras". Estas últimas identificaram-se, cada vez mais, com uma perspectiva e com o modo de vida burguês, por ocasião da rápida e constante aceleração da revolução comercial urbana e da industrialização.

Os estamentos dominantes do "antigo regime" estavam, portanto, integrados às estruturas da ordem social competitiva e da sociedade de classes em processo de formação e expansão (conforme a região do país). As oligarquias "tradicionais" ou "modernas" foram, não obstante, muito pouco afetadas por isso, e sua crise de reabsorção não teve a mesma significância quanto teve o surgimento da burguesia enquanto categoria sócio-histórica e comunidade política. Aqui, portanto, localiza-se um corte radical em contraposição às teses de Gilberto Freyre sobre a formação do patronato brasileiro.

Quarta tese

Sobre a unidade nacional. As classes sociais burguesas puderam forjar a unidade nacional tendo por base de sustentação seus interesses materiais, estilo de vida e perspectivas. A esse movimento correspondeu um processo de socialização do poder econômico, social e político de longo alcance. A análise histórica de Florestan é clara: inicialmente, os interesses agrocomerciais enfrentaram alguns obstáculos nesse processo. Mas a Revolução de 1930 demonstra que ele já se encontrava em estado avançado, muito antes de os interesses industriais e financeiros atingirem a predominância relativa que alcançaram durante o Estado Novo e, particularmente, durante a Segunda Guerra Mundial.

A tese é a de que a burguesia, que tinha sido um resíduo social e depois uma camada social atomizada, dispersa pela sociedade brasileira, perdida nos estamentos intermediários e na imitação dos padrões da aristocracia, finalmente adquiriu uma fisionomia distinta, estabelecendo-se enquanto força social organizada e ocupando as posições mais altas da sociedade de classe, onde funcionou como a principal força motriz política, cultural e socioeconômica.

Quinta tese

A fisionomia dessa burguesia. Florestan sabia que esse processo não podia ser visto como fato consumado.

As várias classes e frações de classe burguesas, no seu processo horizontal de integração numa escala nacional, tinham de alcançar uma verdadeira solidariedade de classe burguesa, que lhes permitisse a integração horizontal numa escala nacional de seus interesses materiais e seu comportamento coletivo. E, para cerrar fileiras numa comunidade política unificada, primeiro elas teriam de passar por uma transformação difícil e complexa.

Teriam de elaborar uma ideia e uma identidade cultural forte. Uma ideologia cultural, uma noção de cultura brasileira, que segurasse toda essa barra. Para tanto, era necessário que elas se despissem da "segunda natureza humana" que o escravismo havia imprimido nas "classes possuidoras". E realizassem um esforço concertado para revisar e redefinir as ideologias e as utopias derivadas das experiências burguesas e democráticas europeia e norte-americana da época da emancipação nacional. E, finalmente, que a burguesia atingisse uma compreensão própria de sua própria realidade, em termos dos papéis e das tarefas históricas que ela pudesse desempenhar enquanto burguesia de uma sociedade de classes subdesenvolvida e dependente numa era de capitalismo monopolista e imperialismo total.

Sexta tese

Comparado com Gilberto Freyre, Florestan Fernandes não criou um novo conceito de cultura brasileira. Ao contrário, ele utiliza os processos sociocultural e histórico para melhor definir os conceitos de classes, estamentos e castas, ideologia, patrimonialismo e sociedade de classe dependente, revolução e contrarrevolução, que dão o significado próprio de nossa formação econômico-social e das formas de pensamento próprias desse sistema.

Sobre "revolução"; em sua interpretação, revolução significa algo muito complexo e difícil, não por causa do elemento oligárquico em si, mas porque foi necessário extrair o *ethos* burguês da rede patrimonialista que o enredava, resultado de quase quatro séculos de tradição escravista e de capitalismo comercial rústico.

Para ele, é impossível, portanto, falar numa cultura brasileira homogeneizada, levando em consideração que a fragmentação das classes burguesas e das frações de classe propiciava seu isolamento regional e sua atomização, mais do que a unificação horizontal de seus interesses e valores numa escala nacional.

Essa tese diz respeito aos limites da "revolução burguesa" no Brasil e, consequentemente, à impossibilidade da formulação de uma cultura brasileira. Se conectamos a discussão atual sobre o conceito de cultura moderno à existência de frações de classes avançadas na sociedade brasileira, Florestan indica o contrário: o surgimento tardio e extremamente lento do "empresário moderno" em escala massiva no alto comércio, na indústria e nas finanças. Numa palavra, uma série de elementos convergiu para inclinar as classes burguesas rumo a uma falsa consciência burguesa, mantendo entre essas classes, e no resto da sociedade, ilusões que causaram violências ainda maiores às ideologias importadas da Europa e dos Estados Unidos.

Desde os propagandistas republicanos do século XIX aos modernistas de 1922, passando pelos tenentes e constitucionalistas, nacionalistas, podemos dizer que os "notáveis" da burguesia transformaram essas ilusões em credo político, dando-lhe *mores* de civilização brasileira, conclui Florestan.

Sétima tese

Por que a burguesia brasileira é contrarrevolucionária? Florestan mostra que interesses divergentes passaram pelo filtro das concessões e ajustamentos mútuos, cancelando ou reduzindo drasticamente o impacto revolucionário do deslocamento dos interesses dominantes da burguesia. A unidade de classe assume um tom ultraconservador que é facilmente polarizado pelos valores e comportamentos reacionários, ou até profundamente reacionários.

Paradoxalmente, certos imperativos categóricos desse padrão de dominação burguês obrigaram as classes burguesas a negligenciar, ou até rejeitar, certas tarefas especificamente burguesas que poderiam ampliar o escopo do processo de revolução nacional, assim como o da própria transformação capitalista. Essa negligência e neutralização das capacidades criativas intrínsecas às classes burguesas tiveram consequências nefastas.

E aqui está o ponto que ilumina nosso ambíguo presente: dessa articulação, resultou a existência de vários focos de desenvolvimento pré-capitalista ou subcapitalista que mantêm, indeterminadamente, estruturas socioeconômicas arcaicas ou semiarcaicas, obstruindo a reforma agrária, a valorização do trabalho, a proletarização do trabalhador, a expansão do mercado interno etc. Isso permite o desenvolvimento da especulação num contexto que parece ser mais quase colonial do que puramente capitalista, em todas as esferas da vida econômica (embora preponderantemente no setor industrial e financeiro, e no capitalismo urbano-industrial mais do que no capitalismo agrário).

Concluindo

Voltemos nossa atenção para a ambiguidade e — ainda mais — para a impossibilidade da existência da chamada "cultura brasileira", considerando as circunstâncias e esforços realizados por algumas frações da burguesia brasileira no sentido de garantir sua autoafirmação, autodefesa e autopropagação. Podemos compreender por que isso aconteceu, se levarmos em conta a perspectiva exposta por Florestan Fernandes: não é fácil pilotar, segundo ele, o navio, sobretudo quando o desenvolvimento capitalista não conta com uma bússola confiável para orientar a revolução nacional e quando, num extremo do espectro burguês, encontramos formas subcapitalistas ou pré-capitalistas de produção agrária, e, noutro extremo, encontramos "corporações multinacionais estrangeiras" e "grandes corporações estatais". Pode-se alcançar, e até impor, prossegue, uma convergência de interesses, mas isso ocorreria em detrimento dos papéis burgueses que têm sido negligenciados historicamente, embora sempre por curtos períodos de tempo. A história interna deixa de ser levada em consideração quando os interesses e os conflitos de classes foram abafados; porém os ritmos históricos do capitalismo internacional são inexoráveis.

Para Florestan, não existe uma reforma que concilie uma minoria todo-poderosa com uma maioria esfarrapada. Se a minoria não está preparada para fazer concessões, a maioria não pode obter ou impô-las, e todos os caminhos permanecem fechados; a nação é uma impossibilidade. Nessa perspectiva, democracia e revolução nacional existem apenas enquanto mitos, e não como realidades históricas.

Em suma, de que estamos falando no Brasil e em Portugal, se mal nos conhecemos? Hoje, na virada de século, sessenta anos depois da publicação dos estudos de Gilberto Freyre e um quarto de século após os diagnósticos de Florestan, o Brasil conta com mais de 167 milhões de habitantes, 35 milhões abaixo da linha da pobreza. Que conceito de cultura, visando à reinvenção dos estudos sobre o Brasil, Portugal e África, podemos propor, uma vez conhecidas as "raízes ibéricas"? E de que "raízes africanas" vamos falar no século XXI, se ainda mal absorvemos as lições e teorias de Amílcar Cabral, de Buanga Fele ou Aquino de Bragança, ou, mais recentemente, as teses de Alberto da Costa e Silva e Luís Felipe de Alencastro? E de qual Portugal, dadas as ambiguidades de sempre e, já agora, com suas contas a pagar para a entrada na União Europeia?

Que ideia de estudos "latino-americanos", "ibero-americanos", "luso-brasileiros", "afro-luso-brasileiros" ou mesmo "brasileiros" podemos sugerir para o novo milênio? Lá e cá, quais as respostas a tantos desafios que vêm sendo colocados pela universidade e pelas inteligências locais?

II. ENCONTROS: CONVERSAÇÕES E PERFIS

1. Antonio Candido e nossa formação

> *A nossa tarefa máxima deveria ser o combate a todas as formas de pensamento reacionário.*
>
> A. Candido, em *Plataforma da nova geração*, 1943.

Os 80 anos de um intelectual como Antonio Candido nos levam a meditar sobre a importância de seus conceitos de cultura e de crítica para nosso grupo-geração, que se bacharelou por volta de 1964 na antiga Faculdade de Filosofia, Ciências e Letras da Universidade de São Paulo. Trata-se de um grupo-geração (a expressão é de Paulo Emílio) que, tendo estudado numa conjuntura em que a história do país apontava para uma república socializante, em que os problemas básicos seriam enfrentados a partir de diagnósticos efetuados por gente como Celso Furtado, Inácio Rangel, Anísio Teixeira, Florestan Fernandes e os então jovens Fernando Henrique Cardoso, Paulo Singer e Wanderley Guilherme e por lidadores políticos que incluíam nomes como os de San Tiago Dantas, Hermes Lima, Barbosa Lima Sobrinho, se viu lançado, após o golpe de Estado, numa ditadura que duraria pelo menos vinte anos.

O professor Antonio Candido, socialista, que já vivera sob outra ditadura, funcionou como uma referência discreta, mas decisiva, para nós. Ele se conduzia, de modo sereno, pelas sendas da literatura e da sociologia da cultura, procurando desentranhar de nossa complexa história social as *formas de pensamento* a ela vinculadas. Forneceu-nos um método, aberto, mas eficiente, e uma postura (outro termo central em nosso vocabulário de então). Difícil avaliar, na perspectiva do tempo, a importância que alguns de seus estudos e monografias tiveram naqueles anos de nossa formação, desde *Parceiros do Rio Bonito* e a notável *Formação da literatura brasileira*, *Literatura e sociedade* até a provocativa *Dialética da malandragem*. Futuras pesquisas mostrarão, por certo, o impacto que tiveram suas interpretações nas reflexões de outros estudiosos do pensamento brasileiro, como o saudoso Michel Debrun, analista dos mecanismos espertos da conciliação, em vigência até hoje no país. Estudávamos história, antropologia, sociologia, filosofia, educação, porém com um olho permanentemente voltado para as produções ou opiniões de Candido.

Ele não pertencia a nenhum grupo específico nem a seminários grupais, mas centralizava discretamente — e creio que involuntariamente — uma constelação que se agregara na revista *Clima* e atuaria no Suplemento Literário do *Estadão* (coordenado por seu amigo Décio de Almeida Prado), espraiando-se depois em vários departamentos da universidade. Funcionou também como uma espécie de "homem-ponte" entre a geração de Sergio Buarque e Sérgio Milliet — dois "modernos" — até as de Walnice Galvão e José Miguel Wisnik. Essa expressão (homem-ponte), que ele utilizou para definir Milliet, lhe cabe perfeitamente, e talvez mais ainda, pois Candido consegue ainda hoje a proeza de estabelecer e manter diálogos plurais entre a universidade e a sociedade, entre a política e a academia, entre agências de financiamento de pesquisa e pesquisadores, entre pesquisadores estrangeiros e brasileiros, e assim por diante. Sem fazer alarde, ensinou-nos também a transdisciplinaridade, mas a partir de um domínio efetivo de duas ou mais disciplinas. E, mais tarde, a transnacionalidade, levando-nos a ampliar nossa visão sobre a América Latina, que era mais falada — e até teorizada — que conhecida.

Não creio ser possível, entretanto, dissociar sua biografia de outras, da geração anterior à sua, em que avultam figuras maiores, de diversos quadrantes teóricos e ideológicos, como Edgar Leuenroth, Ermínio Sacchetta, Carlos Drummond de Andrade, Astrojildo Pereira, Lívio Xavier, Caio Prado, Paulo Duarte, Julio de Mesquita Filho, Jean Maugüe e Roger Bastide. Nem de outras figuras de sua geração, como Jorge Andrade, José Mindlin, Francisco Iglésias e Edgard Carone. Além, é claro, de Gilda, historiadora e esteta que o acompanha em todo o percurso. E a lista seria bem mais longa, neste esboço de mapeamento intelectual (e político, vale frisar), que revelaria a dimensão desse universitário modelar.

Mas o mapeamento ficaria bem incompleto se não situássemos, em primeira plana, seu interlocutor mais intenso e contínuo, Florestan, que com ele enfrentou os piores anos — talvez os mais reveladores — de suas vidas profissionais. Para nós, do chamado "grupo-geração meia quatro", Candido e Florestan forneceram um norte, uma referência existencial. Souberam, por assim dizer, dialetizar nosso tempo, alimentar nossa utopia, ajudar em nossa *formação* (outra palavra-chave dessa tribo, naqueles anos).

Para esse geração do meio, Candido e Florestan — um, intelectual do tipo *Troisième République*, à mineira; o outro um *mon-*

tagnard paulistano — constituíram uma forte referência cultural. Um padrão de trabalho, em suma, para nossa caminhada enquanto alunos, depois professores e pesquisadores cidadãos. Souberam, em linguagem nova, detectar temas substantivos, muitas vezes se opondo à tradição conservadora ou, então, combinando vertentes teóricas distintas em suas análises, o que muito impressionaria intelectuais de outros países que por aqui aportavam. Não evocarei as críticas de Candido aos excessos freyrianos já nos anos 40 (não desejo ir contra o modismo historiográfico atual de incensar o escritor, visto que "os estamentos não foram extintos historicamente", como advertiu Florestan) nem seu distanciamento educado em relação a vagas e modas culturais. Mas gostaria de fazer notar, num século de extremos, essa sua "estética de oposição", funcionando como corretivo empenhado (este adjetivo cai bem em sua pessoa) às demasias de cada conjuntura histórica. Em anos de ditadura, manifestou-se frontalmente contra elas; em tempos de reformismo, não cedeu aos seus desdobramentos, em particular aos cantos das sereias do desenvolvimentismo populista e do "nacionalismo deformante"; na universdidade, nunca aceitou a titulocracia paralisante; em tempos de globalização, repensa as categorias do "nacional", e assim por diante.

A palavra "lucidez" tem sido demasiado associada a sua pessoa, de maneira até cansativa e simplificadora. Não revela, entretanto, o grande quebrador de velhos paradigmas que ele é, inovador contundente e muitas vezes bem anticonvencional. Sua organização aparente pode ser um bom método contra o espírito anárquico, algo acima da ordem banal das coisas cotidianas. Assim é que propôs uma redefinição dos conceitos de crítica cultural nos anos 1940 (e valorizou, entre outros, os escritos de Clarice Lispector, o que não era óbvio), de história e literatura nos anos 1950, de crítica ideológica e cultural nos anos 1960. Nos anos mais duros, seu diagnóstico sobre nossa dependência cultural foi certeiro, valendo tanto para a direita como para a esquerda, de ontem e também de hoje: "Um estágio fundamental na superação da dependência é a capacidade de produzir obras de primeira ordem, influenciadas não por modelos estrangeiros, mas por exemplos nacionais anteriores" (1973).

Não poderia deixar de referir-me, finalmente, ao seu perfil de *cidadão*, capaz de desempenhar vários papéis ao mesmo tempo, fenômeno cada vez mais raro no meio intelectual, bem como à sua capacidade de continuar, na maturidade, com o mesmo frescor dos tempos da *Plataforma da nova geração*. Um único episódio ilustra bem sua biografia de mineiro polido vivendo numa época lascada, para nos utilizarmos de uma formulação de Ronald Polito: logo após a notícia do assassínio de Vlado Herzog, em outubro de 1975, dirigimo-nos instintivamente para nossa faculdade. Os horizontes eram mais que sombrios. Prédio fechado, encontramo-nos todos no bar, onde o catedrático (o único naquele exato dia) Antonio Candido, tirando o paletó e ajudando a juntar mesinhas, coordenou a primeira reunião em que se definiu uma estratégia para a resistência em nossa escola. Chovia, fazia frio em São Paulo.

2. Uma trajetória: Lucien Febvre

E dado que tenho a felicidade de ver nesta sala jovens decididos a consagrar a sua vida à pesquisa histórica, é com segurança que lhes digo: para fazer história virai decididamente as costas ao passado e vivei primeiro. Misturai-vos à vida. À vida intelectual, sem dúvida, em toda a sua variedade. Historiadores, sede geógrafos. Sede juristas também, e sociólogos e psicólogos; não fecheis os olhos ao grande movimento que, perante vós, transforma num ritmo vertiginoso as ciências do universo físico. Mas vivei também uma vida prática. Não vos contenteis em contemplar da orla, preguiçosamente, o que se passa no mar em fúria. No barco ameaçado não sejais como Panurgo se sujando de puro medo, nem mesmo como o bom Pantagruel, contentando-se, amarrado ao grande mastro, em implorar, levantando os olhos ao céu. Arregaçai as mangas como frei João. E ajudai os marinheiros na faina.

E isto é tudo? Não. Não é mesmo nada se deveis continuar separando a vossa ação do vosso pensamento, a vossa vida de historiador da vossa vida de homem. Entre a ação e o pensamento não há separação. Não há barreira estanque. É preciso que a história deixe de vos aparecer como uma necrópole adormecida, onde perpassam apenas sombras despojadas de substância. É preciso que, ardentes de luta, ainda cobertos de poeira do combate, do sangue coagulado do monstro vencido, penetreis no velho palácio silencioso onde ela dormita, e que, abrindo as janelas de par em par, reacendendo as luzes

> *e reanimando o barulho, acordeis com a vossa própria vida, com a vida quente e jovem, a vida enregelada da princesa adormecida (...).*
>
> *Perdoai-me o jeito que tomou esta palestra. Dirijo-me, sobretudo, aos historiadores. Se acaso eles estiverem tentados a achar que lhes falar assim é não lhes falar como historiador, eu lhes suplico que reflitam antes de formular essa censura. Ela é mortal.*
>
> Lucien Febvre[118]

***

EM 22 DE JULHO DE 1878 Lucien Febvre nascia na cidade de Nanci, capital da Lorena. Seu pai, formado pela Escola Normal, lecionou gramática no Liceu de Nanci, onde desenvolveu toda a sua carreira no magistério. Criado na Lorena, Lucien Febvre nunca deixou de se entusiasmar pelas coisas da região, permanecendo sempre — ao longo de toda a sua existência — um homem do Franco-Condado.

De aluno do Liceu Luís, o Grande e da Escola Normal, Febvre chegou a graduar-se em história em 1902. No ano seguinte, já fazia parte da Fundação Thiers, onde permaneceu até 1907. Doutorando-se pela Sorbonne em 1912, foi logo lecionar na Faculdade de Letras de Dijon (1913) e, mais tarde, na Faculdade de Letras de Estrasburgo (1919) e no Colégio de França (1933). Em 1948, assumiu o cargo de presidente da VI Seção da Escola de Estudos Superiores, tornando-se no ano seguinte membro da Academia de Ciências Morais e Políticas.

Mas sua vida não se limitou apenas às experiências acadêmicas. Convocado para o exército em 3 de agosto de 1914, atuou nas

---

118. FEBVRE, Lucien. "Vivre l'histoire". In: *Combats pour l'histoire*. 2ª ed. Paris: A. Colin, 1965, pp. 32-33.

frentes de batalha até 7 de fevereiro de 1919. Durante este tempo, só deixou os campos em 1916, quando — ferido — teve de ser hospitalizado. De sargento foi a segundo-tenente, tenente e daí a comandante, tendo sob suas ordens uma companhia de metralhadoras. Na vida militar recebeu as seguintes condecorações: Cruz de Guerra francesa, quatro citações; Cruz de Guerra belga, uma citação; Legião de Honra militar.

Não obstante, Febvre não parou aí. Assumiu muitas outras funções, bastante diversificadas entre si, mas denotadoras de um trabalho intenso e intermitente: presidente da Comissão da *Enciclopédia Francesa*; presidente da Comissão de História da II Guerra Mundial; presidente da Comissão de História e membro do diretório do Centro Nacional da Pesquisa Científica; vice-presidente da Comissão de Estudos para a Reforma do Ensino; vice-presidente do Conselho de Administração da Fundação Nacional de Ciência Política; diretor-adjunto do Centro Internacional de Síntese; membro do Conselho de Aperfeiçoamento do Conservatório Nacional de Artes e Ofícios e do Conselho de Administração do Museu Postal; presidente da Comissão de Historiadores Franceses; delegado da França na UNESCO (1945), entre inúmeras outras atividades, a exemplo das incontáveis conferências que proferiu dentro e fora da França — inclusive no Brasil.

Enquanto muitos daqueles que vivem o (e do) mundo acadêmico preferem comodamente não participar "destes órgãos burocráticos", Lucien Febvre parece ter convivido não em uma, mas em muitas instituições "burocráticas". Além dos cargos que assumiu, tomou parte também em várias missões de ensino no exterior. Sem arrolar todas elas, anotemos aquelas referentes à Universidade de Praga (1935), Universidade de Viena e Instituto Francês da Áustria (1935), Universidade de Buenos Aires (1937), Universidade de Montevidéu (1937), Universidades de Aberdeen e de Glasgow (1946), Universidade de Istambul (1948), Universidades de Roma, Florença, Veneza e Pádua (1948) e Universidades do Rio de Janeiro, Belo Horizonte, Bahia, Recife, Fortaleza e São Paulo, onde deixou marcas visíveis (1949).

Essas *algumas* das principais atividades de Febvre. Morreu em 1956.

Sobre suas obras escritas, a lista não é menor. Sem contar a infinidade de artigos e trabalhos, muitos dos quais veiculados nos *Annales* (revista que fundou em 1929 juntamente com Marc Bloch) e em sua mais conhecida coletânea, *Combats pour l'histoire* (1952), podemos mencionar: *La Franche-Comté* (1902); *Philippe II et la Franche-Comté* (1912); *Notes et documents sur la Réforme et l'Inquisition en Franche-Comté* (1912); *La Terre et l'evolution humaine* (1922); *Un destin: Martin Luther* (1927); *Le Rhin, problèmes d'histoire et d'économie* (em colaboração com A. Demangeon); *L'apparition du livre* (1934); *Le problème de l'incroyance au XVIe siècle, la religion de Rabelais* (1942); *Origène et des Périers ou l'enigme du Cymbalum Mundi* (1942); *Autour de l'Heptaméron, amour sacré, amour profane*; *Les classiques de la liberté: Michelet* (1946).

Como facilmente notará o leitor, o trabalho de selecionar os textos eventualmente mais significativos da obra de Lucien Febvre, para montar uma coletânea, é até certo ponto inócuo. Tamanha é a produção de Febvre, tamanha é a diversidade, tão grande é a abertura dos temas, que fica muito difícil (senão impossível) separar aquilo que venha a ser "essencial" ou "mais importante". Esta coletânea não representa a "síntese" do pensamento e da obra de Lucien Febvre. Muito menos pretende mostrar os trechos mais conhecidos — os *best-sellers* — de toda a sua rica produção. Antes de ser um substitutivo da leitura total de Febvre, esta coletânea pretende fazer a sua propaganda. Em cada texto selecionado, paira subjacente o convite para uma incursão *in totum* no universo palpitante das inquietações febvrianas. Este é o objetivo central a que se propõe esta seleção: levantar a "poeira do combate". Quanto mais absorventes e ricas em apelo se revelarem as amostras, mais esta coletânea estará próxima de atingir suas finalidades.

    Última advertência. Os textos escolhidos não retratam uma possível "evolução" do pensamento de Lucien Febvre. É certo que suas estruturas mentais (para usar formulação cara a ele) eram suficientemente generosas e abertas para acolher com indisfarçável entusiasmo o sopro dos ventos renovadores. Sua vida mostra mesmo uma verdadeira obstinação pelo arejamento das coisas novas, sem, contudo, em momento algum — e é bom que isto fique claro — fechar os olhos para as contribuições herdadas do passado. Nesse sentido, não é difícil perceber que o pensamento febvriano nunca ficou estagnado. Mudanças sempre houve e sempre ele as buscou. Mas daí a pretender que nele tenha se operado uma "evolução espiritual" seria colocar seu pensamento dentro de trilhos nos quais nem sempre trafegou.

    O que nos interessa captar em Febvre é a vida. A nossa vida, de homens concretos e historicamente situados, com uma infinidade de opções, possibilidades. E de cerceamentos.

    Em outras palavras: não procuramos desvendar se Febvre evoluiu e como evoluiu. O que nos preocupa é saber como ele *viveu* (e ainda vive na lembrança ativa de muitos historiadores).

***

Por que, entretanto, promover a leitura de Febvre?

    Naturalmente, a pergunta se ajusta melhor a quem ainda não leu Febvre. Ou a quem leu, mas descuidadamente.

Como nosso trajeto não obedece a linhas evolutivas, tratemos de iniciá-lo com a obra-mestra de Febvre: *O problema da descrença no século XVI, a religião de Rabelais*.

O título pode assustar. Discutir religião? E do século XVI? Qual a importância de ir estudar esses problemas no longínquo século XVI?

Primeiro, que o Dezesseis sempre representou muito para Febvre. Uma "pátria" do espírito. E as coisas vão se tornando mais claras a partir do instante em que se tem em mente que Febvre foi um fervoroso humanista. Em poucas palavras, o século XVI era para Lucien Febvre uma fonte inesgotável de humanismo. Daí sua curiosidade infindável em se debruçar a fundo para enxergar tudo quanto pudesse desse século privilegiado. "Esse humanismo", acentua Braudel, "foi [para Febvre] uma arte de pensar e até de viver. Esse humanismo, para falar um instante a sua linguagem, foi para ele 'um alimento'."[119]

Nutrindo-se do humanismo do século XVI, Febvre não deixava também de ir marcando o raio de ação do historiador. A partir dos problemas colocados pelo estudo da religiosidade em Rabelais, Febvre ia edificando as sólidas estacas que servem de alicerce à sua obra.

Diante do verdadeiro inquérito que pairava acerca da posição de Rabelais, através de questões que procuravam saber se *era verdade que* Rabelais alimentava no íntimo o desejo de combater o cristianismo, se possuía verdadeiro ódio a Cristo, se era um "livre-pensador" etc., Febvre procurou — de início — delimitar bem a postura do historiador em face da questão.

---

119. BRAUDEL, Fernand. "Lucien Febvre e a história". Tradução de Margarida e Joaquim Barradas de Carvalho. *Revista de História*. São Paulo, vol. 31, nº 64, pp. 401-407, out./dez. 1965.

É verdade que é uma fórmula que revela o seu caráter de inquirição. (...) Acaso não pode o exame crítico dos fatos levar-nos a substituir a fórmula do magistrado "é verdade que" pela fórmula do historiador: "como se explica que" — fórmula humana, fórmula de quem sabe que, a cada passo de seu desenvolvimento, as crenças da humanidade são aquilo que podiam ser? Logo, o problema não consiste em se perguntar se, ao ler as passagens de Rabelais, somos tentados a exclamar: "Esse Rabelais! já naquele tempo um livre-pensador!" Mas sim, se os contemporâneos de Rabelais (quero dizer, os mais sutis), ao lerem estas mesmas margens, experimentaram ou não uma tentação de tal ordem; finalmente, se o próprio Rabelais e, além dele, um homem de cultura equivalente podiam ou não, nesta época, alimentar o desejo de "revelar" uma doutrina da qual se assinala muito mais o aspecto de negação, ocultando-se, não sem razão, o conteúdo primitivo.[120]

Os acontecimentos não ocorrem ao sabor do acaso. Ao historiador, antes de mais nada, pede-se que *compreenda* as coisas da história. Ocultas ou explícitas, elas têm uma razão de ser ou de terem sido. Este o caminho seguido por Febvre; certamente que neste terreno não são poucas as dificuldades, mas — convém lembrar — Febvre nunca se satisfez com as explicações mais fáceis. Não que procurasse o rebuscamento e o erudismo dos intelectuais postiços; é que simplesmente as respostas fáceis, conquanto cômodas, não conseguem explicar satisfatoriamente os complexos problemas postos pela história. Assim, Febvre, referindo-se ao problema da religiosidade em Rabelais, não titubeou em dizer:

Não nos perguntemos, em absoluto, se a ruptura [com a religião] era *fácil* — mas sim, se havia ou não condições para tornar *possível* uma ruptura como esta. E, para tanto, comecemos por avaliar o papel que a religião cristã ainda efetivamente ocupava na vida dos homens.[121]

120. FEBVRE, Lucien. "O problema e o método". Nesta coletânea, p. 31.

121. FEBVRE, Lucien. "O domínio da religião sobre a vida". Nesta coletânea, p. 37.

No nascimento, na morte, nas refeições, nas doenças, nos testamentos, nos casamentos, na vida profissional, na vida universitária, na vida pública, em tudo, enfim, se imiscuía a Igreja. Até mesmo na contagem do tempo: as horas eram marcadas pelo repicar dos sinos, anunciando desde a manhã até a noite as horas adequadas para a sucessão das preces e dos ofícios.

A Igreja imprimia o ritmo de vida de cada qual no século XVI. E mesmo fora da Igreja não havia como se apoiar em um outro tipo de comportamento que não fosse o religioso. Nem na ciência, nem na filosofia.

Como então pensar em Rabelais como um negador do cristianismo em 1532? Mesmo considerando, ainda que seja por hipótese, que se tratava de

> um homem excepcional. Um desses homens pouco numerosos que se mostram capazes de se adiantar um século a mais sobre os contemporâneos, de formular verdades somente recebidas como tais dali a cinquenta ou cem anos mais tarde. Para libertar-se deste domínio universal, deste domínio multiforme da religião que apoios encontrará — e onde irá encontrá-los? Na filosofia? Na ciência do tempo?[122]

A resposta, para Febvre, surge ao estudar a fundo os conceitos e os mecanismos superestruturais que compunham a *mentalidade* (*mentalité*) religiosa do século XVI. Ou a *ideologia*, para usar uma terminologia diversa e, no caso, mais restrita que a de Febvre. Inaugurando importante linhagem nos estudos históricos — centrada nas pesquisas sobre a *história das mentalidades* — Febvre indicava que, se hoje o cristianismo "é uma profissão de fé entre várias outras", no fim do século XVI ele absorvia por completo todas as práti-

122. Ibidem, p. 37.

cas da vida diária. Nada havia em que se apoiar para fornecer uma alternativa, e muito menos alguma contestação.

Estavam abertas as barragens entre a história social e a história das mentalidades, num momento de alta criatividade metodológica: rompia-se com a história tradicional, abria-se um novo período de revisão conceitual — fora dos quadros historicistas e/ou stalinistas.

***

Já se pode observar que os problemas com que lidou Febvre ao tratar do século XVI, apesar de específicos, não se afastam muito dos problemas vividos nos dias de hoje. No campo da contestação, por exemplo, aqueles que optaram por um tipo de comportamento francamente político e empenhado saberão ver, por certo, nas linhas escritas por Febvre, uma perspectiva que, não obstante as críticas das incontáveis dissidências, aponta horizontes em que a ação tem maiores possibilidades de ser fecunda. Assim é que, do ponto de vista da contestação, a ação será tanto mais sustentável e eficaz se programada a partir de suportes históricos, uma vez detectadas as possibilidades históricas concretas.

Mas esse não é o caso de Rabelais. Muito menos do historiador, especialmente na perspectiva de Febvre.

> (...) melhor seria (...) lembrarmos da filosofia dos homens do Renascimento, na sequência de teses e de atitudes, que não só se distinguem, uma da outra, como igualmente se opõem e contradizem. Cada qual possui uma parcela de verdade, levando em conta as circunstâncias de tempo, de lugar, de estrutura social e de cultura intelectual, que explicam seu nascimento e seu conteúdo. Desta forma, é na medida em que soubermos justificar os contrastes e as oposições que poderemos entender por que, tendo mudado

as circunstâncias, cada uma destas teses e destas atitudes tiveram de se apagar diante de outras; é unicamente nesta medida que podemos avaliar o esforço perseverante da mente humana, reagindo à pressão dos eventos, ao choque das circunstâncias. Esta é, verdadeiramente falando, a tarefa do historiador.[123]

Levando em conta que o primeiro mandamento do historiador está em *compreender*, Febvre soube dar o devido peso às doutrinas e pensamentos da época para tentar perceber alguma possibilidade de Rabelais ter manifestado qualquer tipo de *irreligiosidade*. E, de fato, muitos eram os obstáculos para que isto se concretizasse. A começar pelo próprio vocabulário, pela sintaxe, pela presença marcante (porém conservadora) do latim a intervir decisivamente nos modos de pensar e de conciliar as tradições doutrinárias.

Um dos grandes méritos de Febvre é, sem dúvida, o de não assumir uma postura radical em face do conhecimento. Procura, ao contrário, manter-se o mais aberto possível e pronto para acolher cada parcela de verdade que *todo* pensamento (e não apenas um) traz em seu bojo. Para que isto se concretize, o procedimento mais maduro é circunstanciar os pensamentos que se quer analisar dentro do amplo quadro histórico que lhes deu origem.

E esta abertura não tem em Febvre a dimensão mascarada de muitos acadêmicos, cuja permeabilidade não passa de uma fachada a mais, a garantir a aparência elevada e o *status* gratificante daquilo que imaginam ser a amena vida intelectual. Para estes, Febvre reservou os maiores estoques da mais pesada carga irônica, adornada do mais puro desprezo. Não o desprezo pelo intelectual — Febvre era um intelectual e, dentro das perspectivas que *assumiu* (palavra

---

123. FEBVRE, Lucien. "Os apoios da irreligião: a filosofia?". Nesta coletânea, p. 54.

muito poucas vezes posta em prática no mundo acadêmico), soube ser coerente com a sua intelectualidade — mas sim o desprezo pelo excesso de resguardo (a expressão aqui é eufemística) que envolve muitos dos que fazem parte do seleto reino das coisas do espírito. A carta que Febvre escreveu em 1933 contra o espírito de especialização é disto um dos mais eloquentes exemplos.[124]

Aí, sim, Febvre radicaliza sua posição. Mas radicaliza justamente por não ser radical em face do conhecimento. Ou seja: não via ele limites rigidamente estipulados entre as diversas disciplinas; ao contrário, vislumbrava sim uma unidade do conhecimento, para a qual contribuiriam histórias, políticas, geografias, filosofias, sociologias, antropologias etc. Febvre sempre se lançou em múltiplas frentes, e nada melhor do que sua própria vida para atestá-lo.

> Autêntico aluno de Vidal de la Blache [afirma Braudel], [Febvre] ficou toda a sua vida tanto geógrafo quanto historiador. Leitor entusiasta de *Année Sociologique*, como Marc Bloch, assimilou muito cedo o pensamento avassalador de Durkheim e de Lévy-Bruhl, e ainda os pensamentos irmãos de Halbwachs, Marcel Mauss e François Simiand. Mas, tranquilizai-vos, também foi um leitor fervoroso de Marx, de Max Weber e de Sombart, sobretudo de Marx, o que nem todos lhe perdoarão. Atento aos estudos, inquéritos e missões dos etnógrafos, saudou com entusiasmo anteontem as teses de Leenhardt, ontem os magníficos livros de Lévi-Strauss. Membro da Comissão de Direção dos *Cahiers Internacionaux de Sociologie* desde a sua fundação, deu a esta revista o patrocínio da VI Seção da Escola Prática de Altos Estudos. Apaixonado da História da Arte, saboreou ao mesmo tempo as audácias de um Francastel e a clássica soberania de um Émile Mâle. Neste domínio, ainda mais, se possível ele procurava as fontes. Vi-o correr ao Louvre, entre duas entrevistas, para ali rever um quadro. Historiador de eleição da vida religiosa, o foi também da vida científica e das técnicas.[125]

---

124. FEBVRE, Lucien. "Contra o espírito de especialização". Nesta coletânea, p. 99.

125. BRAUDEL, Fernand. Op. cit., p. 403.

Soube, ao mesmo tempo, encaminhar críticas decisivas à história "historizante" (segundo Henri Berr, uma história feita sobre fatos particulares, que o historiador se propõe ligar, coordenar e analisar as mudanças).

Não que Febvre quisesse eliminar os fatos da análise histórica. Este mal-entendido causa até hoje danos na formação daqueles que em algum momento de suas vidas se dedicaram ao estudo mais atento das coisas da história. A crítica de Febvre se dirige não aos fatos em si, mas à maneira pela qual certos historiadores reverenciam os fatos dentro da história, a ponto de em momento algum conseguir ultrapassar a sua exígua (e muito ardilosa) dimensão. Aos que se limitam a recolher fatos, Febvre sempre ataca: por que fazer história; afinal, o que é mesmo a história?

Ele próprio se adianta:

> Você não me responde? Então eu me vou. Você me faz lembrar essas pobres pessoas a quem a Universidade, por uma deplorável aberração, confiava a tarefa — entretanto, uma das mais difíceis — de iniciar na Matemática os pequenos "literatos" que éramos nós, nos bancos do sexto, quinto e quarto clássico. Eles conseguiram brilhantemente impedir-me de estudar Matemática! É que eles a reduziam a não sei que revelação de pequenos processos, de pequenos artifícios, de pequenas receitas para se resolver problemas. "Truques", como dizíamos em nossa gíria de estudantes, atualmente fora de uso... Mas aí está: os truques não me interessavam de modo algum (...) Davam-me "bons conselhos" para fazer alguma coisa, sem nunca explicar por que esta coisa merecia ser feita. Sem dizer como nem por que essa coisa havia sido inventada. Nem mesmo, enfim, para que servia... Para se entrar um dia na Escola Politécnica? Mas a Politécnica não é um fim em si. E desde esse tempo (pior para mim) eu já tinha exigências fundamentais de espírito... Então era bem simples. Eu voltava as costas à Matemática. E aqueles dentre os meus camaradas que não pediam tanto triunfavam...

> A história historizante pede pouco. Bem pouco. Muito pouco para mim, e para muitos outros além de mim. Eis toda a nossa crítica (...).[126]

Que outras palavras mais certeiras se poderia usar para espelhar toda a gama de problemas que envolvem o ingresso e a permanência na vida universitária? Mas, é claro, Febvre não está falando de vestibulares, de "cursinhos" (com seus múltiplos e sutis controles ideológicos) ou de ensino superior. Muito menos dos problemas do magistério (ou do aprendizado, como os professores de didática explicam que é certo dizer) na sociedade brasileira. Por mais que a carapuça sirva, ela foi talhada tão somente para discutir a história "historizante". Qualquer semelhança é mera coincidência.

***

"A história é o homem", eis a fórmula mais apreciada de Febvre. "Um cortejo de personagens, mas também uma unidade, uma aproximação necessária dos contrários", complementa seu discípulo Braudel, ao comentá-la.

E neste "cortejo", Febvre sempre procurou muitas aproximações: a linguística, a psicologia, a literatura, a filosofia, a arte, a ciência etc. E, nessa luta, não deixou de lançar a advertência, repetida aqui através das palavras de Braudel: "Ou a História ascende a este alargamento da visão do historiador — e, através dele, da dos seus contemporâneos — ou ela não será mais do que um jogo estéril, jogo de paciência para eruditos. Acredito ser esta a missão da História".[127]

126. Febvre, Lucien. "A história historizante". Nesta coletânea, p. 103.

127. Braudel, Fernand. Op. cit., p. 406.

Em sua incessante atividade, Febvre recorre a muitas alianças, alargadoras do diâmetro estreito em que se via contida a história. E começa, como de costume, refutando os "truques":

> "A Psicologia", dizia Baldwin, "trata do indivíduo, e a Sociologia, do grupo". E se Baldwin tivesse definido a história teria, segundo creio, encerrado nela um campo fechado, o indivíduo e o grupo — e teria professado que, armada com os resultados adquiridos pela Psicologia e pela Sociologia, ela se teria esforçado por definir no quadro do passado suas relações recíprocas. Excelentes noções para estudantes; elas fornecem chaves para um emprego fácil. Mas, infelizmente, quando essas chaves são experimentadas, sempre deixam a segunda porta fechada! — Em vez de dissertarmos sobre o abstrato e de traçarmos no papel limites bem delineados, coloquemo-lo diante das realidades. E apliquemos o bom método: compliquemos o que parece bem simples.[128]

Assim Febvre vai operando. Começa propondo alianças. Mas *não* as reduz a meras *somatórias* do conhecimento. Não é juntando um pouco de história, uma pitada de geografia, rudimentos de sociologia, uma colher de política, misturando tudo filosoficamente que se obtém o bolo do conhecimento, ou aquilo que muitos chamam de "síntese", a mesma que, no Brasil, está na panaceia dos "estudos sociais".

Cada vez o círculo se amplia mais. As possibilidades de alargamento do conhecimento histórico se abrem em um leque, enfeixado pela fórmula básica: "A história é o homem".

Agora é a vez da filosofia. Dos historiadores da filosofia:

> De todos os trabalhadores que ostentam, especificado ou não por algum epíteto, o qualificativo genérico de historiadores, todos o justificam de algum modo — exceto, muitas vezes, aqueles que, aplicando-se a raciocinar

---

128. FEBVRE, Lucien. "História e psicologia". Nesta coletânea, p. 108.

> por conta própria sobre sistemas às vezes de vários séculos de idade, sem a menor preocupação de marcar a sua relação com as outras manifestações da época que os viu nascerem — acabam fazendo, assim, exatamente o contrário do que exige um método de historiadores. E que, diante desses engendramentos de conceitos saídos de inteligências desencarnadas — e depois vivendo com sua própria vida fora do tempo e do espaço, unem estranhos elos, de anéis a um só tempo irreais e fechados...[129]

Febvre nunca deixou de criticar. Sempre fez questão de debater, mas sempre também manteve o respeito pelo objeto de crítica. Não para "acomodar as coisas, com diplomacia e interesse", mas porque sempre conseguia, na sua crítica, descobrir alguma verdade no objeto criticado. E, portanto, não se distanciava, mas se envolvia com o objeto. Não é o "respeito covarde"; é o respeito fundado a partir de uma mente arejada. Mesmo porque, se alguém duvidar da sua contundência crítica, é, seguramente, porque não leu a carta contra a especialização, de 1933, reproduzida nesta coletânea.

Foi com esta mesma postura de eterno aprendiz que Febvre se debruçou sobre a obra do Toynbee.

> (...) Toynbee pretende desenvolver, em cerca de vinte volumes, um estudo comparativo das civilizações... Amplo e generoso intuito. Ainda que, desde o início, ele nos inspire um temor que não tentamos dissimular; se ele deve, pesando-se todas as coisas, inspirar-nos finalmente um afastamento metódico e razoável, não oporemos contudo ao autor qualquer questão prévia. Não entraremos nesses grossos livros com um acre desejo de orquestrar a vingança fácil do "especialista" sobre o ensaísta sedutor.[130]

---

129. Idem. "Os historiadores da filosofia. Sua história e a nossa". Nesta coletânea, p. 122.

130. Idem. "Duas filosofias oportunistas da história. De Spengler a Toynbee". Nesta coletânea, p. 130.

Realmente é bastante comum o hábito intelectual de se criticar negativamente um livro, principalmente se o crítico for um "especialista". Comentar passa a significar criticar, e criticar, apontar as falhas. Não queremos com isto dizer que a crítica deva ser amena e laudatória; longe disto. Estamos apontando, isto sim, a verdadeira obsessão que muitos intelectuais "especialistas" alimentam...

Antes da crítica cortante, não seria de todo mau se perguntassem a si próprios sobre a sua produção intelectual. Para exercer implacavelmente sua função de críticos, eles têm forçosamente diante de si um exemplar qualquer — "a vítima". Mas, este exemplar, bom ou mau, representa algo produzido. E quantos dos críticos *veementes* têm um lastro considerável de publicações e de obras?

A segunda advertência é a de que existem *leituras* (no plural) de uma mesma obra. Para penetrar realmente no seu âmago, há que procurar compreender (é o que nos ensina Febvre) o que nos revela a obra. Isto quer dizer: de nada vale exigir dela pressupostos ou métodos aos quais ela nem mesmo se propôs. O ideal seria — aponta Febvre — "não opor qualquer questão prévia", e sim tentar penetrar naquilo que a obra se objetiva a expor. Este procedimento, contudo, não tem sido a constante. Exemplos podem ser colhidos até mesmo entre os marxistas ortodoxos mais intransigentes, que só dão ouvidos às obras que tratam da "luta de classes", pouco importando se isso corresponde ou não ao processo histórico em pauta, taxando deliberada e preconceituosamente as demais obras como "produtos ideológicos da alienação burguesa". Verdade final e acabada! Claro está que tudo o que não for "marxista" estará, dentro desta perspectiva linear, enquadrado nos rótulos pré-fabricados de "burguês" ou de "ideológico".

E não se trata de endeusar Febvre e situá-lo "acima das ideologias". O que acontece, pura e simplesmente, é que ele *não* se propõe trabalhar na perspectiva das lutas de classe. E isto não é motivo suficiente para ser criticado. O que, aliás, não seria fácil, a menos que se recorra aos moldes já pré-fabricados ("burguês", "ideológico", "ocultador das lutas de classe" etc.).

> Que a história pretensamente marxista sem conseguir sê-lo o ataque à vontade: em última análise, esse ataque virar-se-á contra ela própria porque o pensamento de Febvre não lhe é contraditório; desenvolve-se até muito bem sob o signo de um marxismo vivo, isto é, maleável, como recente e justamente o declararam os nossos colegas poloneses...[131]

Mais consequente, porém, é continuar mostrando a imensa atividade de Febvre. E o alento formidável que ela ganhou após o encontro com Marc Bloch em Estrasburgo. Do convívio, das discussões e das reuniões, cada vez mais constantes, amadureceu um projeto comum. Projeto sério, intelectual sim, mas todo ele brotado em função da ação. A Grande Guerra, como não poderia ser de outra forma, deixou marcas profundas, e as ciências humanas (a história, em particular) não deixavam de ter, pelo menos, uma parcela de responsabilidade em face da crise geral, da destruição e das mortes incontáveis. Todas essas questões, somadas aos problemas específicos que enfrentavam a história e as ciências humanas, levaram Febvre e Bloch a coroar na prática o feliz encontro de seus talentos. Do amadurecimento de ambos, nascia em 1929 a revista *Annales*, patrocinadora de marcantes conquistas da história e das ciências sociais.

> Os *Annales* são uma escola de método, sem dúvida. Realizou sistematicamente o balanço do conhecimento produzido, da "ciência que se faz". Orientou programas de pesquisa, reuniu um grupo de intelectuais dos mais

---

131. BRAUDEL, Fernand. Op. cit., p. 405.

ativos e publicou seus trabalhos. Explorou novas perspectivas e abriu novas sendas tanto no conhecimento da prática humana do passado, como no presente. Foram polêmicos e irônicos. Denunciaram sistematicamente os hábitos tradicionais. Denunciaram a erudição pela erudição, sem perspectivas teóricas que lhe atribuam sentido. Denunciaram os relatos que saltitam sobre os eventos notáveis, ou que concebem a trama histórica como produto da ação dos espíritos sagazes. Denunciaram os relatos que se diluem na dispersão empírica. Denunciaram a utilização de conceitos vagos ou mal fundados. Denunciaram as ilusões e fantasias dos intérpretes. Denunciaram as interpretações lacunares. Mas, ao lado de cada denúncia, uma inspeção exaustiva das contribuições para o progresso do conhecimento. Sempre com a convicção de que esse progresso só pode ser resultado do trabalho de muitos, coletivo, organizado, planejado e metodicamente conduzido.[132]

A fundação dos *Annales* representou também um marco divisório nas vidas de Febvre e de Bloch. Mais um passo decisivo, mais uma trincheira de lutas. E quantas não conheceram juntos? Lucien Febvre mostra-o com ardente solidariedade no seu brilhante artigo sobre Marc Bloch em Estrasburgo.[133]

E o próprio manifesto lançado pela revista é todo ele uma exortação ao trabalho e à vida:

> Então, ao trabalho, e depressa, historiadores. O tempo passa, o tempo urge... O tempo corre, o mundo lhes sopra no rosto o hálito febril. Não, não os deixaremos em paz. Nem os ingleses, nem os americanos, os russos, os libaneses, os sírios, os árabes, os cabilas, os carregadores de Dacar, os *boys* de Saigon. Tranquilos! Mas vocês estão dentro da massa! Comprimidos na massa, acotovelando-se com pessoas que não aprenderam os bons modos.

---

132. GUARIBA NETO, Ulysses Telles. *Leitura da obra de Lucien Febvre e Marc Bloch nos "Annales"*. Introdução à análise do conhecimento histórico. Assis: F.F.C.L. de Assis, 1973, pp. 202-203.

133. Veja nesta coletânea, p.156.

Os seus bons modos dos quais vocês tanto se orgulham. (Ainda que, na ocasião certa, saibamos o que pode vir a restar de suas boas maneiras.)[134]

E prosseguindo ainda sobre a tarefa do historiador: "Só é digno deste belo nome aquele que se lança inteiro na vida, com o sentimento de que, mergulhando nela, banhando-se nela, penetrando-se de humanidade presente — decuplica suas forças de investigação, seu poder de ressurreição do passado".[135]

"Em Febvre — quem nos diz é Adalberto Marson, da Universidade de São Paulo — o brilho literário, as interrogações, as incertezas, as orações sem verbo, a polivalência sujeito-objeto, a angústia cristã de *chercher l'homme*, o discurso em forma de fala, a recusa da conclusão estanque, as verdades em poliedro", tudo isso, arrematamos, não deixou de sensibilizar também uma considerável parcela de acadêmicos brasileiros. Principalmente aqueles que viveram o florescer de um dos principais redutos humanistas de São Paulo: a Faculdade de Filosofia, Ciências e Letras da Universidade de São Paulo.

* * *

Pontos relevantes de ordem metodológica no trabalho do historiador ficaram indicados por Lucien Febvre ao indagar sobre as relações existentes entre psicologia e história.

Começa perguntando: qual o objeto do estudo do historiador? Encontra duas respostas, fundadas na historiografia tradicional. Uma delas aponta este objeto nas massas, nos movimentos confusos das

---

134. FEBVRE, Lucien. "Face ao vento". Nesta coletânea, p. 173.
135. Ibidem, p. 173.

massas de homens. Esta área, porém, constata Febvre, está muito pouco conhecida, pois a história ainda conserva fortes traços aristocráticos. Neste sentido — e aqui ingressamos na segunda resposta — o objeto da história tem-se inclinado, em boa escala, para a ação dirigente de um certo número de indivíduos mais qualificados, os "homens que fazem a história", os condutores das massas anônimas.

No âmbito das relações entre psicologia e história, se assumida esta linha de abordagem, a questão se colocaria nos seguintes termos: para o estudo das massas, construir-se-ia uma *psicologia coletiva* que — instaurada no presente — seria extensiva às massas de outrora, as massas históricas. E os grandes homens? Estes, em razão talvez de sua própria grandeza, seriam estudados por uma psicologia individual. Ficava estabelecida, assim, a dicotomia indivíduo-sociedade.

Em face desta perspectiva, Febvre propõe novos caminhos. Se os "personagens históricos" são aqueles responsáveis por uma "grande obra histórica", afinal, que *personagens* e que *obras* são essas?

E começa separando, com muita nitidez, as obras de interesse particularizado das obras (estas sim — segundo Febvre dignas do nome) que se situam acima das fronteiras de pequenos grupos. Refere-se às obras que interferem numa dinâmica individual, mas que atingem também uma dinâmica social. É o caso das religiões, dos sistemas de ideias e doutrinas, das revoluções, das conquistas etc. E não se pense que elas "permanecem como simples fruto da violência", adverte Febvre. Isso porque:

> não são feitas por alguns homens para o uso em benefício de alguns grupos. [Elas] podem ser atribuídas a um esforço de conjunto para organizar a vida das massas humanas. Sim, na medida em que o que inicialmente foi obra de particularismo e, se assim o desejarmos, de egoísmo, muda-se em obra de civilização.

E Febvre não para aí: conduz a discussão também para as *repercussões* desse tipo de obra:

> Os fatos de civilização por acaso não são — pelo menos parcialmente — fatos que, não se limitando a uma dada sociedade, mostram-se suscetíveis de migração e de implantação em domínios por vezes muito afastados e muito diferentes do seu domínio de origem?

Reúne assim os elementos básicos para definir uma obra histórica, "aquela que, além do 'local' e do 'nacional' visa o humano. Aquela que se afirma como suscetível de brilhar e de se expandir pacificamente".

Curioso é notar que a crítica de Febvre atinge em cheio as análises imbuídas da perspectiva nacionalista. Mas, ao mesmo tempo (e nem poderia deixar de ser diferente) ela se separa das críticas feitas pelos marxistas àquilo que chamam de "ideologia nacionalista". Para Febvre, as coisas não se colocam em termos da existência (ou não) de uma ideologia. Seu ponto de referência não é a existência de uma ideologia de classe. Aliás, ele nem chega a falar de *classes*. Seu objetivo é bem outro: é *humano*. Mas o que seria este "humano"?

Por outra vertente, Febvre discute a *autoria* de uma obra histórica. E observa que ela perde muito de sua individualidade ao ser lançada numa dimensão maior: a dimensão social. É nesse plano que se pode constatar como uma obra se situa no contexto em que surgiu, e como se apresenta o *feedback* das ideias propostas pelo autor. Mas este autor tem suas limitações. "Qual o ser humano" — o próprio Febvre o diz — "que pode ser considerado como um poder autônomo, independente e isolado?" "O indivíduo é sempre o que lhe permitam que ele seja, tanto a sua época, quanto seu meio social."

Determinismo? Não é aí que Febvre quer chegar. E, de fato, não chega. Suas indagações pretendem superar a dualidade da formulação — indivíduos ou massas. A questão, segundo seu entender, deve ser redefinida. Indivíduos ou sociedades?, esta a sua proposta. Mas, o mais significativo é notar que ela não se funda numa oposição nem estabelece uma dicotomia. Se é verdade que, para Febvre, o meio social determina a criação, e que a sociedade é para o homem uma realidade orgânica (para a qual invariavelmente ele tende), isto não quer dizer que Febvre tenha excluído a individualidade. O que acontece é que, entre o particular e o social, ele não vê uma oposição, mas uma complementaridade.

Esta problemática está presente na aproximação que faz entre a história e a psicologia. Não se pode projetar para o passado — explica Febvre — a dimensão do presente (sentimentos, ideias, preconceitos intelectuais e morais).

Os contrastes devem ser, antes de mais nada, explicados. Mas "explicar" não é simples, porque: "[...] põe em jogo uma quantidade de dados que os historiadores, até hoje, não se preocuparam em reunir, em agrupar em um corpo. Aos quais eles não pensaram em dar seu verdadeiro valor".

Para que seja possível uma psicologia histórica verdadeira, é necessário que psicólogos e historiadores trabalhem em conjunto, com sentido de equipe e colaboração. A partir deste acordo, os contrastes poderão gradativamente ir sendo explicados, sem projeções forçadas, sem anacronismos, sem imposições. Febvre mostra, em linhas gerais, o caminho:

> inventariar inicialmente em seu detalhe e, em seguida, recompor para a época estudada o material mental de que dispunham os homens dessa época; por um possante esforço de erudição, mas também de imaginação,

reconstituir o universo, todo o universo físico e intelectual, moral, no meio do qual se moveram as gerações que o precederam; tomar um sentimento nítido do que, por um lado, a insuficiência das noções de fato sobre este ou aquele ponto e, por outro lado, a natureza do material técnico em uso numa determinada data na sociedade que se quer estudar engendrariam necessariamente lacunas e deformações nas representações que certa coletividade histórica forjaria do mundo, da vida, da religião, da política.

Neste ponto, Febvre vislumbra uma aproximação em termos mais produtivos e eficientes:

perceber, enfim, levando em conta a observação de Henri Wallon que um universo "no qual somente a força muscular do homem pode se bater contra os seres concretos que diante dele se erguem" não é, não pode ser, o mesmo universo que se assenhoreou da eletricidade segundo suas necessidades e, para produzir essa eletricidade, dominou as forças da natureza.

O exemplo se revela muito potente. Especialmente se se lembrar do que Febvre descreve em páginas anteriores neste mesmo ensaio (*História e psicologia*), fornecendo uma significativa e atraente explicação dos contrastes entre o dia e a noite na vida dos homens da Idade Média. Esse contraste, que suscitou não poucas adaptações (e aflições) aos homens que viveram aquele período, nos dias de hoje deixou até mesmo de ser um contraste: basta apertar-se um comutador de luz. Qual o curso de história medieval ou mesmo o manual que disserta sobre o período (para não perguntar qual o professor) que nos falou destas coisas? Quem nos aproximou tanto do período medieval? E quem nos deu uma relação tão apropriada entre aquele mundo e o mundo de hoje, em que vivemos, dimensionando a *ambos*?

Arremata Febvre:

O "Universo" não é um absoluto como o "Espírito" ou o "Indivíduo" — ele vai incessantemente se transformando com as invenções, com as civilizações criadas pelas sociedades humanas; eis a finalidade última do historiador — finalidade que não será atingida pelos isolados, mesmo que eles tenham o cuidado de se unirem aos psicólogos.

E, enfim, para se formar um bom historiador, os ingredientes necessários "são espíritos alertas, inventivos, engenhosos, que procuram colaborações, e que diante de qualquer trabalho intelectual fazem a indagação do pesquisador: 'Para mim, de que pode isto servir? E como utilizar o que não é feito para mim?'".

A polêmica com Arnold Toynbee torna-se expressiva para o analista que se preocupa com a localização de Lucien Febvre. Vale a pena acompanhá-la.

O estudo de Toynbee (sobre as experiências humanas em termos de civilização) sugere, por sua grande amplitude, um afastamento metódico da parte de Febvre, "mas sem a vingança do 'especialista' sobre o ensaísta". "Não o julguemos" — diz Febvre — "julgar não é próprio de historiador; tentemos compreendê-lo."

E, efetivamente, Febvre conduz toda a sua análise em *A study of history* marcando nitidamente sua posição de historiador. Aceita o debate, discute e critica, mas só quando está em jogo a perspectiva do historiador. Em outras palavras: não embarca em todas as proposições da obra; recusa o debate quando se trata de discutir *crenças* (o estudo de Toynbee se mostrou pleno delas), mas, em compensação, discute calorosamente os temas de história.

Começa estudando a linhagem, impropriamente chamada de historiográfica, a que Toynbee se filia. O certo seria dizer linhagem profética, pois Spengler — o grande mestre de Toynbee e autor da discutida obra *O declínio do Ocidente* — parece caminhar (e esta é a grande crítica que lhe faz Febvre) muito mais nas sendas da profecia do que na perspectiva do historiador.

Nunca é demais lembrar, com Febvre, as pregações que Spengler fazia aos seus discípulos: "Não percam tempo com a poesia, com a filosofia, com a pintura. Passado morto. Formem em suas próprias pessoas a matéria-prima da qual surgirão os grandes homens". Seria imperdoável esquecer também que Spengler desenvolvia suas ideias na Alemanha da década de 20 e que já "naquele tempo, Spengler e seus leitores, os futuros nazistas de estrita obediência, tinham inimigos comuns: a democracia, o liberalismo burguês e o marxismo".

Nessa época, a situação europeia — em amplo declínio (como atesta o título de sua obra principal) — servia de prato saboroso, do qual sabia extrair as delícias na forma de profecias, tão caras, segundo Febvre, ao pequeno-burguês nazista: "Os excessos dos maquinismos", dizia Spengler, "porão a Europa a perder; a raça branca, em suas próprias profecias, ensinará às raças de cor a fabricação de armas que depois serão usadas contra os próprios mestres".

Ao que Febvre comenta: "Eis o que propiciou a Spengler o seu sucesso: sucesso não de historiador analista e dedutivo, mas, de um profeta, de um mago, de um visionário perfeitamente adaptado às necessidades da Alemanha agitada, do período compreendido entre 1922 e 1929".

Mas, ao mesmo tempo que propiciou seu sucesso, o jogo das profecias também patrocinou seu fracasso. Foi quando os nazistas — desta feita no poder — berravam a todo canto a sua palavra de ordem ufanista: "Vamos mudar o mundo. Ou pelo menos a Alemanha". E separavam-se de Spengler, que persistia na sua visão apocalíptica da destruição da raça branca.

De certa forma, Toynbee veio revivescer o profeta desacreditado. Propôs ele uma teoria das sociedades e das civilizações. Resta saber, porém, qual o seu alcance. Até onde a lei do desafio se aplica e se estende? Por outro lado, seria consistente pensar-se que as massas são impotentes e que apenas uma minoria criadora é capaz de responder aos desafios? Todas estas dúvidas pontilharam na crítica de Febvre. A semelhança com Spengler fica bastante clara em Toynbee. Basta observar o modo como ele concebe a marcha da civilização. É Febvre quem explica:

> Bruscas paradas, seguidas de repousos — que por si mesmos preparam novos saltos. Porque em uma sociedade viva, qualquer resposta a um desafio faz logo nascer um desafio novo. E como as experiências que se seguem variam, disso resulta o fato de que as civilizações sejam diferentes umas das outras. Cada uma possui seu estilo particular.

Novamente entramos no terreno (apaixonante?) das crendices. Mas Febvre se recusou a acompanhar estes apelos.

> Toynbee nada tem a nos ensinar (...) ao contrário de Spengler, não professa um pessimismo radical. Ele ensina, ao contrário, o que se poderia denominar um otimismo cosmológico. Para ele, a significação de tantas civilizações surgidas no mundo e desaparecidas revelar-se-á em um outro mundo. Crença respeitável, ainda que muito vaga (se eu ousasse diria: algo clorótica): mas não devemos discuti-la; ela não pertence nem à História nem à crítica.

Uma coisa é a ciência: história; outra (bem diversa), a crença. Uma coisa é procurar *explicar* (no sentido utilizado por Febvre), outra é "dar como estabelecido o que se deveria estabelecer", como faz Toynbee, segundo o comentário de Febvre. Os limites entre a credulidade e o racionalismo precisam ficar bem marcados. Com uma crítica decisiva, encaminha sua profissão de fé no ofício do historiador:

Generalizar no concreto, sem preocupação com abstrações feitas em série — isto é um último degrau a ser transposto pelo historiador, o mais alto e o mais difícil. Nem todos o atingem; não são dotados para atingi-lo. Mas só o transpõem aqueles que, inicialmente, lentamente, dificilmente, penosamente já transpuseram todos os seus degraus intermediários através da montanha. Nada pode ser motivo para dispensar alguém. Pretender subir de um salto à crista; tomar aí uma atitude vantajosa e depois prosseguir de um outro salto, com uma pequena saudação: muito bom para uma fotografia, na capa de uma revista ilustrada. Mas nós não estamos nas fileiras dos alpinistas. Nós, isto é, historiadores.

3. Fernand Braudel: um intelectual que deixou marcas

QUEM NEGARÁ O PAPEL violento da história? A advertência feita por Fernand Paul Braudel — em outubro de 1985, numa aula pública de história em Chateauvallon — sugere que até o fim da vida ele manteve acesa a inquietude própria de um grande historiador. Mais importante: falava do ensino da história; que sempre o preocupou.

Braudel foi um dos intelectuais que mais deixaram traços de passagem pelo Brasil. Vivendo em São Paulo, à rua Padre João Manoel, onde escreveu parte de seu *chef d'oeuvre*, *O Mediterrâneo e o mundo mediterrânico (La Mediterranée) à época de Felipe II*, lecionou na cadeira de História da Civilização, na recém-criada Faculdade de Filosofia, Ciências e Letras da USP. Deixou marcas não só propriamente pessoais (a amizade de Cruz Costa, por exemplo) como a brisa de uma nova metodologia (palavra inovadora naquele tempo) para a renovação do pensar e do fazer histórico.

Ainda não tinha notoriedade, mas já portava — vários depoimentos o confirmam — bem administrada arrogância que deixava os filhos da pequena aristocracia paulista embevecidos.

Tendo sido professor do Liceu — de ensino secundário, como se dizia nos anos 1950 — na Argélia e em Paris, entre 1923 e 1935, encontrou na então europeizada São Paulo o meio cultural bem temperado para suas expansões algo teatrais. E boas condições para produzir a grande obra que seu mestre, Lucien Febvre, aguardava, "en espoir". Obra que o impulsionaria ao pináculo da ascendente Escola da revista *Annales*, a mais prestigiosa no panorama do pós-guerra, criada em 1947 por Febvre com apoio do Ministério da Educação da França e subvenção continuada da Fundação Rockefeller.

Contenção

Não vamos discutir se os norte-americanos tencionavam favorecer o desenvolvimento das ciências sociais na Europa ou conter os avanços do marxismo no mundo. Haveria um "Braudel, fruto do Plano Marshall"... Basta-nos anotar que São Paulo está na base da escalada do delfim dos *Annales*: Braudel costuma dizer até que se tornou inteligente após vir ao Brasil.

Sua passagem ressoa não apenas no anfiteatro do departamento de História da USP que leva o seu nome, e que jamais viria a conhecer. Não voltou ao Brasil: há controvérsias sobre os motivos. Mas deixou estimulante teoria da história e uma atitude militantemente favorável à história comparada e ao diálogo transdisciplinar, sempre afirmando a particularidade e a supremacia do conhecimento histórico. "A história conserva a vantagem insubstituível de dominar o passado como passado, o que lhe permite apreender melhor o presente." Deixou Braudel também muitas frases de efeito, repisadas num ambiente de certa rarefação intelectual.

Braudel também plantou uma certeza: a de que a história é feita para ser ensinada, o que é de atualidade absoluta neste momento de decadência em que nossas faculdades se desobrigaram do papel de formadoras de professores. Já vão longe os tempos dos desafiadores seminários-didáticos de Eduardo França, seu ex-assistente na cadeira de História Moderna e Contemporânea, por vários anos uma das poucas e últimas referências na USP.

Quando chegou a São Paulo, uma das primeiras atividades de Braudel foi a conferência sobre a "pedagogia da história", no venerando e matricial Instituto de Educação Caetano de Campos em 1936. Ela foi republicada na "revista do Eurípedes", seu ex-assistente (*Revista de História*, nº 23, 1955). Aí está o cerne de sua visão teórica e prática sobre o trabalho do historiador: pesquisa é fundamental para a renovação do conhecimento, mas o fim é o ensino da história. "Atenção: nossa tarefa pedagógica não deve se orientar por vossas preferências científicas. Insisto. Nosso colega faltaria a todos os seus deveres se falasse a seus alunos apenas de sociedade, de cheques, de preços de trigo..."

Advertência relembrada não faz muito pelo professor Maurice Aymard, num luminoso prefácio intitulado "Braudel ensina história" à nova edição ampliada do *Manual de Braudel* (*Le monde actuel*, 1963). Sim, Braudel escreveu manual, para jovens de 16 a 18 anos, "mas adultos", como dizia... Obra que ressurge com o título *Gramática das civilizações* (São Paulo: Martins Fontes, 1989).

Sua marca essencial foi, para além das teorizações sobre as durações, os níveis da realidade histórica, os "quadros mentais como prisões de longa duração" — herança maior do mestre Febvre —, para além da produção baseada em pesquisas concretas e perguntas fundamentais, a preocupação com o conceito de civilização. Conceito que perseguiu em todas as pesquisas e ensaios de síntese, agora sistematizados na citada *Gramática*. O livro acumula experiências pessoais que datam de 1949, somadas às de seus colegas das "áreas culturais" da famosa VI Seção da École Pratique des Hautes Études, agora École des Hautes Études en Sciences Sociales, onde atua um de seus sucessores mais inquietos, Marc Ferro.

Civilizações, pensa Braudel, com sua espantosa fixidez, abrigam traços profundos que vão desde economia às mentalidades coletivas, com relações específicas formando um sistema particular, com suas regras próprias de mudanças mas também de permanências. Aí ele conclui que "uma cultura é uma civilização que ainda não atingiu sua maturidade, seu ponto ótimo nem assegurou seu crescimento". Pensando no Brasil?

CIVILIZAÇÕES

Braudel foi um dos maiores historiadores deste século de extremos que se encerra. Seu mérito: o de atualizar a reflexão sobre o conceito de civilização, a partir de conhecimento profundo da nossa, a do Mediterrâneo.

Braudel ensinou-nos a definir civilizações em relação ao espaço, à sociedade, à economia, às mentalidades coletivas, às sensibilidades. E entender que as civilizações têm uma duração, sendo lentíssimas as inflexões e mudanças. Mas insistindo em que as mudanças ocorrem e podem mesmo ser provocadas no processo de ensino. E que isso depende da formação e seleção de professores, sem o que não existe cultura republicana.

Braudel voltou à batalha pelo ensino em 1985. Frente às crises, atropelos e reprogramações no ensino de história na França, nas últimas décadas, mais uma vez — a derradeira, infelizmente — Braudel se insurgiu. Deixemos falar o último Braudel, o Braudel professor, o que fica:

> A nova história foi colocada, alojada nas séries do primeiro grau onde, evidentemente, provocou os maiores estragos. Poderia ser de outra forma? (...) Se eu fosse o responsável, ensinaria até o segundo colegial a história tradicional, a história-narrativa: conta-se, interrompe-se; explica-se uma coisa um pouco mais importante e de quando em quando introduzem-se observações de sociologia, de economia social etc. E concentraria a "história nova-nova" e a "história-nova-nova-nova" no terceiro colegial. Porque acho horrível, abominável, interrogar no exame de conclusão do segundo grau sobre o período de 1945 a 1985, como se faz hoje em dia. Tenho certeza de que, se fosse examinador, eu reprovaria qualquer historiador nesse exame. E, se examinasse a mim mesmo, eu me reprovaria pessoalmente! (*Gramática das civilizações*, pp. 15 e 8).

4. CHARLES RALPH BOXER (1904-2000)

> *Nothing matters much; most things don't matter at all.*
>
> CHARLES R. BOXER

COM O SÉCULO XX DESAPARECE um dos historiadores maiores de nosso tempo: Charles Ralph Boxer, o mais importante estudioso da história da expansão portuguesa, autor de livros seminais sobre a história do Brasil, de Portugal, da África e da Ásia e criador da cátedra Camões no King's College da Universidade de Londres em 1947, a única, então, no mundo de língua oficial inglesa. Com seu falecimento no último dia 27 de abril, aos 96 anos, encerra-se uma época. Um estilo, uma maneira de ser cada dia menos frequente na universidade. E não apenas na universidade, pois, além do passamento do professor Boxer, é aterrador o silêncio de nossa imprensa a propósito, o que traduz bem a condição de periferia cultural a que o Brasil vem sendo reduzido lenta e gradualmente, a despeito das proclamações de "integração no mundo contemporâneo".

Charles Boxer, amigo e interlocutor de várias gerações de historiadores no Brasil, dentre eles o carioca José Honório Rodrigues, tornou-se também personagem histórico. Oficial do Exército, tendo-se destacado desde muito jovem por seus conhecimentos da língua e da cultura japonesas, o capitão Boxer era intérprete-tradutor e atuava no Serviço de Inteligência do Império Britânico em Hong Kong ao ser ferido em ação, em 1941. Prisioneiro dos japoneses, foi confinado e torturado. Sua já notável coleção de livros raros e manuscritos sobre a Ásia foi incorporada à Biblioteca Imperial de Tóquio, acervo que ele recuperou parcialmente no pós-guerra. Tal episódio ganhou as telas: Boxer era aquele oficial inglês interpretado pelo genial Alec Guiness, o personagem central do filme A *ponte do rio Kwai*, quando duas hierarquias e duas mentalidades se enfrentaram. Estoico, de opiniões fortes e firmes, por vezes anticonvencional, um cético sempre bem-humorado, não guardou ressentimentos, continuando a admirar a cultura japonesa até o fim, a ponto de ser clemente com o ex-comandante do acampamento japonês quando do julgamento deste.

Após 1947, o coronel Boxer passou de soldado a acadêmico reconhecido, dados seus estudos sobre o Japão e a Ásia em geral, o que o levou a estudar o português e o holandês para compreender os documentos que ia coletando no que então se denominava Extremo Oriente. Não ostentava o título de doutor ao assumir a "Camoens Chair" no King's College, na Universidade de Londres, onde ficou até 1967. Lecionou também na London School of Oriental and African Studies e deixou marcas (e partes de sua biblioteca) em outras importantes universidades, que reconheceram seu trabalho, como as de Indiana (onde está a famosa Lilly Library), Yale (onde foi reconhecido como professor emérito) e a de Londres, que lhe concedeu o título de Emeritus Professor of Portuguese em 1968.

Sempre foi algo irônico a respeito de títulos universitários, que muitos colecionam, avaliam e proclamam, ou em relação ao austero Athaeneum, clube tradicional em que recebia generosamente pesquisadores de todo o mundo.

Dentre seus livros se incluem alguns clássicos sobre a história de nosso país, sempre analisado como parte dos movimentos da expansão europeia. Destaquemos *A idade do ouro no Brasil*, *Os holandeses no Brasil*, *Salvador de Sá e a luta pelo Brasil e Angola (1602-1686)*, além de dois importantes livros em que o Brasil comparece como tema central: *Relações raciais no império colonial português (1415-1825)* e *O império marítimo português (1415-1825)*. Menos conhecido, porém igualmente precursor, é seu livro *Mary and misogyny (1415-1515)*, sobre as mulheres na expansão ibérica, escrito em 1975, um dos assuntos de sua preferência. Mais centenas de artigos e estudos.

Muito haveria a comentar sobre sua fascinante personalidade, seus ataques ao salazarismo e suas dúvidas bem documentadas sobre a democracia racial no "mundo que o português criou", que rendeu polêmica com o sueco Magnus Mörner (outro esquecido), com o próprio Freyre e a condição de *persona non grata* do regime salazarista. E dizer de sua cordialidade galante, seu senso de amizade, sua generosidade para com os historiadores mais novos. Sua impaciência com os formalismos da vida acadêmica e com a mediocridade em geral explicam algumas intervenções públicas menos "convenientes". Casado em segundas núpcias com a escritora feminista norte-americana Emily Hahn, que morava em Nova York, formavam um casal singular, com o Atlântico pelo meio.

Charlie, portador de um falso ateísmo, em verdade era um agnóstico militante, não escondendo admiração pelos missionários jesuítas no Japão, sobre quem escreveu obra clássica.

Nas comemorações dos 500 anos, talvez não tenha sido por acaso que as universidades brasileiras se tenham esquecido de homenagear Charles Boxer com um *honoris causa*. Ou com uma menção qualquer.

5. O AMERICANO INTRANQUILO: RICHARD MORSE

SEMANA PASSADA MORREU Richard Morse, no Haiti, terra de sua mulher, Emerante de Pradines. Era um amigo do Brasil e se considerava meio paulistano: aqui fez teatro, história e cultivou admirações e amizades. E aqui deixou um discípulo, Matthew Shirts.

Estudioso da história de São Paulo, do Brasil e da América Ibérica, sobretudo pelo flanco da urbanização, escreveu um livro que se tornaria um clássico dos estudos sobre esta cidade, *From community to metropolis* (1954), depois traduzido, ampliado e publicado com o título *Formação histórica de São Paulo* (São Paulo: Difel, 1970).

Como já escrevi alhures, ele não se considerava propriamente um *brazilianist*, nem desavisado latino-americanista. Numa época em que tanto "os deserdados como os executivos" veem seus sonhos evanescer, em que as "elites têm de se proteger atrás de burocracias labirínticas contra as massas inoportunas", Morse propôs uma revisão profunda dos conceitos de civilização, de cultura, de atraso, de modernidade, de centro, de periferia, de história.[136] Como afirmou certa vez esse universitário controverso e antiacadêmico: "Pretendo considerar as Américas do Sul não como vítimas, pacientes ou 'problemas', mas como uma imagem especular na qual a Anglo-América poderá reconhecer as suas próprias enfermidades e os seus problemas".

Neste início da "era Bush" nos Estados Unidos, com sua visão tacanha de relações com a América do Sul, e de afirmação da nova sociedade civil em muitos países da região (e, em particular, nesta metrópole), vale a pena revisitar algumas de suas teses.

Em seu conhecido livro *O espelho de Próspero*, publicado em português em 1988, trouxe uma lufada de ar fresco para os viciados ambientes em que setores da ciência política, social e da historiografia latino-americanista promoviam discussões embaçadas naqueles anos de distensão e abertura, em que se debatia o processo que — *hélas* — desembocou nesta era de autoritarismo neoliberal. Livro que evocava a grande tradição ensaística, uma das alavancas do pensamento latino-americano contemporâneo, sugerindo a urgente reconsideração de grandes premissas culturais na apreciação das relações da América do Norte com a América do Sul. Ou mais propriamente, do "contraste entre Ibero-América e Anglo-América, em vez de América Latina e Estados Unidos", dessa forma alcançando o pouco frequentado patamar da reflexão em torno de civilizações, conforme a expressão de Antonio Candido na apresentação desse livro pouco apreciado nos Estados Unidos.

---

136. MORSE, Richard. *Um americano intranquilo*. Rio de Janeiro: FGV-CPDOC, 1992, com textos de Antonio Candido, Francisco Falcon, Haroldo de Campos, José Murilo de Carvalho, Roberto DaMatta e Wanderley Guilherme. Apresentação de Helena Bonery e apoio de José Mindlin.

Ao defender o uso da expressão "Ibero-América", Morse atacava as "prescrições geopolíticas que os governos do Primeiro e Segundo Mundos impõem a seus respectivos quadros acadêmicos e à própria região". Morse foi também um protagonista desta história, pois, ao desembarcar em São Paulo em 1947, descobriu que intelectual e culturalmente não chegara à periferia, mas ao centro. Conheceu aqui um conjunto variado de intelectuais que não tinha (ainda) seu horizonte cultural fragmentado pelo modelo massificado da universidade e da vida norte-americanas. Ex-estudante de Princeton e Columbia, notou que, para os latino-americanos, os "bárbaros" estão dentro, e não fora, diversamente das experiências do Império Romano ou dos japonesess do século XIX, e que essa poderia ser uma pista interessante para se repensar o papel da civilização ibero-americana. Essa civilização — a nossa, aliás — possui identidade histórica, "tem alguma mensagem para o nosso mundo moderno", e sua tradição poderá ser útil na virada do milênio para o chamado "resto do Ocidente".

Numa memorável conferência em nosso Instituto de Estudos Avançados (IEA) da USP, chegou a propor, com sua ironia feroz, a criação de um Instituto de Estudos Atrasados... Heresia? Não. Na gestão Goldemberg, o IEA foi criado exatamente para agitar a embotada imaginação universitária e o conformismo (a que voltamos nos dias de hoje). O fato é que, segundo Dick Morse, a sociedade industrial moderna liquida as relações e valores interpessoais, alienando o indivíduo na massificação do dia a dia, anulando sua identidade. Afinal, perguntava, "que desenvolvimento é esse que leva à massificação e à loucura do cotidiano?" Ou esse "atraso", que precisa ser reavaliado, "pois os latino-americanos abrem-se mais aos meios de comunicação do mundo todo, enquanto os norte-americanos conhecem apenas os seus"? Ou de liberdade, visto que a noção de "liberty" é estática e rígida, enquanto a de "liberación" é dinâmica e em aberto? E assim por diante: a noção de andamento é mais profunda que a de "timing", e um "intervalo para um cafezinho" é mais inteligente que o "coffee break"...

A lição de Morse para São Paulo permanece atual. A crise se avolumou, os desafios são gigantescos, mas, em contrapartida, hoje temos maior consciência dos problemas e, portanto, de suas soluções. Inúmeros estudos de urbanistas, economistas, antropólogos, sociólogos, ambientalistas e historiadores demonstram como o fator "conhecimento" (ou "formação" cultural, empresarial, tecnológica, educacional) desempenha papel decisivo no desenvolvimento econômico e social. O historiador, nos anos 1960, escrevendo sobre a maior cidade da América do Sul, lamentava: "Faltam conhecimentos, ou — o que é mais importante — os incentivos para dimensioná-los precisamente e ajustar de modo correspondente a produção".

Em parte, isso mudou, pois já existem estudos sérios e competentes para o leitor que deseje aprofundar seus conhecimentos. Mas o historiador norte-americano, ex-professor das Universidades de Yale e Stanford, já detectara a verdadeira problemática contemporânea vivida pela sociedade em geral e pelas empresas neste Estado, considerada em suas múltiplas dimensões, inclusive ética. E ressaltou o consumidor, a má distribuição de riqueza, o ritmo espasmódico da produção e a influência dos interesses estrangeiros. Em suas palavras:

> Ao mesmo tempo que a maioria dos consumidores de São Paulo vive com recursos parcos, a grande desigualdade na distribuição da riqueza leva um pequeno, mas bem articulado grupo a pagar preços inflacionários por artigos de luxo que requerem as mais adiantadas técnicas industriais e desviam as forças produtivas dos artigos básicos.

O que se aprende com essa história? Quarenta anos passados, o esforço coletivo para a afirmação, aqui, da nova sociedade civil deve-se concentrar, nessa perspectiva, no sentido de se mobilizar o Estado, a economia e a sociedade para que se ultrapassem os limites impostos pela história presente, ainda marcada por um modelo em que combinam negativamente o ranço autoritário com a visão imediatista do lucro a qualquer preço. A globalização traz nova carga de desafios, alimentando a cultura da violência, do *stress* e a corrida, decerto exagerada, que ainda obedece ao "ritmo espasmódico da produção, característico de uma industrialização recente, exagerado pela influência dos interesses estrangeiros", como advertia o professor Richard Morse, conservador de vanguarda. Esse americano intranquilo nos alertava sobre as historicidades próprias de nossa civilização que deveriam ser valorizadas para a construção de uma outra história.

6. Joaquim Barradas de Carvalho
(1920-1980)

O HISTORIADOR Joaquim Manoel Godinho Braga Barradas de Carvalho talvez tenha sido o professor "estrangeiro" que mais deixou marcas de sua passagem por São Paulo. Daí a importância de uma cadeira com seu nome na Academia Lusíada de São Paulo, criada por seu presidente, o escritor Rodrigo Leal Rodrigues, outro paulista de adoção. Barradas amava esta cidade. Aqui, nunca foi "estrangeiro".

Foi um intelectual que, na Universidade de São Paulo, nos ensinou a "pesquisa à lupa", o rigor da escrita, os clássicos. Foi no Brasil, em compensação, que se revelou excelente professor: jamais lecionara antes, pois o regime salazarista não o tolerava, como a inúmeros outros intelectuais progressistas. Por seu intermédio, conhecemos, enquanto história viva, as ideias de Jaime Cortesão, Vitorino Magalhães Godinho, Antonio Sérgio, que se destacaram dentre outros geniais escritores e pensadores portugueses. Barradas implantou entre nós a crítica — gentil e informada — aos estudos de João Ameal e outros igualmente menos apreciáveis, que faziam parte de nosso então ingênuo currículo universitário.

Espírito antiacadêmico, antiortodoxo, filho de família tradicional alentejana, descendente do conde das Galvêas e de Camões, Barradas soube cultivar como ninguém a crítica, temperada sempre pela amizade e empenhada cordialidade, que estendia até mesmo a eventuais oponentes políticos. Só uma coisa o aborrecia efetivamente: o reacionarismo de alguns de seus compatriotas, cujo comportamento retrógrado empurrou Portugal para o atraso e melancolia. Daí ter encontrado na vida agitada de São Paulo um clima intelectual e político em que pôde desenvolver suas potencialidades. Tornou-se um paulistano da melhor cepa: pensava mesmo que, na reorganização mundial, se um dia se articulasse um Bloco Luso-Afro-Brasileiro, a capital deveria ser em São Paulo... Após a Revolução dos Cravos, o *Jornal do Brasil* dedicou dois ou três editoriais a essa utopia barradiana.

Barradas nasceu no dia 13 de junho de 1920 em Arroios, no Alentejo, cujo céu, como diz a canção, "não tem sombras" ("exceto as que vêm do céu"). Sua cor morena não deixava dúvidas quanto ao sangue árabe que lhe corria nas veias. Era o filho mais velho de Manuel Teles Barradas de Carvalho e de Lubélia Godinho Braga Barradas de Carvalho. Nessa família aristocrática, filho de um pai também escritor (autor de *Terracampa*) e monarquista ilustrado, criou-se uma das personalidades portuguesas do século xx mais generosas, abertas, simples e firmes.

Joaquim formou-se em história e filosofia em 1946 pela Faculdade de Letras da Universidade de Lisboa, já revelando a vocação para o campo no qual desenvolveria seus trabalhos: a história das ideias e, mais precisamente, a história das mentalidades — que à época era uma disciplina menor da história, pouco cultivada e desimportante (segundo parecia, apesar da influência do mestre Lucien Febvre). Seu primeiro trabalho foi uma dissertação para aquela Faculdade: *Ideias políticas e sociais de Alexandre Herculano* (1949), mesmo ano aliás de um outro grande trabalho de outro notável português de sua geração, Antonio José Saraiva, sobre o mesmo Herculano.

Seus estudos e pesquisas prosseguiram depois em Paris, onde se doutorou em estudos ibéricos pela Faculdade de Letras e Ciências Humanas da Universidade de Paris, Sorbonne, em 1961. Tema de sua tese: *Esmeraldo de Situ Orbis*, de Duarte Pacheco Pereira. Nesse período conviveu intensamente com a escola historiográfica dos *Annales*, o principal grupo de historiadores europeus capitaneados por Lucien Febvre, Marc Bloch (morto na guerra pelos nazistas) e por Fernand Braudel, sucessor de Febvre e Bloch. Braudel votava a Barradas enorme estima e a Portugal grande atenção por causa de Magalhães Godinho, Frédéric Mauro e, o mais jovem e jovial de todos, Barradas. Marxista a seu modo, Joaquim Barradas foi sobretudo um discípulo de Braudel (e de Febvre, fundador da história das mentalidades na França, em memória de quem dedicou seu último livro) e soube combinar o que de melhor havia naquela escola de pensamento com o que de melhor se fez em termos de pensamento marxista. Excelente mistura, que bateu em cheio na Universidade de São Paulo nos meados dos anos 1960, em que intelectuais como Florestan Fernandes, Antonio Candido, Fernando Henrique Cardoso, Octavio Ianni e inúmeros mais — não nos esqueçamos de Sergio Buarque, Caio Prado Júnior e Fernando de Azevedo, da geração antecedente — marcavam o horizonte intelectual e político, desenhando um outro Brasil.

Apesar de tanta heterodoxia, Joaquim sempre foi um militante do Partido Comunista Português, extremamente aberto porém a outras frentes de pensamento progressista. Preocupava-se, como Marx e Braudel, com *os quadros mentais que são prisões de longa duração histórica*: era o caso de Portugal e o caso do salazarismo que sempre combateu e que o expulsou de sua terra. Mas em Paris soube compor sua vida e honrar seu país e sua cultura. Depois de Paris, o Brasil, onde já estivera em Salvador no final dos anos 1950, num dos famosos congressos do mundo luso-brasileiro, e deixara boa lembrança pessoal e intelectual, cultivando amizades como a de Eduardo Portela e Celso Cunha. No começo dos anos 1960 envolveu-se num ataque ao quartel de Beja, o que o obrigou a deixar definitivamente sua pátria (com a cobertura e apoio de seu pai e de sua mãe, vale dizer).

Na condição de exilado, com passaporte francês e membro da Escola de Altos Estudos, o professor Eurípedes Simões de Paula, da Faculdade de Filosofia da Universidade de São Paulo, o recebeu em 1964, para grande entusiasmo de seus estudantes, fatigados com uma visão tristonha e rançosa da história ibérica. Um pesado editorial anticomunista no *Estadão*, redigido por Santana Mota, o aguardava em seu primeiro dia paulistano. Indignados, reunimo-nos na Tudor House, jovens professores mais Miguel Urbano Rodrigues e Vítor Ramos, para apoiar Barradas, Margarida e seus filhos, até porque o jornal tinha a tradição de ajudar exilados portugueses: seu dono, Julio de Mesquita Filho, e mais Paulo Duarte (amigo de Barradas) haviam se exilado em Portugal durante o Estado Novo brasileiro... Entre nós ficaria ele até 1970, deixando nesses seis anos fortes marcas em tantos alunos, colegas e amigos.

O golpe de Estado de 1964 nos irmanava: Portugal e Brasil fechavam-se nas malhas do autoritarismo, embalados pela doce ilusão do lusotropicalismo gilbertiano. Do lado de lá do Atlântico, chegavam-nos sons de crítica e de uma série de ensaios que desvendavam os equívocos do oportunismo elitista de certos "estudiosos" do mundo luso-afro-brasileiro: eram Mario de Andrade (Buanga Fele), Luandino Vieira, Amílcar Cabral e muitos outros.

Após formar uma série de estudantes, dialogar com seus pares (Buarque, Cruz Costa, Caio Prado, seus grandes amigos Celso Cunha e Eurípedes Simões de Paula, Eduardo Portela, Florestan Fernandes, e com os mais novos, como o historiador Fernando Novais, Iglésias, István Jancsó, Bóris Fausto e eu próprio, mais os então alunos Maria Lucia Perrone, Jobson Arruda, Arnaldo Contier, Raquel Glezer, Ana Maria Camargo, Gigi e tantos outros, com seus amigos brasileiros de exílio, como o deputado cassado Fernando Perrone, ou o sociólogo heterodoxo Maurício Tragtenberg, os filósofos Bento Prado e Gianotti, os sociólogos Ianni e Fernando Henrique) e depois de ensinar em todo lugar por que passava que nossa cultura tinha um recado importante a dar ao mundo, Barradas retorna a Paris.

Mas, além de suas pesquisas sobre o pensamento português do Renascimento, sobre o século XIX de Herculano e o século XX de todos nós, Barradas nos informava e era informado sobre uma infinidade de autores: Labrousse, Mandrou, Teyssier, Soboul, Godechot, Vovelle, Althusser, seu mestre Godinho, seu grande amigo Joel Serrão (que por seu intermédio também se tornaria nosso grande amigo, de Novais sobretudo). Nosso mundo se empobrecera com o golpe de Estado de 1964. Mas como toda história tem sua compensação, Barradas desembarcara no Brasil para iluminar as noites tristonhas do distante e soturno Butantã, e conosco subiu às barricadas da rua Maria Antonia em 1968. Por vezes como uma espécie de irmão mais velho, alertando contra os excessos, um certo esquerdismo ingênuo que então assolava o mundo. Foi com justiça que o Departamento de História da Faculdade de Filosofia deu seu nome a uma sala de aula no campus da Cidade Universitária, anos depois, após seu desaparecimento.

Com Barradas de Carvalho, ficava definitivamente plantada uma *nova linhagem de história das mentalidades na historiografia brasileira*. Aqui ensinara ele as vantagens da Escola de Paris, mas temperadas pelas preocupações intelectuais de um luso-brasileiro de olho na contemporaneidade. Foi um anfitrião inexcedível, "um português ao alcance de todos e de todas" (como costumava dizer), generoso, interessante e interessado: falava horas sobre Braudel, sobre o 5 de outubro em Portugal, sobre e contra o salazarismo, sobre outros portugueses ilustres no exílio, sobre o jornal *Portugal Democrático* que aqui era produzido (no qual colaborávamos todos e no qual encontrávamos a verdadeira crônica das "maravilhas" da presença portuguesa nas colônias).

Em tempos difíceis lá e cá, sua casa no Butantã, junto à Cidade Universitária, era um refúgio de inteligência e boa acolhida portuguesa. Uma luz nas trevas. A cultura portuguesa que circulava por sua casa — intelectuais, artistas, professores — não era sombria tampouco, a começar pelo saudoso Vítor Ramos, ex-professor titular de literatura francesa da USP, também exilado no Brasil. Esses exilados em São Paulo constituíam punhado de gente do mais alto nível humano e intelectual, que contrastava com o Portugal oficial e soturno dos jornais nacionais. Aos poucos, íamos conhecendo intelectuais e professores, suas obras e lutas, que por aqui passavam (Joel Serrão, Oscar Lopes, Urbano Tavares e muitíssimos outros que se sentavam à bemposta mesa de sua mulher, Margarida, também historiadora). Uma casa portuguesa democrática. Juntos nela recebemos tantos outros amigos, como Frédéric Mauro, Jacques Godechot, Albert Soboul, historiadores notáveis e depois amigos queridos. Era a nossa "República do Butantã".

Barradas de Carvalho retornou a Paris em 1970, apresentando à Universidade de Paris o ensaio *La traduction espagnole du Situ Orbis, de Pomponius Mela par Maître Jean Faras et les notes marginales de Duarte Pacheco Pereira*. Em 1975, recebeu a "mention très honorable" e "les félicitations du jury" com sua tese de Estado, então a mais importante da carreira universitária, e que foi recebida com grande impacto dada sua erudição e importância. Chaunu registra no prefácio da publicação dessa obra jamais ter ocorrido em sua longa experiência com teses uma sessão tão emocionante no tradicional Anfiteatro Liard, na praça da Sorbonne. Seu título (um dos mais longos da bibliografia mundial...): *A la recherche de la spécificité de la Renaissance portugaise — L'Esmeraldo de Situ Orbis, de Duarte Pacheco Pereira, et la literature portugaise de voyage à l'époque des grandes découvertes. Contribution à l'étude des origines de la pensée moderne*. Foi muito bem recebida por uma comissão de alto nível, presidida pelo historiador Pierre Chaunu, que aliás fez o emocionado prefácio, com Fernand Braudel, de sua edição em dois volumes pelo escritório de Paris da Fundação Calouste Gulbenkian, providenciada pelos vigilantes historiadores, escritores e amigos Joel Serrão e José Blanco.

Barradas produziu mais de cem artigos, estudos e ensaios, que publicou nas melhores revistas, como *Les Annnales*, *Bulletin d'Études Portugaises*, *Caravelle*, *Revista de História* (de São Paulo). Aqui deixou também muitos trabalhos em colaboração com seus alunos, hoje professores ocupando postos importantes na rede universitária brasileira. Alguns de seus estudos são clássicos, como o relativo à introdução dos algarismos arábicos na contabilidade portuguesa, ou sobre a noção de experiência no vocabulário português do Renascimento, ou ainda sobre a passagem da história-crônica à história-ciência. Mais acessíveis nas livrarias são *Portugal e as ori-*

gens do pensamento moderno (Livros Horizonte, com esclarecedor prefácio de Joel Serrão), e *O obscurantismo salazarista* (Argumentos/ Seara Nova). A *Revista História & Crítica* (nº 9, jun./jul. 1982) dedicou-lhe um número especial, com depoimentos de Luís Albuquerque, Armando Castro, Arnaldo A. Pereira e Luís R. Guerreiro, além de mesa-redonda sobre a obra de Joaquim. Também o professor Victor Gonçalves dedicou-lhe artigo na revista *Clio*, do Centro de História da Universidade de Lisboa (v. II, 1980).

Voltou duas vezes ao Brasil nos anos 1970 e em 1979 ensaiamos a organização de um Congresso Luso-Afro-Brasileiro, com a participação de Vitorino Magalhães Godinho, o tenente-coronel Melo Antunes, Joel Serrão, Augusto Abelaira, o próprio Barradas de Carvalho, Luandino Vieira, Aquino de Bragança, Guilherme Lustosa da Cunha (ex-estudante brasileiro de Barradas, trabalhando para a ONU), Mario de Andrade. O encontro deu certo pela metade, pois num congresso nacional da combativa Sociedade Brasileira para o Progresso da Ciência (Fortaleza, 1979), tivemos em Fortaleza (Ceará) personalidades do porte de Aquino de Bragança, Michel Debrun, Eduardo de Oliveira, Fernando Mourão, Severo Gomes, com quem discutimos, em perspectivas variadas, os desafios de nossa história comum. Os outros não puderam vir, pois ensaiavam-se golpes em seus países. Mas por trás desse encontro estava o Joaquim...

Seu retorno a Portugal deu-se, em definitivo, após a "Revolução dos Cravos" de 25 de abril de 1974. Não creio que tenha tido o reconhecimento merecido pela Revolução. Em certa medida, foi o caso também de Joel Serrão, companheiro de geração, só mais tarde reconhecido com importante posto na Fundação Gulbenkian, um grande intelectual. Joel Serrão, combatente das horas difíceis, espírito aberto, foi o organizador do grande *Dicionário de história de Portugal*, do qual Barradas participou em diversos verbetes. Muito tardiamente foram eles lembrados para postos de relevo, e no caso de Barradas o governo socialista *só postumamente* reconheceu seu real valor.

Mas já era tarde. Joaquim faleceu em Lisboa a 18 de junho de 1980, aos 60 anos, exaurido. Morreu como professor extraordinário, não tendo chegado ao posto mais alto da carreira universitária. Para muitos de nós, brasileiros, ele foi realmente extraordinário, o último romântico português, que procurou um espaço digno no planeta para sua pátria e para uma utópica comunidade luso-afro-brasileira. Um lugar democrático e moderno, avançado, criativo e fraterno.

Os embates entre socialistas e comunistas, mais a escalada do neoliberalismo farsesco "modelo comunidade europeia" esvaziaram o lugar que Barradas de Carvalho julgava que nossos povos deveriam ocupar na história. E que ele deveria, dizemos nós, ter ocupado na vida pública de seu (nosso) país. Como disse o deputado comunista e historiador Victor de Sá na homenagem da Assembleia da República ao historiador falecido, em junho de 1980, Barradas de Carvalho

> não investiga os feitos heroicos da força bruta. Sua obra incidia sobre a capacidade racionalista, crítica e científica do povo português, personificada em alguns heróis, como Duarte Pacheco Pereira, este sim um autêntico herói nacional, autor do também obscuro *Esmeraldo de Situ Orbis*. Barradas, um homem simples, cientista humilde, foi um grande embaixador da cultura portuguesa junto às intelectualidades francesa e brasileira. Um homem da congregação dos democratas, dos comunistas e dos socialistas.

O governo português, seu grande amigo de exílio o doutor Mário Soares (a nós por ele apresentado no exílio parisiense) e todos nós que tivemos o privilégio de com Barradas aprender alguma coisa ficamos a lhe dever uma série de iniciativas concretas — bolsas para os mais novos, fundações, formação de quadros, publicações sólidas etc. — que venham a aproximar de fato, para além desta hoje intolerável e repetitiva retórica de "amizade luso-brasileira" de banquetes e de visitas oficiais anódinas e custosas, *nossas culturas cuja matriz ainda é, apesar de tudo, comum*.

Concluamos com seu mestre francês Fernand Braudel, um dos maiores historiadores do século xx, que prefaciou sua grande tese de Estado, cuja publicação infelizmente Barradas não chegou a ver:

> Terei eu razão de lastimar por Joaquim Barradas de Carvalho, vítima de seu país e de sua época? Um historiador português, para além de tudo, navega na história fantástica de sua pátria, e continua com os gloriosos navegadores, a descobrir o mundo. Mas houve na vida movimentada e por vezes amarga de Joaquim compensações para o intelectual apaixonado que era. Teria de outro modo sido o historiador magnífico que ele se tornou? Eu digo frequentemente que não se compreende Portugal senão no Brasil. Isso é mais verdadeiro ainda, e de longe, para ele do que para mim.

7. De Sérgio Milliet,
de ontem, de sempre

Quando comecei a sentir-me brasileiro de verdade?

Sérgio Milliet, 1962.

Neste ano de 1998, várias celebridades evocam e atualizam acontecimentos históricos significativos. Caso dos 500 anos da chegada de Duarte Pacheco Pereira a estas terras, como sugeriu o historiador luso-brasileiro Joaquim Barradas de Carvalho, exilado entre nós, como anteriormente o fora Jaime Cortesão pelo mesmo regime salazarista, dois intelectuais encantados por São Paulo, paulistanos de adoção. Poderíamos seguir a pista de Cortesão e evocar também a chegada do célebre Bacharel de Cananeia a estas plagas, o Pires, um "largado" ou degradado, provavelmente também em 1498. Duarte e Pires estão inescapavelmente ligados às ideias primeiras de Brasil (ou daquela parte do planeta que veio a se denominar "Brasil").

Valeria também evocar os 200 anos da Conjuração dos Alfaiates, a primeira revolução social no Brasil, segundo o historiador baiano Luís Henrique Tavares, lembrança que hoje passa em silêncio, ao contrário do que ocorreu com os 200 anos da Inconfidência Mineira, em 1989... Têm sido pálidas as celebrações, os simpósios etc., sobre os 30 anos da Tropicália e do movimento de 1968 — mas simpósios talvez não sejam o modo mais apropriado de evocar tais eventos/processos. Estarão esses ciclos se esgotando? Talvez sim: Jorge Amado obtém seu *honoris causa* na Sorbonne e Caetano Veloso, o seu nome em praça pública, em Salvador.

Para o historiador da cultura e da educação neste país, o ano de 1998 marca também o centenário do nascimento de um dos maiores intelectuais paulistanos, Sérgio Milliet. O discreto doutor Sérgio, o neto de português, o ex-diretor da Biblioteca Municipal Mário de Andrade que polarizava a cidade e a colocava nos circuitos internacionais e nacionais, o crítico mais agudo das letras, dos costumes, da história e das artes de seu tempo, informado e sereno, o insuperável aristocrata de esquerda que esta cidade já produziu. Uma pessoa profunda, que simbolizava bem esse lado melhor dos paulistanos, que é (ou foi?) o da cordialidade discreta e simples, abrigando um sentido de amizade cerimoniosa, porém densa. Diversamente do escritor português António Sérgio, nosso disperso Sérgio não teve um grupo como o da revista *Seara Nova* para continuar suas lições.

Sérgio Milliet não foi apenas um grande escritor. Certo, ele nos deixou ensaios e estudos de surpreendente atualidade. Foi também o atualizador de nossa *intelligentzia*, pois alimentava com informações, bibliografia e atitudes sempre renovadas os círculos e instituições que frequentava ou, muitas vezes, criava. Deixou-nos, sobretudo, uma atitude, uma postura. "Nenhum entusiasmo barato, mas também nenhuma passividade intelectual", definiu-o Carlos Drummond de Andrade. Percorrendo o índice onomástico dos dez volumes de seu *Diário crítico* (1940-1956, introdução de Antonio Candido), o leitor encontra a parte mais significativa do mapa intelectual do século 20. Ou melhor, o cerne cultural, estético e político deste século tal como foi captado por esse intelectual gentil-homem profundamente paulistano e discreto, que, polemizando amigavelmente com Álvaro Lins, pontuava:

> Não viso em absoluto "legislar" sobre matéria artística nem pretendo "ficar como historiador literário". Quero somente agitar, interessar o leitor numa série de problemas que me parecem úteis à cultura de qualquer indivíduo, Assisto de fora, e de longe, na Província, o que é muito mais divertido, à luta de gênios suados, cansados, doentes, famintos de fama, de dinheiro, de autoridade. Que se estraçalhem e me deixem sossegado com meus livros, meus amigos, meus amores" (*Diário crítico*, v. IV).

Sérgio cultivava uma visão e um sentimento de Brasil deveras forte, ao mesmo tempo distanciado e cético. Ceticismo banhado nas leituras de Montaigne e Pascal, André Gide e Péguy, Alain e Claudel, "mas também num Dostoievski e num humorista como Vão Gogo (Millôr Fernandes)": "Defendi o ceticismo mais de uma vez, e para grande escândalo dos homens prudentes. (...) Porque, se o mal da humanidade está na sujeição aos dogmas, muito mais atingido me parece o Brasil, onde já nem sequer o dogma domina, mas o simples palpite".

Sua primeira produção poética é considerada discutível pela crítica; as *Cartas à dançarina*, de 1959, porém, ficam. E ficam, sobretudo, suas contribuições para a historiografia: o *Roteiro do café* permanece obra de referência. Com Rubens Borba de Morais, Sérgio ajudou a redescobrir o Brasil, os viajantes-cronistas, os pintores, até mesmo os esquecidos da Bibliothèque Saint-Geneviève, e a republicar clássicos da formação de nossa identidade.

Difícil não encontrar o autor de *O sal da heresia*, *Pintura quase sempre* e *Terminus seco e outros cock-tails* em quaisquer das mais importantes iniciativas político-culturais de nosso meio. Seja na vanguarda modernista, seja na direção de I Congresso Brasileiro de Escritores (1945), seja na Europa de entreguerras com Julio de Mesquita Filho ("Léon Blum acabou com a França de 14", dizia este no Grignotière), Orígenes Lessa, Guimarães Rosa, Sergio Buarque, Cícero Dias, Vinícius, Ungaretti. Ou na redação do *Estado* com o jovem Carlão, Luís Martins e tantos mais. Ou ainda como tradutor notável (de Montaigne, mas também de Sartre e Simone de Beauvoir), antes amigo de Romain Rolland e depois de André Malraux. Podemos também surpreendê-lo como um dos fundadores da Escola Livre de Sociologia e Política (1933) ou como professor da Universidade Mackenzie (1948). Mais tarde seu nome sempre se associou a causas que nós, estudantes dos anos 1950/60, enfeixávamos sob a rubrica "descolonização"; e também por seu intermédio íamos conhecendo os poetas como Aimée Césaire, Leopoldo Senghor, Pablo Neruda, Nicolás Guillén... Não raro, esses intelectuais passavam por São Paulo, e Sérgio Milliet era a ponte, o discreto articulador, o nome de referência para eles e para nós. Milliet também foi a ponte para o grupo-geração de Antonio Candido, outro intelectual-ponte, como para a dos poetas "novíssimos". E viaduto e amigo para gente que parecia tão distante de nós como João Antônio, o autor de *Malagueta, perus e bacanaço*. De sua mesa 5 do Paribar, nos fundos da Biblioteca Municipal, a que ele deu forma, espírito e cor (penso na vanguardeira Seção de Arte, criada por ele e Maria Eugênia Franco), Sérgio centrava a vida intelectual de nossa complexa e variadíssima galáxia. Quando morreu, foram encontrados dois ternos usados no guarda-roupa de seu modesto apartamento da rua Apa. Com seu desaparecimento, São Paulo nunca mais foi a mesma.

Milliet cultivava suave ceticismo em relação às coisas da política e das instituições, algo que hoje se aproximaria do neopirronismo à paulista. Mas seu ceticismo carregava um fundo de cálida esperança, que já se torna difícil manter.

Para avaliar tudo isso, recobrar o sentido daquele tempo, algumas iniciativas se esboçaram. Dentre elas, a de seu amigo, o vigilante Fábio Magalhães, diretor do Memorial da América Latina, a do Instituto de Estudos Avançados da USP, coordenada pela professora Regina Campos, autora do notável estudo sobre o crítico *Ceticismo e responsabilidade* (Annablume), e a da Universidade Mackenzie, onde ele lecionou nos anos 1940. Estudando o universo intelectual desse "intelectual oblíquo", como o definiu o jovem historiador Francisco Alambert, talvez possamos entender melhor nosso tempo, repensar o papel do intelectual nesta cidade em que as nuvens continuam de "um azul plúmbeo particular", profundo.

8. Sérgio Milliet, "da capo"

> Verificava que com toda a minha experiência ainda era um criança e tive, já velho, essa sensação maravilhosa de ser capaz de tudo recomeçar "da capo" olhando uma forma, ouvindo uma palavra, como se nunca a houvera visto, nunca a tivera ouvido.
>
> Sérgio Milliet, 1962.

As novas gerações estão descobrindo Sérgio Milliet.

Esse é um bom sinal nesta quadra de desencanto sem charme e de amesquinhamento do debate intelectual entre nós. Alguns professores universitários, à custa de se exibirem no processo de abertura política, acabaram tomando gosto pela superexposição na mídia e overdosaram suas posições por assim dizer intelectuais, o que acarretou também uma certa depressão: as tripas dessa nova classe média intelectual foram expostas à luz do dia nestes difíceis anos 1990. O mau gosto de que falava Caetano Veloso para tipificar a São Paulo nos anos 1960 — uma São Paulo que já não era a dos tempos de Milliet, nem de Mário e Oswald — assolou os círculos cultos, onde não mais dominavam as imagens serenas e estudiosas da "nova geração" de Antonio Candido, Paulo Emílio, Schemberg ou Anatol Rosenfeld. E também aplastou os meios populares, num universo que já não é mais — definitivamente — o de Adoniran Barbosa e João Antonio e tantos mais. E tempo virá em que vamos reler, na historiografia, livros como O *roteiro do café*, ou *Ensaios* (1940) e seus outros estudos, colocando-o naquela vaga de "redescobridores do Brasil" dos anos 1930/40, ao lado de Gilberto Freyre, Caio Prado e Sergio Buarque de Holanda. Sérgio Milliet tinha um olhar mais moderno e menos "tropical" sobre nossas coisas, um antídoto ao lusotropicalismo de Freyre que deve ser melhor analisado. Era o mais "moderno" e informado de todos, e homem de grande capacidade de criação institucional. Socialista humanista, seu nome aparecia em todos os manifestos daquela época de descolonização. Moderno, estimulava todas as vanguardas, inclusive as jovens gerações de poetas novos, como José Paulo Paes, e depois a dos "novíssimos"...

Creio que a publicação deste estudo de Regina Salgado, originalmente uma tese de doutorado na Universidade de São Paulo, sobre as influências de André Gide e de Michel de Montaigne em Milliet, indica que a universidade não está morta, apesar de algumas evidências em contrário. E que um novo bom tempo começa a se esboçar em nossa história literária. Tempo de estudos discretos mas sólidos, inspirados e trabalhados, monográficos mas interdisciplinares. Em sentido mais amplo, este livro deve ser incluído no catálogo geral de nossa história da produção cultural *tout court*, sentido geral que nem sempre, ao contrário do que afirmam, atarefados colegas da área literária — alguns dos quais gostam de viver em guetos — cultivam de fato.

Acho mesmo que esta publicação, ao apresentar e defender essa visão ampla, humanista e discretamente socialista de Sérgio ajuda a romper com certo paroquialismo que continua tomando conta de nosso debate histórico-literário-político-jornalístico-cultural. Momento regressista e de pouca generosidade intelectual, institucional e política em que se aceita e se exercita a mais rudimentar divisão ideológica do trabalho intelectual, com a vida cultural confinada nos benditos departamentos disso ou daquilo (não está na hora de acabarmos com essa divisão pré-histórica?).

Sérgio Milliet ressurge, nessa medida, como um refrigério neste fim de século, tempo triste na semiperiferia dos grandes centros culturais internacionais, inclusive nesta São Paulo que ele amou, também comoção de sua vida, cidade que se esforça tanto para ser cosmopolita, lutando para não ser apenas um aglomerado de gentes mal servidas. Sampa em que apenas as nuvens continuam com suas típicas cores azul-plúmbeas no outono e no inverno, como notava o grande ensaísta e crítico...

Regina Salgado, professora de língua e literatura francesa do Departamento de Letras Modernas da Faculdade de Filosofia da USP, sempre se dedicou aos grandes escritores que teceram a contemporaneidade na França, com reverberações no Brasil e no mundo. Foi isso que a levou a Milliet, a Gide, a Montaigne, mas também a Anatole France, a Roger Martin du Gard, a Péguy (outra grande influência em Milliet), e mais recentes, a Sartre, Simone, Camus. Montaigne, Sartre e Simone de quem Sérgio Milliet foi tradutor notável, o melhor de todos, dando com isso lição do ofício, recriando-os nesta nossa magnífica língua. Tradutor que incorporou com profundidade tudo o que tinham aqueles escritores de melhor, a começar pelo conceito de vida e de cultura, inseparáveis em sua biografia.

Extremamente séria, Regina Salgado é uma militante dos estudos de língua e literatura francesa. Pertence a um grupo-geração brilhante e compenetrado. Captou bem as lições de outras ativistas e intelectuais que deram corpo ao estudo da cultura francesa em nossa universidade. Lembro-me, para ficar apenas em alguns nomes, da saudosa Elena Andreoli, ítalo-brasileira com quem discutimos, Regina Salgado e eu, tantos temas histórico-literários e existenciais em Toulouse nos anos quentes de 1967-68, à sombra do historiador jacobino e "doyen" Jacques Godechot, a fina flor da vida universitária francesa... Lembro-me das agitações de Fausto Castilho — logo depois um dos criadores do Instituto de Filosofia e Ciências Humanas da Unicamp — e do seu estímulo generoso aos mais novos. Lembro-me também de Albert Audubert em nossa Faculdade de Filosofia na Maria Antonia, *normalien* e hoje professor na Universidade de Bordeaux, grande (o maior, talvez) estimulador das relações franco-brasileiras, hoje um tanto esquecido, e seu sucessor na cadeira de francês, meu amigo Vítor Ramos, uma das figuras mais eruditas da universidade, comunista português amante da cultura francesa e universal, precocemente desaparecido. E constato que os estudos de língua e literatura prosseguem em boas mãos, com Leyla Perrone-Moysés — que orientou esta tese de doutorado e coordena o Banco de Dados Brasil-França em nosso Instituto de Estudos Avançados com o brilho e a competência que são sua marca registrada — e uma bela equipe da qual faz parte nossa Regina Salgado, a autora deste trabalho.

Pois bem. Fala-se muito hoje nos estudos sobre nossa produção cultural, nas tais "influências" culturais e intelectuais. Também na historiografia e na história o capítulo das "influências" sempre consta de qualquer escorço, nunca se esgotando porém esse falso conceito, por ineficaz, como o demonstraram Bachelard, Canguilhem, Barthes ou Boaventura de Sousa Santos entre tantos. Aqui temos, neste estudo, em sua complexidade e real dimensão, a questão resolvida. "Influência" de Gide e Montaigne em Sérgio? Não.

Melhor perguntar: quanto Milliet deve a Montaigne e Gide? Que emprestou deles? Como absorveu e aplicou suas ideias? Mais livremente: Como os metabolizou? Em suma: quais as marcas de Montaigne e Gide em Sérgio, homem-ponte entre vários grupos-gerações (como conceituou Antonio Candido, outro homem-ponte)? Do ponto de vista intelectual e existencial, em que precisamente Sérgio, que tanto nos marca, foi marcado pelos dois escritores franceses, entre outros?

A resposta a essas questões aparece com rigor e método neste livro de Regina Salgado Campos, que resulta numa chave para nós nos entendermos a nós mesmos, herdeiros que somos, para o bem e para o mal, parcialmente, dessa tradição intelectual. Apenas que Sérgio Milliet deu o tom altamente elaborado, vívido, de um intelectual que pensou e questionou em profundidade seu tempo, nossa vida cultural e política, nossa cidade. E isso aparece no recorte que Regina nos apresenta. Nesse sentido, não se trata de um mero *afrancesado*, como se dizia no século XIX... Seu apelido, aliás, era "o Suíço".

No conjunto de estudos que recentemente vêm sendo produzidos sobre a obra crítica de Milliet — entre os quais destaco os de Lisbeth Rebollo Gonçalves, de Silvia Quintanilha e de Francisco Alambert, este com sua notável análise da melancolia millietiana no auge do modernismo —, este trabalho tem o mérito de descer a fundo em duas das matrizes de nosso grande intelectual paulistano, talvez as principais. Releio, junto com esta tese, *De ontem, de hoje, de sempre*, e fico impressionado com a atualidade de suas observações sobre o cotidiano de São Paulo, sobre a vida cultural, sobre nossa dor particular de estar no mundo. Reencontro o antigo diálogo com Elissée, em que Sérgio fala de suas matrizes, e lá estão Gide e Montaigne:

> E tu me perguntas quais as fases que mais me impressionaram na minha educação filosófica e moral. São poucas e parece-me que resumem tudo o que se possa dizer desde que nos conhecemos por gente. Não as fui num catecismo, não as arranquei de uma doutrina rígida que me apaixonasse. Estão nos textos dos homens mais representativos das mais variadas tendências, em Gide e Péguy, em Alain e Claudel, em Montaigne e em Pascal, mas também num Dostoievski e num humorista como Vão Gogo (Millôr Fernandes). São de ceticismo por certo, mas igualmente de revolta e de fé. Não são máquinas de construir sistemas: são de homens (p. 112).

Há entretanto na tese de Regina uma sofisticação e rigor que permitem ir fundo no estudo dessa "melancolia", desse ceticismo que não é de ocasião ou de tédio. Francisco Alambert já mostrara com maestria a moldura da "melancolia" do autor do *Diário crítico*, contextualizando-a de modo admirável: é um dos jovens grandes historiadores da cultura que surgem neste fim de século. Regina Salgado aprofunda nosso conhecimento ao revelar, descendo nos textos, que tal "ceticismo" millietiano tem um solo fecundo no pirronismo clássico, saindo portanto desses rótulos que, por vezes de modo banal e apressado, às vezes merecidamente, pespegamos nas pessoas. Esse tom de conversa despretensiosa, que se tornaria uma das marcas registradas de Sérgio escrito e oral, e que ocorria tanto em seus textos como em conversas no Paribar ou no restaurante Parreirinha, tem raiz muito mais funda do que se poderia supor, como a professora Regina Salgado demonstra em páginas de grande acuidade. E um encanto que se traduzia nas suas atitudes de vida, tão discretas mas densas, suaves mas vigilantes, modestas porém informadas, agudas mas filosoficamente generosas.

Como observou João Antonio, Sérgio representou um tipo de intelectual raro, como Augusto Meyer, Otto Maria Carpeaux, Vivaldo Coaracy e Brito Broca, gente de cultura humanística e universal que faz muita falta à vida inteligente neste país. Intelectuais que tinham essa característica comum: "nenhum deles se dava bem com o título ou tratamento de mestre" ("Morte e vidas de Sérgio Milliet". *O Estado de S. Paulo*, São Paulo, 27 abr. 1991. Suplemento de Cultura, p. 5).

O perfil de Sérgio Milliet vai assim se definindo, com esses novos estudos dentre os quais o de Regina Salgado tem suma importância. Cumpre-se o bom ritual, e pode Sérgio, como queria Montaigne, encerrar-se na torre de seu castelo, na "livraria", "onde terei com que meditar".

Termino esta breve apresentação com o próprio Sérgio Milliet, o anticatedrático por excelência, escritor que nos marca indelevelmente e me ensinou a amar São Paulo e as coisas do Brasil na ótica de um paulistano. Em 1962, perguntando-se no seu livro/depoimento *De ontem, de hoje, de sempre* onde erguerá sua "livraria", para seus eventuais refúgios, ele responde:

> Ignoro-o. talvez na orla do Atlântico, para nas tardes lerdas e pesadas de calor andar pelas praias molhando os pés no sal das águas e o cérebro no sal da heresia, talvez à beira do lago Leman sereno, onde, sem problemas cotidianos o homem se suicida devagarzinho.
> Não em todo o caso neste São Paulo frenético que exige a todo instante de cada um de seus filhos que dê tudo em prol de tudo. Eis que não quero nada...

9. José Honório e nós

> *O maior defeito do Brasil não está no seu povo. Ele é um grande povo, sem pretensões. O maior defeito é encontrado na liderança do Brasil.*
>
> José Honório Rodrigues, 1982.

MUITO CURIOSO O DESTINO de certos intelectuais neste país. O historiador carioca José Honório Rodrigues, falecido em 1987, é um deles. Combativo, controverso, irascível quase sempre, generoso com os mais jovens e com quantos o procurassem em sua biblioteca no apartamento em que vivia com sua companheira, a operosa e crítica Lêda Boechat Rodrigues, na rua Paul Redfern, em Ipanema, pontilhou José Honório sua trajetória publicando estudos, ensaios e documentos históricos do maior valor para o delineamento do que se convencionou chamar, desde o século XIX, "a questão nacional".

Era um trabalhador incansável, que muito impressionava a nós que nos iniciávamos, nos anos 1960, nas sendas da pesquisa histórica. E impressionava não só como historiador de arquivo, conhecedor de catálogos e coleções raras que na Universidade de São Paulo mal tínhamos ouvido falar. Impressionava sobretudo essa combinação entre o erudito em arquivos, o autor de livro teórico de peso — a *Teoria da história do Brasil* — e o *polemista* que voltava seus olhos para o século XX brasileiro. Em São Paulo, os sociólogos, cientistas políticos e economistas tinham livre acesso às questões nacionais contemporâneas, mas os historiadores universitários não: à exceção de Caio Prado Júnior (aliás não pertencente à universidade) e José Honório no Rio, historiadores "sérios" não deviam tratar deste pobre século, por falta de distanciamento histórico... Encantavam-nos as diatribes que o historiador carioca armava, algumas contra nossos então catedráticos vitalícios. E ao lado de Zé Honório íamos descobrindo um sem-número de personalidades interessantíssimas, como Vítor Nunes Leal, o autor de *Coronelismo, enxada e voto*, o romancista Marques Rebelo, o poeta Moacyr Félix, e tanta gente empenhada na construção de um país mais amplo e complexo do que conseguíamos vislumbrar a partir da rua Maria Antonia, onde se situava nossa velha Faculdade de Filosofia. E por seu intermédio fomos nos informando desse Brasil maior, em que militavam personalidades críticas e generosas como Hermes Lima, Barbosa Lima Sobrinho, Augusto Meyer, e combativas — e por certo mais irônicas que José Honório — como Raymundo Faoro, de quem viríamos a nos tornar amigos.

O importante aqui é registrar o clima de inquietações e revisões que esses escritores nos desvendavam, abrindo uma perspectiva *nacional*, bastante diverso do de São Paulo. O revisionismo historiográfico estava na ordem do dia a partir de obras como *Aspirações nacionais* e *Conciliação e reforma*. Recolocava-se em pauta o tema da violência embutida em nossas instituições. Revela-se a história cruenta, desmontavam-se alguns de nossos pesados mitos culturais (democracia racial, cordialidade, conciliação).

Esse grande leitor dos clássicos marcou sua presença forte nas instituições em que atuou: na Biblioteca Nacional, no Arquivo Nacional, no Instituto Rio Branco e também na Unicamp em seus primeiros vagidos. Alguns dos principais convites para a docência partiram aliás do estado de São Paulo: a USP nos anos 1950, Campinas nos 1970, novamente USP nos 1980. Mas sempre houve grande dificuldade para Honório deixar seu Rio querido, onde Lêda também trabalhava, onde estavam seus livros e fichários e onde o seu clube Flamengo jogava. José Honório entretanto jamais recusou convite para participar de bancas de concursos públicos em nosso estado, exceto uma vez: tratava-se do preenchimento da cátedra que fora de uma mestra cassada pelo AI-5...

Sempre fez profissão de fé liberal, mas jamais embarcou no internacionalismo ingênuo de certos *liberais caboclos*, testas de ferro do capitalismo associado e dependente. Ficava "uma bala" (como costumava dizer) com essa elite que se comportava como colonos vivendo em regime de "protetorado" inglês do século XIX. Considerava "antinacional" essa fração da elite.

Hoje talvez não seja improvável localizá-lo na vertente do pensamento *neojacobino brasileiro*. E até indicar algumas contradições que *marcaram* sua vida. Sempre restarão, em contrapartida, estudos críticos sobre suas atividades como os de Barbosa Lima Sobrinho ou Stanley J. Stein para garantir-lhe bom lugar na posteridade.

Mais importante entretanto foram suas obras, que reaquecem a tradição erudita de Capistrano de Abreu: despertavam ódio em Portugal nos zeladores do regime salazarista. Com o inglês Charles Boxer, o brasileiro Caio Prado, os portugueses Magalhães Godinho e Barradas de Carvalho, e outras figuras maiores da inteligência estudiosa da cultura portuguesa, José Honório era visto como "elemento perigoso" nos meios oficiais portugueses. Amigo de Álvaro Lins, a quem aliás dedica algumas belas páginas nestes *Ensaios livres*, revelava ele a outra face da história do "mundo que o português criou...". Com efeito, desvendava a história incruenta e desmistificava a ideologia da conciliação, velha de mais de um século neste país que teima em não saber ser nação.

Suas obras foram importantes para o revisionismo que se instaurou nas ciências sociais e nas humanidades em geral nos anos 1950. Estudioso dos holandeses e da historiografia colonial do Brasil Colônia, Honório teve o mérito de revelar já em 1957 — época de grandes obras na historiografia brasileira — que a história do Brasil também era teorizável. Marcado por Ranke, Colingwood, Tannenbaum, Huizinga e Piet Geyl, Macaulay e Barraclough, entre outros, alargou o campo da reflexão histórica e metodológica.

A partir de então, suas obras abrem novas linhas de reflexão sobre a política externa, sobre Brasil e África (o subtítulo de seu livro, "Outro horizonte", foi dado por Guimarães Rosa), sobre os "brazilianists" (enervava-o essa designação, que excluía os europeus, entre outros), sobre o chamado "caráter nacional brasileiro". Sobre a história parlamentar brasileira, organizou farta documentação que por certo ganhará novas leituras na atual quadra de nossa história: *O parlamento e a evolução nacional* (8 v.), *O Conselho de Estado, O parlamento e a consolidação do Império, O Senado na história do Brasil.*

Com a doação de sua biblioteca de 27 mil volumes para o Instituto de Estudos Avançados da USP, efetuada por Lêda Boechat Rodrigues — autora da brilhante *História do Supremo Tribunal Federal* —, cumpre agora ao nosso estado honrar sua memória, criando o Gabinete de Leitura Lêda e José Honório Rodrigues e a "Cátedra

José Honório Rodrigues", dedicados à questão nacional e à historiografia brasileira.

Estes *Ensaios livres* constituem uma excelente amostragem da faceta de polemista que José Honório Rodrigues cultivava, creio que um pouco a despeito de si próprio. Em sua pena, alguns temas descaminhavam...

Alguns textos aqui reunidos são irregulares, feitos no calor da hora e até com ideias truncadas. Outros são notas sem indicação de lugar e data, textos de ocasião. Mas todos traduzem essa visão generosa a que nos referimos. O povo brasileiro não é tratado como coitadinho, nem como submisso, e nesse sentido o pensamento social de José Honório não pode ser facilmente enquadrado como "populista". A entrevista a John Wirth que encerra este livro oferece pistas para uma melhor localização intelectual e política do autor de *A pesquisa histórica no Brasil*.

Sua teoria da história do Brasil tem como partida a crítica historiográfica, a começar pela demolição que faz do sistema ideológico de Oliveira Viana. Nessa linha, constitui um documento saboroso de época o comentário à fala do ministro Golbery do Couto e Silva, a quem admira por sua erudição mas a quem critica por sua especialização em geopolítica — uma disciplina discutível, segundo pensa — e adesão às ideias de Viana...

Mas são *textos de circunstância* e é nessa perspectiva que devem ser lidos. Desde os anos 1940, em seus escritos no *Digesto Econômico*, até sua produção para a *Folha de S.Paulo*, *Jornal do Brasil*, *Correio da Manhã* e *Leialivros*, nota-se sua preocupação em compaginar nossa história à história mundial, dando relevo a temas, problemas e personalidades que tenham algo a ensinar a nós. E em seus comentários a livros não poupa algumas críticas mesmo a amigos, como Sergio Buarque e Joseph Love, muito embora revele extrema sensibilidade — qualidade que alguns de seus desafetos julgam jamais ter possuído — ao tratar das personalidades de queridos amigos desaparecidos, em particular Álvaro Lins, Augusto Meyer e Marques Rebelo. São páginas que valem esta publicação. Os derradeiros eruditos desta ilha Brasil saberão também degustar o estudo do *Catálogo da exposição de história do Brasil* (1881).

Além de voltar a temas complexos, como o da identidade cultural brasileira — que talvez merecessem maior aprofundamento — e o do parlamentarismo, José Honório retoma em vários artigos destes *Ensaios livres* seu — nosso — tema predileto, o da *Independência do Brasil*, no qual era um verdadeiro mestre na linhagem de Oliveira Lima, que também mereceu dedicação do notável e sempre íntegro Barbosa Lima Sobrinho (uma das admirações permanentes de Honório).

Mas estou seguro de que muitos trabalhos novos e inovadores serão produzidos nessa linhagem generosa e crítica, até porque muitos dos temas de vida do historiador carioca são temas permanentes de nossa história. A começar pela exclusão das denominadas minorias (que no Brasil compõem a maioria...), problema que sempre chamou a atenção do nosso pesquisador.

Continua no ar, sobretudo, a denominada "questão nacional": permanece ela aguardando a adesão de uma verdadeira plêiade de pesquisadores jovens e antigos estudiosos que tenham já efetuado a crítica da razão cínica que ronda a cultura brasileira de nossos dias. Inclusive nas universidades.

Quero registrar o empenho e a competência esclarecida de Ana Cândida Costa na edição destes textos *livres* de José Honório.

10. Vamos discutir a história do Brasil: conversação com José Honório Rodrigues e J. R. do Amaral Lapa[137]

NESTE ENCONTRO DE HISTORIADORES, José Honório Rodrigues debateu seu trabalho de revisão da história do Brasil com Carlos Guilherme Mota, livre-docente da USP e autor de *Ideologia da cultura brasileira*, e com José Roberto do Amaral Lapa, coordenador dos cursos de Mestrado em História da Unicamp e autor de vários livros.

José Honório Rodrigues é professor de historiografia e teoria e pesquisa histórica nos cursos de pós-graduação da Universidade Federal Fluminense. Sua última obra — que está sendo debatida aqui — tem o título de *História da história do Brasil*, terá de três a quatro volumes e começará a sair em novembro deste ano. Por que uma revisão da nossa historiografia agora? Essa é a pergunta que inicia os debates da mesa-redonda que publicamos nesta página e na seguinte.

137. Publicado em O *Estado de S. Paulo*, São Paulo, 22 jul. 1978.

CARLOS GUILHERME MOTA: José Honório Rodrigues, você, lá pelos anos 1950, propôs algumas linhas para o revisionismo da história do Brasil. Só agora, vinte anos depois, é que nós vamos encontrar essa história da história. O que o levou a este balanço? Por que *História da história do Brasil*?

JOSÉ HONÓRIO RODRIGUES: Desde que fui estudar nos Estados Unidos, em 1943/44, trouxe o projeto de fazer três livros: sobre a *teoria*, sobre a *pesquisa* e sobre a *história da história*. Em 1949 realizei a *Teoria da história do Brasil*. Em 1952 escrevi a *Pesquisa histórica no Brasil*. A *História da história do Brasil* foi ficando para depois porque o livro estava sempre aumentando, cada vez aumentando mais, e o vulto que ele tomava tornava-o também cada vez mais difícil de ser escrito. Aliás, logo no início do primeiro volume conto a história de Mommsen, que acumulou tanto material que passou a ser um homem que fez epigrafia, fez documentário. Então, vai chegando um ponto em que a gente tem que abandonar a coleta de material e escrever. E eu, realmente, só escrevi agora porque é que tive oportunidade de escrever. É o primeiro volume que terminei com 800 páginas mas vai ser publicado com 560. O segundo volume vai ser maior e muito mais difícil. E o terceiro volume é que ligará a historiografia com a ideologia. Esse terceiro volume tenta mostrar o que eu acho importante: como se constroem as concepções históricas. Como nascem essas concepções. Quais são as figuras que constroem a imagem de uma história do Brasil, que é inteiramente conservadora e que é mantida até hoje. Depois, como apareceu uma concepção liberal. E, assim, chego até às correntes mais modernas.

CARLOS GUILHERME MOTA: Voltando aos anos 1950: parece que você entra naqueles anos, digamos assim, pesquisador erudito e sai um polemista agressivo. Gostaria de perguntar se essa *História da história do Brasil* está dentro de um projeto nacionalista... Houve, nos anos 1950, uma viragem sua em busca do revisionismo; é a mesma linha ou já há retificações?

José Honório Rodrigues: Minha viragem para os problemas do presente, para fazer com que a história fique ligada, tente responder às indagações presentes, resulta de duas coisas: primeiro de certas influências de caráter filosófico, e da problemática nacional que se vai agravando; e da minha entrada na Escola Superior de Guerra. Em 1955, quando entro na ESG, deparo com aquela problemática nacional toda, pois a escola nessa época era muito aberta, ouvia todas as tendências, e eu vivia até então num ambiente fechado, muito erudito. Senti que o historiador tinha que estar mais atualizado com o seu presente para que realmente pudesse buscar no passado aquilo que respondesse as interrogações do presente.

Nesse livro essas duas ordens de coisas concorrem: o revisionismo que eu fiz com alguns livros posteriores à ESG, e o polemismo.

Carlos Guilherme Mota: Tem-se a sensação de que o revisionismo que você propunha, ou propõe, é muito marcado por uma ideologia nacionalista.

José Honório Rodrigues: Sempre. Nacionalismo buscado exatamente nas nossas fontes, que são as lutas nacionais, desde a época imperial, em defesa dos nossos interesses e, sobretudo, de uma participação maior do povo na história, porque este sempre foi escamoteado. A conclusão a que chego é que as lideranças brasileiras sempre puseram de lado o povo, e sempre procuraram soluções no alto...

Carlos Guilherme Mota: Isto está ligado à sua "teoria de contrarrevolução permanente"?

José Honório Rodrigues: Exato. O Brasil não conhece revoluções. Tivemos apenas revoltas.

Carlos Guilherme Mota: Nem em 1930?

José Honório Rodrigues: Nem em 1930. Foi como na independência. Começa com umas tendências bastante revolucionárias que vão sendo contidas. Quando Antônio Carlos disse aquela frase — é preciso fazer uma revolução antes que o povo a faça —, exprime bem o processo de travar uma participação maior do povo na história.

Carlos Guilherme Mota: Isto que Amaral Lapa chama de "pacto consensual", conceito do que aliás você não participa. Mas dá a sensação de que a sua escola foi a Escola Superior de Guerra.

José Honório Rodrigues: Não. Eu disse apenas que a Escola Superior de Guerra me introduziu no presente brasileiro. Este é que é o ponto preciso.

Carlos Guilherme Mota: Além do que, ela oscilou no tempo...

José Honório Rodrigues: Oscilou. Eu sentia que as figuras dominantes da Escola queriam mais ou menos essa solução que foi buscada em 1964: uma linha de solução de classe média. Mas o importante na Escola foi o imposto dos problemas presentes. Não se pode ficar numa história puramente erudita, nem puramente num passado que é considerado limpo, perfeito, como sempre os conservadores o viram.

Carlos Guilherme Mota: Então vamos colocar a questão da história na universidade, quer dizer, o modo de produção historiográfico...

José Honório Rodrigues: Temos uma história real e uma história oficial que se contrapõem. Quase sempre a historiografia brasileira foi mais conjuntural, no sentido de ver apenas o presente, as aparências, e não o que é fundamental, que se esconde, que está subjacente. Os manuais, mesmo os mais modernos, não procuram revelar o que está subterrâneo dentro da história. Como no caso do Varnhagen, seguem sempre os vencedores. A história do Brasil não conhece os vencidos. Estes são eliminados, marginalizados como o foram o branco pobre, o negro, o índio. Não temos nenhuma história escrita por mãos negras. Só temos histórias escritas por mãos brancas. A historiografia sempre foi mais ou menos uma historiografia oficial, que não procurou estudar os elementos que estavam marginalizados na história, embora o papel deles tenha sido muito importante, como no caso dos negros.

Carlos Guilherme Mota: Você diria que hoje está havendo uma modificação?

José Honório Rodrigues: Sim. Sobretudo dentro da universidade, pelo maior relevo que se dá ao papel do índio, do negro, das classes sociais, e pela colocação dos problemas do poder, da ideologia, das relações entre classes. Está havendo, sobretudo nas monografias, uma revisão, uma reconstrução. Com essas monografias é que nós vamos partir para uma história que não seja assim tão oficial.

Tucídides firmou o ponto de vista de que história é história contemporânea — um pensamento que vai ressurgir com Croce. E aí é que se distingue história de historiografia. São duas coisas diferentes. História está-se passando agora, é sempre presente, como disse Croce. A historiografia é a reconstrução dessa história.

CARLOS GUILHERME MOTA: Uma coisa que chama a atenção é que de fato nós não temos uma historiografia nacionalista. Não há uma história da burguesia, por exemplo, como na França, Inglaterra etc.

JOSÉ HONÓRIO RODRIGUES: Não existe. Quer dizer, você toma qualquer história econômica, onde é que está o proletariado? Onde é que está o povo? Onde é que está o sindicato? Onde é que estão as empresas? Não aparecem. E tinham que aparecer! Numa história econômica não podem deixar de aparecer as grandes empresas, sua importância, a importância dos sindicatos. E não há nada disso. Quer dizer, as próprias histórias econômicas estão na sua infância.

CARLOS GUILHERME MOTA: Essa dificuldade de se fazer a história da burguesia não está um pouco ligada à inexistência ou às dificuldades da burguesia nacional?

JOSÉ HONÓRIO RODRIGUES: Não. Reflete apenas a história. A historiografia sempre reflete a história. Quer dizer, como a própria burguesia não tem muito interesse de contar a sua história, a sua história não é muito de se contar, ela fica sem história.

Nos Estados Unidos por exemplo, quando se vê a Ford, a Esso contratarem historiadores da Universidade de Columbia para fazer suas histórias é porque não temem mais que essas histórias sejam contadas. Pelo menos no nível em que o país vive.

AMARAL LAPA: Sem querer desfocar o debate, eu queria tocar em duas coisas: primeiro, o modo de produção do conhecimento histórico; e, segundo, o posicionamento de nós três diante da elaboração do processo histórico brasileiro.

Nós três, em diferentes momentos, tivemos como preocupação comum examinar criticamente o que se está fazendo em matéria de estudos históricos no Brasil. Nesse caso — é uma opinião pessoal — o José Honório deu a primeira contribuição, a mais ampla, a mais profunda, dessa avaliação crítica. O Carlos Guilherme inseriu neste exame crítico a preocupação de recuperar todo o universo das ciências humanas, fazendo uma espécie de leitura ideológica do discurso do historiador brasileiro. E eu tento sistematizar e exigir uma permanência para esse processo de avaliação crítica.

Bom, mas isso significa o quê?

A gente se vê acondicionado dentro de um pacote, cujo acondicionamento e cujos condicionamentos nos são impostos por um modo de produção, o modo de produção capitalista. Estamos dentro desse pacote por vários motivos e caberia a gente analisar aqui as soluções para problemas que agravam o processo de produção do conhecimento histórico. Agravam na medida em que as propostas e as soluções que nos são oferecidas invariavelmente vêm de cima. E, a partir desse nível, trazem uma série de contradições. Quer dizer, se estávamos produzindo num nível artesanal, de repente se "massificou" a coisa. E essa massificação não implicou uma democratização do processo de produzir o conhecimento, de fazê-lo circular, e de entregar esse conhecimento histórico para o sujeito que vai naturalmente aceitá-lo ou não, conforme seus interesses, e vai, possivelmente, até pensar em torná-lo operacional.

O conhecimento histórico está sendo produzido dentro dos cursos de pós-graduação. Mas a pós-graduação está viciada por uma série de cacoetes, dentro daquele modo capitalista de pensar e produzir o conhecimento histórico. E ainda se criam os cursinhos de verão, o doutoramento direto, os cursos de fim de semana até as formas mais deslavadas de picaretagem. Então é preciso fazer com que a universidade tenha sensibilidade, consiga recuperar ou aproveitar para o seu debate, para o seu processo de produção do conhecimento, o debate que está fora dos seus muros — mais quente e mais em cima da realidade do que aquele que nós fazemos lá dentro. Eu acho que nós devíamos nos posicionar diante disso.

José Honório Rodrigues: Sobre o problema da produção eu faço um esforço muito grande para ver a história do Brasil no seu conjunto. Por isso que atualmente eu não me especializo. Senti que jamais compreenderia a história do Brasil se não procurasse conhecê-la no seu conjunto.

Uma das teses que eu acho fundamental para a compreensão da história brasileira é a sua continuidade. No Brasil não há descontinuidade na história. A revolução francesa é uma ruptura; a revolução americana é uma ruptura; a revolução russa é uma ruptura; a revolução chinesa é uma ruptura.

A revolução americana, por exemplo, representa a conquista do poder pela burguesia; então ela rompe com o pacto.

Aqui não. A nossa "revolução" foi paralisada. Num certo momento ela quis se sustentar na Independência, mas com ou sem José Bonifácio, o fato é que ela foi detida e a classe dominante conseguiu contê-la; ela não produziu nenhuma ruptura. Basta lembrar a lei de 29 de outubro de 1823, declarando que toda a legislação portuguesa permanecia em vigor. Você já imaginou uma revolução que aceita a legislação de outro país? A legislação dominante? Isso é uma loucura completa. O Brasil foi o único país que pagou a sua independência. É outra loucura. Pagou tudo a Portugal. Lisboa se incendiou, nós é que pagamos a reconstrução.

Existe pois uma continuidade na história brasileira, e essa continuidade torna difícil compreendê-la.

A minha crítica aos americanos (*brazilianists*) é que eles estudam os últimos trinta anos e ficam espantados com certas coisas porque parecem novas. Mas, quando a gente conhece outros trinta anos, ou mais sessenta anos precedentes, a gente vê que aquilo que não é tão novo.

Agora, quanto ao nosso posicionamento, de nós três, acho que é muito próximo e os livros de vocês representam pontos de vista aos quais me sinto muito filiado.

CARLOS GUILHERME MOTA: Ainda estávamos até ontem nos marcos da historiografia oligárquica. Eu veria uma produção diferente. As novas frações da pequena burguesia que as universidades recrutaram, sobretudo em São Paulo, deram um novo tom aos estudos históricos, descobrindo, afinal, as ciências sociais. Então, acho que houve uma ruptura aí. Só que essa ruptura, quando foi sendo aprofundada, nos anos 1960, sofreu o alijamento dos seus representantes. Acho muito sintomático que o tema do nosso debate — a obra de José Honório — se tenha produzido à margem da universidade. Não é por acaso. Esse tipo de produção, em busca de uma teoria, em busca de uma reflexão multidisciplinar, sempre se deu à margem da universidade. E agora é que o trabalho de José Honório se revaloriza — quando novas frações da pequena burguesia começam a inflar de novo os quadros acadêmicos. Não é por acaso também que no plano nacional se constata uma volta, um novo sopro nacionalista, que recoloca e reatualiza as posições de José Honório Rodrigues. Acho que é importante saber por que esse debate agora, focalizando a obra de José Honório Rodrigues.

JOSÉ HONÓRIO RODRIGUES: Mas é preciso dizer o seguinte: a historiografia é oficial e é conservadora. Mas, antes de vir a burguesia, tivemos outras formas de domínio. Então, a historiografia pode ser inteiramente oficial e conservadora sem que seja burguesa. Primeiro ponto.

O segundo ponto é o que representou em 1968 a demissão de professores — o mesmíssimo papel do nazismo. A Alemanha era a grande forja do pensamento histórico mundial. Quem não soubesse que os alemães estavam pensando em matéria de filosofia da história e de historiografia estava atrasado. Então com o nazismo toda uma historiografia alemã teve que se exilar — a historiografia na Alemanha ficou completamente destruída.

Esta é a questão. Como a censura é nociva; como as cassações são nocivas e foram nocivas, as faculdades foram destituídas de grandes professores. No Brasil inteiro. Aqui em São Paulo foi extremamente grave porque atingiu professores de enorme importância no pensamento renovador das ciências humanas, que foram as mais atingidas, embora as físicas também tenham sido atingidas.

Quanto à ruptura de que o Carlos Guilherme fala, eu acho que em certo momento há uma ruptura. Pelo menos um princípio de ruptura — com essa nova historiografia que está aparecendo. Concordo que eu mesmo me incluo nela, com o revisionismo, porque eu batalhei em todos os livros por uma revisão da história. E também concordo que esse revisionismo vem marcado por um nacionalismo. No revisionismo historiográfico, nesta tentativa de ruptura com as formas tradicionais, há um nacionalismo.

CARLOS GUILHERME MOTA: Você não acha que o nacionalismo no Brasil corre o risco de tomar o caminho da direita?

JOSÉ HONÓRIO RODRIGUES: Corre. Em todo o mundo, não só no Brasil. Há sempre um nacionalismo de direita e um nacionalismo de esquerda. De qualquer modo, há uma marcação nacionalista de esquerda dentro do próprio revisionismo. Compreende o que eu quero dizer?

CARLOS GUILHERME MOTA: A busca de raízes nacionais, dessa outra história, não ficou compreendida pela produção dos *brazilianists*? Tomo como referência os textos do Skidmore, mais exatamente o *Preto no branco*.

JOSÉ HONÓRIO RODRIGUES: Eu continuo achando que a falta de sentimento, de integração é extremamente prejudicial para a compreensão histórica de um país. Não estar integrado na cultura de um país é um fator deficitário. Agora, este tipo de livro, de Skidmore, já apresenta caráter mais específico. Nós já somos um país com lideranças paranoicas, marcadas por delírios de grandeza e pela assunção de posições que realmente não condizem com o país. Outros então estão a serviço de interesses que não são os do país.

Mas acho que também a historiografia brasileira tem tido efeitos depressivos. O próprio Joaquim Nabuco, que influiu na criação de uma historiografia biografizada. E a biografia não é senão uma valorização das classes dominantes, daí os efeitos depressivos desse tipo de historiografia.

CARLOS GUILHERME MOTA: Para fugir a essa depressão, a forma não seria trabalhar um pouco com a utopia?

JOSÉ HONÓRIO RODRIGUES: Exatamente.

CARLOS GUILHERME MOTA: O que seria a utopia hoje?

JOSÉ HONÓRIO RODRIGUES: A utopia é essencialmente centralizada na esperança de um futuro melhor. E a história tem que sedimentar essa esperança. É importante que a história, respondendo às inquietações materiais da sociedade, às insatisfações morais, intelectuais, espirituais, busque no passado aquilo que é um legado legítimo, e não aquilo que é maculado, como a *Casa-grande & senzala*, que é uma tradição maculada, e que se tentou reviver no Brasil.

Nós podemos buscar em muitos exemplos nacionais as esperanças de construção de um Brasil mais nacional, mas voltado para si mesmo. Mas estamos correndo o risco de antes de o fazermos termos uma historiografia multinacional. Essa é a ameaça da historiografia estrangeira: tornar multinacional uma história que é nacional.

Acho que toda contribuição deve ser bem recebida. Mas a historiografia estrangeira sobre o Brasil apresenta aspectos positivos e negativos. Há uma historiografia que não é *policy oriented*, quer dizer, não tem a orientação política de servir ao país ao qual pertença o pesquisador. Todavia, há uma historiografia *policy oriented*, quer dizer, serve para que o país de origem oriente a sua própria política externa. Não discuto a legitimidade disso. Todo país tem o direito de se capacitar para as suas necessidades internacionais: formar gente de que precise para as suas necessidades internacionais.

CARLOS GUILHERME MOTA: Acho essa política complicada porque imagine se a universidade brasileira começasse a formar...

JOSÉ HONÓRIO RODRIGUES: Mas eu não estou dizendo que isso se transforme numa política universitária. Estou dizendo que nós é que devemos distinguir quando uma historiografia está servindo a interesses outros que não sejam os nacionais, e até que ponto ela está servindo aos nossos interesses.

AMARAL LAPA: É difícil distinguir uma coisa da outra...

CARLOS GUILHERME MOTA: Houve uma tentativa de uma abertura brasileira para a África. Seu livro *Brasil e África, um novo horizonte*, em que ano foi publicado?

José Honório Rodrigues: Foi na época de Jânio, em 1961.

Carlos Guilherme Mota: Exatamente quando você tentou fazer a sua abertura para a África muitos pesquisadores brasileiros tentaram trabalhar em conexão com a ciência social na América Latina... as teses da CEPAL... depois da CLACSO...

Amaral Lapa: Lembre-se da *História da burguesia,* da CLACSO. Ela tem um projeto muito grande sobre a história da burguesia na América Latina...

Carlos Guilherme Mota: E nós ficamos ausentes disso. Esse tipo de omissão dá um pouco a sensação de um certo chauvinismo.

José Honório Rodrigues: Não é só chauvinismo. O Brasil não desempenha ainda um papel internacional. Não sente a necessidade de ter esses especialistas em assuntos de outros países. É um país de história doméstica. Toda a América Latina tem essa deficiência, e nós mesmos não conseguiremos supri-la, enquanto não nos tornarmos um país com responsabilidades internacionais.

Carlos Guilherme Mota: Há mais de vinte anos você vem falando do projeto de um Centro Nacional de Pesquisas Históricas. Por que não foi para a frente?

José Honório Rodrigues: Apenas porque não encontrei apoio. Nunca houve interesse, do governo ou de qualquer outra instituição, para que isso fosse montado. Eu vi na Inglaterra, na França. Na Argentina em 1951 já havia sido criado um. Depois de expulso por Perón, seu fundador foi para o Uruguai e lá criou outro.

Esse Centro, no Brasil, daria pelo menos um passo fundamental: copiar tudo o que for documento relativo ao Brasil e trazer para o Brasil. Coisa que os americanos já fizeram, só que levaram para os Estados Unidos. Você vai a Berkeley e encontra todo o material do Conselho Ultramarino; todo o material do Board of Treaties, da Escócia, onde estão os documentos relativos a atividades comerciais dos ingleses no Brasil. Aquele sapato Clark, toda a documentação sobre o sapato Clark, está no Board of Treaties, da Escócia, e está também em Berkeley, copiada. Já fizeram tudo isso. E o que fizemos nós a esta altura? Muitíssimo pouco.

CARLOS GUILHERME MOTA: Michel Debrun tem uma análise sobre o papel do Estado face aos centros do saber e o modelo autoritário desmobilizador. Eu diria o seguinte: não seria o momento de se pensar na criação de alguma coisa que fosse tão dinâmica como a Escola Prática de Altos Estudos da França, ou como o Colégio do México, para fugir ao modelo que está marcado pelo autoritarismo desmobilizador? Estou pensando no seu Centro de Pesquisas Históricas...

JOSÉ HONÓRIO RODRIGUES: No Brasil temos dificuldade de acesso sobretudo para a história contemporânea. Quando *O Estado de S. Paulo* estava no centro da cidade eu ia ao arquivo do *Estado* porque como arquivo de jornal é muito bom, e eu só vi igual nos Estados Unidos. É importante o jornal para a história contemporânea, porque nós não temos índices. Nos Estados Unidos se publicam índices dos jornais. Aqui já existem índices, foi o *Estado* que começou. O *Jornal do Brasil* também está com um fichário, mas não existem índices publicados. Você vai procurar por exemplo um fato que aconteceu no ano tal e gasta um tempo enorme. Esses instrumentos de trabalho são importantes e devemos lutar para que os jornais importantes do Brasil publiquem seus índices.

J. T.: O professor José Honório Rodrigues diz que a historiografia oficial está afastada de certo modo da realidade dos fatos e o seu trabalho consiste, em parte, em denunciar essa historiografia. Pensando nos leitores, eu acho que seria muito ilustrativo que você nos desse um episódio da história do Brasil, como ele é tratado pela historiografia oficial e como será tratado por você em seu livro — por exemplo, a Inconfidência Mineira.

José Honório Rodrigues: Penso que toda a historiografia está ligada às forças sociais e políticas e que o historiador está sempre inserido nesse quadro. Portanto, não podemos compreender nenhuma história sem compreendermos o papel do historiador.

A minha historiografia pretende ser feita em vários níveis: cronológico, temático e ideológico. Nós fomos procurando cronologicamente como é que a história foi feita. E depois partimos para uma historiografia ideológica.

No caso de Tiradentes, houve a princípio uma repulsa, uma negação, o fato foi escondido. E a valorização de Tiradentes veio depois, com os positivistas. Outra figura que ficou inicialmente marginalizada foi José Bonifácio. Só por volta de 1870 é que se começou a falar no Patriarca.

Então, com Tiradentes, havia uma interpretação negativa, uma vontade de escondê-lo, já que Tiradentes tinha-se levantado contra a casa de Bragança e a família Bragança continuava no poder. Só no fim do século XIX é que se iniciou sua valorização.

Com relação, por exemplo, à ideia de que a história do Brasil é uma história incruenta. Os relatórios da época do Império, sobretudo os do Ministério da Justiça, começam sempre dizendo que está tudo bem, que o povo brasileiro é muito bom, muito cordial, de modo que não houve nada de grave no país. Páginas adiante, você começa a ver os fatos relatados e não há nenhuma cordialidade.

Como esses relatórios eram apresentados à Câmara dos Representantes e procuravam louvar o comportamento do povo, resultavam numa visão de um comportamento pacífico de modo geral. Ocultava-se oficialmente qualquer rebelião ou qualquer revolução. Então você vê essa coisa espantosa: eu pensava que o faroeste americano nunca tinha existido no Brasil, mas fui encontrar vários exemplos de faroeste, de sujeitos que entravam a cavalo, armados, numa localidade, dizendo que ali havia dois pretos que tinham desobedecido ao capataz, e exigiam sua entrega. Podemos fazer o cinema de faroeste com a nossa própria história.

Nós também sempre aprendemos que a Independência foi algo pacífico, um dissídio, um divórcio. Ainda agora saiu um livro de um inglês, Peter Flynn, dizendo que o Brasil foi o único país da América Latina que teve uma independência suave. No entanto, no Brasil se levantaram mais Forças Armadas, mais Exército, do que em qualquer país, exceto o México. Mesmo Bolívar não teve as forças que Caxias teve: 30 mil homens cercando Caxias para que Caxias caísse. Trinta mil homens cercando a Bahia, e uma esquadra na barra, para que a Bahia aderisse à Independência. A probabilidade era que o Maranhão, o Pará e a Bahia se transformassem numa espécie de "Canadá" do Brasil, quer dizer, com vice-rei, ligados à metrópole e separados do Brasil. E este risco foi vencido com força armada. Desde aí as Forças Armadas representam um papel muito importante na história do Brasil. Desde a Independência. Foram elas realmente que estabeleceram, pela força ou pela exibição da força, a unidade e a integridade nacional.

CARLOS GUILHERME MOTA: Dentro dessas tradições há frequentemente a busca da Assembleia Nacional Constituinte —

como solução política. Tendo em vista o presente, você acha que caminhamos para ela?

José Honório Rodrigues: Devemos caminhar para ela. A saída brasileira é a Constituinte, porque foi assim que se constituiu o país, embora naquela ocasião a experiência tenha malogrado porque tínhamos um imperador que se havia transformado numa figura autoritária. Cochrane, quando voltou das lutas do Maranhão, na sua narrativa de viagem, diz que ficou abismado com as pessoas que encontrou à volta de d. Pedro — eram todos portugueses, que tinham dominado a situação até então e que continuavam cercando o imperador. Depois vem o golpe de Estado com o qual se fecha a Assembleia Constituinte e que significa o rompimento da revolução brasileira que estava se processando e o estabelecimento de um autoritarismo, o primeiro da fase independente. Mas d. Pedro, que inicia um regime autoritário em 1824, reabre as Câmaras em 1826.

Na verdade não temos na história do Brasil nenhum exemplo de regime autoritário tão longo quanto o atual. Isto é uma exceção absoluta dentro da nossa história. O próprio regime ditatorial getulista, que se diz ter durado quinze anos, de 1930 a 1945, iniciou-se na verdade com o golpe de Estado de 1937. Nenhum regime autoritário durou quinze anos como o atual.

Carlos Guilherme Mota: Mas há outra tradição que nós também perdemos: a da anistia.

José Honório Rodrigues: Sempre houve anistia no Brasil, sendo que para a revolução dos Farrapos, por exemplo, houve várias anistias. Toda insurreição brasileira foi seguida de anistia. As exceções são anteriores ao período da Independência. O Brasil sempre recorreu à anistia como meio de pacificação nacional, de reconciliação nacional.

Aliás eu costumo dar um exemplo tirado de um procedimento que é muito importante para a história e que aparece nas Atas do Conselho Pleno do Estado, presidido pelo imperador, e onde Caxias tinha assento. Eu vi com a letra dele, na qualidade de conselheiro, um parecer sobre os bispos, favorável à prisão dos bispos, com o maior rigor, dentro dos artigos tais e tais do código criminal. Os bispos realmente foram presos, mas, um ano depois, Caxias já está como chefe de governo, não é mais o general-conselheiro. Como chefe de governo ele é presidente de todos os brasileiros, não mais de um grupo de brasileiros. Então, nessa hora, contra a opinião de todos os conselheiros, ele vota pela anistia — e impõe a anistia aos bispos. Veja a diferença de atitude: enquanto general ele toma uma atitude pela disciplina; como chefe de governo, no cargo que hoje corresponderia ao de presidente da República, anistia os bispos.

J. T.: Um problema que é preocupação sua com a memória nacional, e ligado ao seu plano do Centro de Estudos Históricos: o da destruição das coisas. Há uma atitude política nessa destruição de documentos e coisas? Destrói-se para que não se tenha acesso?

JOSÉ HONÓRIO RODRIGUES: Há uma história de que Rui Barbosa mandou destruir os documentos da escravidão. Num debate de que participei se repisou muito isso. O Rui de fato mandou destruir os documentos, porque eles serviam de base jurídica a pedidos de indenização por parte de proprietários de escravos. Era impossível pagar a esses proprietários, além do que, por um tipo de propriedade à qual, no fundo, não tinham direito, que é a propriedade sobre seres humanos. De modo que o Rui mandou destruir os documentos, o que é lastimável. Mas é importante notar que se ele não tivesse destruído alguém acabaria fazendo-o.

Em 1961, na época do Jango, eu tive a informação, por um estudante inglês que estava pesquisando no Brasil, que todos os papéis da Alfândega do Rio de Janeiro tinham sido destruídos.

Há uma tradição que vem de Portugal, porque a política do sigilo que Portugal usou sempre é uma política de destruição de documentos. Se não se dá à nação a informação a que ela tem direito; se a informação é considerada um privilégio, e não um direito, então o melhor caminho para assegurar tal política é destruir os documentos, assim não há risco de mais tarde virem a ser examinados e revelarem as mazelas de algumas figuras ou de alguma política. Então, há uma tradição no Brasil nesse sentido, e nós precisamos combatê-la. É um aspecto daquilo que eu já falei: existem tradições que devem servir de modelo, e outras que devem ser apontadas como erro.

Não devemos querer nos iludir ao ponto de pensarmos que temos uma história perfeita e pura. Nós temos uma história cheia de máculas e essas máculas precisam ser conhecidas, vir à tona; para que nós nos libertemos delas. O papel da história é esse: permitir que nos libertemos das máculas da nossa história. As tradições são míticas, elas sobrevivem sem nenhum exercício crítico. Então nós temos que "matar" toda tradição que seja uma tradição maculada, por meio da sua libertação, quer dizer, do conhecimento dos males provocados por tais tradições. E temos que construir e reconstruir a nossa história. A história é diferente da tradição, porque a história é um pensamento crítico, que reconstrói criticamente, que permite nos libertarmos desses males todos. Fui explícito?

11. UMA NAÇÃO DE DESERDADOS

José Honório Rodrigues, 64 anos, carioca do Catete, não é um historiador que busca dogmas e personalidades, mas verdades. Na década de 1950, foi ele quem rompeu com séculos de visão triunfalista da história do Brasil, com um livro exemplar: *Teoria da história do Brasil*. Obra hoje clássica, que a Companhia Editora Nacional estará relançando por esses dias. José Honório tem outras credenciais apreciáveis: diplomou-se na Escola Superior de Guerra, em 1955, foi professor do Instituto Rio Branco, por uma década (1946-1956), conferencista em universidades norte-americanas e inglesas, dirigiu o Arquivo Nacional (1958-1964) e é titular da cadeira número 35 da Academia Brasileira de Letras.

Mas, sobretudo, José Honório é o pesquisador que destruiu a lenda da história incruenta do Brasil, que triturou a ideologia da conciliação nacional ("arte finória da minoria dominante", disse ele, em seu *Conciliação e reforma no Brasil*) e outras mentiras que a tradição ufanista autoritária incutiu no país. José Honório é o intelectual que tem a coragem de dizer: "O Brasil não é esta geração. E muito menos a geração minoritária que o domina, sem representação popular ou com uma representação popular castrada" (Prefácio a *Aspirações nacionais*, 1970).

ISTOÉ: O senhor é tradicionalmente apontado como um dos intelectuais mais representativos do pensamento nacionalista do Brasil de hoje. O senhor concorda com essa classificação?

JOSÉ HONÓRIO RODRIGUES: Não sei se sou representativo. Não sou militante. Não tenho atividade política. Minha atuação se expressou nos artigos, livros e na universidade.

ISTOÉ: O que o levou ao estudo da história? Quem marcou sua orientação e o conduziu nos primeiros passos?

JOSÉ HONÓRIO RODRIGUES: Desde o curso secundário tive grande atração pela história. Creio que a definição profissional veio com a leitura dos *Capítulos de história colonial*, de Capistrano de Abreu. Como não havia cursos superiores de história, estudei ciências jurídicas e sociais na antiga Faculdade Nacional de Direito. Nela, os grandes professores que tive ou com quem convivi, Castro Rebelo, Leônidas de Rezende, Hermes Lima, Afrânio Peixoto, Hahnemann Guimarães, estimularam muito os estudos sociais em geral e os de filosofia. Mas a história estava sempre presente. Veio depois a bolsa da Fundação Rockefeller, em 1943-1944, e depois a do Conselho Britânico. Como se vê, minha formação intelectual é basicamente anglo-americana.

ISTOÉ: O senhor foi o pai do revisionismo de nossa história, nos anos 1950. Mas alguns críticos situam o revisionismo nos quadros de um certo jacobinismo nacionalista, expressão de um pensamento radical de classe média. É isso mesmo?

José Honório Rodrigues: O revisionismo era e ainda é necessário. A história era muito oficial, defendia sempre os vencedores e vivia submersa no triunfalismo. Instituições oficiais e semioficiais, universidades, cultivavam uma historiografia *capitulacionista*. A história vinha sendo confundida com tradição. Esta tem sempre o propósito de controlar indivíduos, sociedade, inspirar classes. É um conceito inteiramente corrompido e usado para fins de manutenção dos privilégios da classe dominante. O futuro da história e dos historiadores é limpar a história das visões decepcionantes, de uma tradição proposital. Não devemos cultivar a tradição da conservação do *status quo*, mas a da mudança e da luta democrática que o povo brasileiro revelou em várias fases de seu processo histórico. Daí a tese da história cruenta e não cordial. Matar esta tradição responsável pela omissão do povo, pela nostalgia do passado, que se recusa a julgar as responsabilidades das classes dominantes ou que suaviza seus receios — só assim se pode fazer florescer a história, parteira do futuro.

istoé: O marxismo não o influenciou? Ou, por outro lado, não repeliu suas teorias sobre a história do Brasil?

José Honório Rodrigues: Os professores que citei, sobretudo Castro Rebelo, que foi um dos primeiros marxistas teóricos brasileiros e era grande conhecedor da história, estimularam-me a leitura não só de Marx e Engels e outros autores marxistas, mas de autores de várias correntes ideológicas. Mas, na verdade, nunca fui marxista, e isso se revela na minha obra, sobretudo na *Teoria da história do Brasil*. O marxismo como um método e uma hipótese de trabalho é indispensável, mas não é tudo, e quem a ele adere totalmente fica metido numa camisa de força. A leitura da filosofia alemã hegeliana e kantiana, sobretudo, Dilthey e Rickert, assim como Max Weber, equilibraram minha formação ideológica. Baseado em Max Weber, pronunciei, em 1946, na Confederação do Comércio de São Paulo, uma conferência sobre *Capitalismo e protestantismo*. Weber não estava na moda, mas já constava do índex soviético. Minha posição política e ideológica é absolutamente antiditatorial, democrática, liberal — do ponto de vista político, social e econômico.

ISTOÉ: Seus livros *Aspirações nacionais* e *Conciliação e reforma no Brasil* são frutos de conferências que o senhor pronunciou na Escola Superior de Guerra, no início dos anos 1960. Conte como foi esta experiência.

JOSÉ HONÓRIO RODRIGUES: *Aspirações nacionais* é, de fato, fruto de conferências na Escola Superior de Guerra, entre 1956 e 1964. *Conciliação e reforma* é uma reflexão consequente do primeiro. Eu me formei pela ESG em 1955, quando o Departamento de Estudos era dirigido pelos então coronéis Jurandir Bizarria Mamede e Golbery do Couto e Silva. Fiquei surpreso com o conhecimento dos dois. Falavam como professores universitários, e citavam livros, artigos de revistas especializadas anglo-americanas e francesas, que muitos professores não costumam conhecer. Notei em ambos uma concepção de classe média, tendendo para a direita. Quem pela primeira vez me falou em David Riesman (*The lonely crowd*. 1ª ed., 1950) foi o então coronel Mamede. Comprei o livro, li-o e verifiquei que numerosos intelectuais desconheciam a obra. Santiago Dantas não a conhecia, ficou muito interessado e surpreendeu-se com a revelação da obra importante e desconhecida por nós — mas não pelos dois coronéis.

Já tive oportunidade de lembrar o impacto causado, entre filósofos e historiadores, pela obra de sir Isaiah Berlin (*Historical inevitability*), reduzindo a história a uma confusão fortuita de ações individuais, desencorajando qualquer investigação de forças subterrâneas, desaprovando padrões coerentes e negando a sucessão causal, os fins do processo histórico. Na Inglaterra e na Europa em geral, Isaiah Berlin não teve nenhuma influência maior. Creio ter tido, na época, influência em Golbery, que já o citava e o lia. Berlin é um judeu de direita, antimarxista, que acredita ser possível a influência pessoal na mudança dos rumos históricos, desprezando as forças econômicas e sociais. A geopolítica parece influenciada por sir Isaiah Berlin.

ISTOÉ: Observando o processo histórico brasileiro desde aquela época, o senhor diria que alguma de suas ideias passou a fazer parte da doutrina da Escola Superior de Guerra?

JOSÉ HONÓRIO RODRIGUES: Não tive nenhuma influência na doutrina da Escola. Pelo contrário, ela é que teve em mim. Andava por essa época seguindo um rumo erudito, e a Escola foi uma grande abertura, que me sacudiu, revelando a realidade brasileira contemporânea. O que escrevi depois de 1955 tem um sentido de participação no presente como nunca teve antes. Desde então liguei muito mais a história ao presente e compreendi melhor o que Croce, por influência hegeliana, ensinara, que a história é sempre contemporânea, é sempre presente. A história é história viva. Em 1964, ainda fui convidado a fazer conferências na ESG, como fazia todos os anos, desde 1956, mas o rumo autoritário, antidemocrático, que assumiu o movimento de 1964, uma contrarrevolução, me levou a assinar vários manifestos, quando se pensava que manifesto podia influir no rumo dos acontecimentos. De 1965 até o ano passado não fui mais convidado. O convite em 1977, a que não pude atender em razão de compromissos internacionais, revelou-se para mim como uma abertura. A ESG, quando a cursei, ouvia opiniões de todas as correntes, inclusive muita gente com conhecida vinculação esquerdista.

ISTOÉ: No quadro atual da história do Brasil, o senhor acreditaria num ressurgimento do Tenentismo, um retorno dos militares a um reformismo social?
JOSÉ HONÓRIO RODRIGUES: Não creio em ressurreições históricas. Não se volta nunca ao passado. O retorno histórico é sempre uma farsa. O Tenentismo foi um dos aspectos pró-revolucionários de 1930. A Revolução foi entravada no meio do caminho. Tenho sempre sustentado que o Brasil nunca teve uma revolução vitoriosa, como todos os grandes países, mas, sim, contrarrevoluções. Hoje estamos num *generalismo*, o predomínio total dos generais de quatro estrelas, que estabeleceram um regime autoritário, ou, como diz *The New York Times*, uma ditadura militar de direita ("a rightwing military dictatorship").

Arthur Schlesinger, historiador norte-americano que foi assessor do presidente John Kennedy, escreveu um livro admirável sobre a administração Nixon, denominado *A presidência imperial* (*The imperial presidency*). Pois a ascensão e o exagero do poder presidencial praticado por Nixon equivalia a um poder imperial. No Brasil, o regime de 1964 equivale a uma presidência imperial, ou melhor, uma presidência general. Acabamos com a República e a Federação. Na Escola Superior de Guerra, num documento básico de estudo, *Objetivos nacionais permanentes do Brasil*, aprendia-se que a República e a Federação eram objetivos nacionais permanentes. Não creio em ressurgimento do Tenentismo, o oposto ao Generalismo, 1930 contra 1964. A solução é a entrega do poder aos civis, a volta ao estado de direito. A solução correta é a constituinte, pois só o povo pode, por seus representantes, formar um novo pacto social.

ISTOÉ: E o propalado nacionalismo dos militares brasileiros, onde o senhor localizaria suas principais fontes ideológicas?

José Honório Rodrigues: Penso ser mais fácil discernir nas Forças Armadas o patriotismo, uma virtude cívica, uma inclinação afetiva à nossa terra e à nossa gente, do que uma posição nacionalista bem definida. O patriotismo não é privativo de qualquer classe, de qualquer doutrina. Mas os patriotas divergem não só quanto às doutrinas, mas quanto aos métodos que devem servir à pátria. O nacionalismo é uma tomada de consciência política, que visa a um plano organizador de desenvolvimento nacional, objetivando a emancipação nacional. Neste sentido é o nacionalismo tanto militar quanto civil. Há cerca de duzentos anos, o nacionalismo, cuja expressão nasceu em plena Revolução Francesa, em 1789, tem sido uma poderosa força modeladora da sociedade humana. Ele pode superar até as relações de classe. Sua força reside na sua flexibilidade. Daí os nacionalismos de direita e de esquerda.

O Exército brasileiro foi um auxiliar direto do Poder Moderador exercido pelo imperador, sobretudo após 1870. Seu papel moderador se deve a ter sido ele dominado pelo centro, equilibrando as suas alas direita e esquerda — conservadora e liberal, no Império. Aconteceu, em 1935 e em 1964, que a esquerda foi esmagada dentro do Exército, e disso se aproveitou a ala direita para se apoderar do comando, afastando o Exército de sua posição tradicional de centro. Ele voltará ao centro e com o centro se fará a volta ao estado de direito. Como dizia d. Pedro, a tropa não é a nação. É parte da nação. O terrorismo nos Estados Unidos ou na Europa não criou, como represália, regimes autoritários. Combate-se o terrorismo com o rigor da lei.

ISTOÉ: Mas como e por que se deu esse rompimento com a tradição de centro?

José Honório Rodrigues: A Escola Superior de Guerra Interamericana, localizada no Panamá e dominada por oficiais norte-americanos, foi a responsável pela doutrinação da Segurança Nacional acima de tudo, da obrigação dos exércitos se preocuparem sobretudo com a guerra revolucionária. Mas as Forças Armadas norte-americanas nunca tentaram dominar a nação, sempre se submeteram ao poder civil. E os oficiais-generais brasileiros de antes de 1964 que almejaram o poder foram buscá-lo nas urnas, em igualdade de condições com os candidatos civis. Assim foram, para só falar nos contemporâneos, o general Dutra, o brigadeiro Eduardo Gomes e o general Teixeira Lott, todos conservadores, homens de centro. Nunca passou pela cabeça desses generais que eles podiam tomar o poder sem o consentimento da nação e do seu povo. Mas foi o que acabou acontecendo. Seguiu-se o exemplo das outras nações sul-americanas, com exceção da Venezuela e da Colômbia. O Peru foi também, de algum modo, uma exceção, pelo menos por certo tempo, porque o nacionalismo de seus militares estava mais à esquerda e não à direita, como ocorre com os outros.

ISTOÉ: A atual discussão sobre os *brazilianists* e seu papel na conservação da assim chamada "memória nacional", como o senhor a vê? O que significam, no atual contexto, as posições do escritor Gerardo Mello Mourão, por exemplo, crítico radical da produção daqueles pesquisadores norte-americanos da história do Brasil?

José Honório Rodrigues: Não vejo mal nenhum, nem nenhuma ameaça aos estudos brasileiros o fato de serem esses estudos feitos por estrangeiros, norte-americanos ou europeus. Pelo contrário, acho que eles trazem grande contribuição ao conhecimento do Brasil. Alguns desses estudiosos foram meus alunos, nos anos em que ensinei em universidades norte-americanas. Eles possuem recursos financeiros e liberdade de pesquisa e informação que nós não possuímos. O que devemos lamentar e pleitear é que o governo amplie os recursos financeiros para as pesquisas. E que estabeleça critérios gerais para assegurar a todos a liberdade de informação e de pesquisa, que é também um dos direitos humanos. Reconheço que há estudos *policy-oriented*, isto é, feitos para atender aos interesses de informação política de vários departamentos oficiais dos Estados Unidos. Se a CIA ou o Departamento de Estado financiam uma pesquisa sobre o Brasil, é porque a responsabilidade mundial dos Estados Unidos exige que o país possua especialistas sobre o mundo todo, sobre todo e qualquer país. Lembro-me que quando estudei na Universidade de Columbia, em 1943, o meu professor A. J. Barnouw, grande historiador holandês, ensinava sua língua e esboçava um quadro geral do caráter e costumes da Indonésia aos oficiais norte-americanos que iam ali desembarcar, em missão de guerra.

Quanto à polêmica Stanley Hilton e Gerardo Mello Mourão, tenho a dizer que Hilton foi aluno meu, e desde 1963 estudava, no meu seminário, as atividades nazifascistas no Brasil e a luta alemã pelo predomínio no Brasil. Estudou profundamente os documentos alemães capturados pelos norte-americanos e que hoje qualquer cidadão do mundo pode ler, pedindo os microfilmes ao Arquivo Federal dos Estados Unidos. E não se limitou a eles: buscou documentos na Inglaterra e na própria Alemanha, onde existem outros papéis não capturados durante a guerra; na Itália; nos arquivos brasileiros, privados e públicos, inclusive o do general Pantaleão Pessoa, o qual acredito ser desconhecido de qualquer outro estudioso nacional ou estrangeiro, pelo simples fato de não o terem procurado. Além disso, Hilton buscou entrevistas pessoais com os que conheceram os fatos. Não se pode negar a Hilton uma excelente preparação metodológica, que não pode ser julgada por um intelectual de grande merecimento, mas carente do domínio desta disciplina.

Aliás, desconfio que a questão *brazilianists* tende a ser superada pelos próprios fatos. Hoje, as fundações e o governo norte-americano se voltam muito mais para o Oriente e para a África do que para a América Latina.

ISTOÉ: E a universidade brasileira, como o senhor a vê na missão de formar historiadores?

JOSÉ HONÓRIO RODRIGUES: De modo geral, fracassou. Os historiadores, como disse Theodor Mommsen, nascem feitos e o que a universidade pode fazer é formá-los e aperfeiçoá-los. Só vejo exceção em São Paulo, e, evidentemente em proporção menor, no Paraná e na Universidade Fluminense, de Niterói.

ISTOÉ: O que se pode fazer para melhorar os estudos de história, no Brasil? Seria tarefa exclusiva da universidade? Ou do Estado? De quem?

JOSÉ HONÓRIO RODRIGUES: Depende muito da universidade. Ao Estado cabe fornecer recursos que estimulem a pesquisa histórica, facilitar a organização de arquivos, bibliotecas e museus, e sobretudo garantir o direito à informação, estabelecendo normas gerais, para todos, de acesso e consulta aos documentos. Acabar com o privilégio da consulta e estabelecer o direito ao acesso, eis um ponto essencial. Diz-se nos Estados Unidos que um país não é totalmente independente enquanto não possui e conserva os documentos sobre sua própria história.

ISTOÉ: Nossos arquivos e museus possuem uma política definida para a formação de especialistas, historiógrafos, paleógrafos, museólogos, arquivistas?

José Honório Rodrigues: Não, nossos arquivos não possuem uma política definida para formação dos seus quadros novos. Ela só começa a aparecer agora, com os cursos de arquivista. O importante aí é o reconhecimento da profissão de historiador e pesquisador de história, já feita pelo Birô Internacional de Trabalho. Ao que sei, coube ao embaixador Macedo Soares, quando governador de São Paulo, criar no Museu Paulista a função de historiador. E assim o fez também o Arquivo do Estado de São Paulo. Mas isso é pouco, quando se considera que o mercado de trabalho deve se ampliar com a criação de seções de pesquisa em alguns ministérios e repartições públicas. Pode-se imaginar um arquivo, uma biblioteca, um museu, sem um único historiador? Nos Estados Unidos, há seções de pesquisa histórica em todos os departamentos oficiais. Quem cria história quer defender a memória nacional; quem consome história dos outros, descuida da sua.

istoé: Um de seus temas preferidos de pesquisa é a independência. Como o senhor vê o florescimento no Brasil, nas últimas duas décadas, de teóricos da dependência? Houve progresso real do conhecimento científico sobre o tema?

José Honório Rodrigues: A independência é um tema em foco na historiografia mundial contemporânea. A independência dos países africanos e asiáticos pôs em relevo a matéria e incentivou o estudo comparativo entre as independências latino-americanas, no começo do século xix, e as africanas e asiáticas, na década de 1960 deste século. Há muitos estudos sobre isso. O xiv Congresso Internacional de Ciências Históricas, realizado em São Francisco, em agosto de 1975, é bom lembrar, escolheu como tema central "revolução e independência", tendo como relator o inglês Eric Hobsbawm.

ISTOÉ: Como historiador, de que maneira o senhor se coloca face à criação de novos partidos políticos no Brasil? Que seria um partido trabalhista, hoje? E um partido nacionalista? E um partido socialista, após mais de dez anos de inatividade política?

JOSÉ HONÓRIO RODRIGUES: Creio no pluripartidarismo. Quando se fala, no mundo anglo-americano, da existência de dois partidos únicos, frauda-se a verdade. Há dois partidos fortes, mas inúmeros outros, tal como em todo o mundo ocidental. É possível que tenhamos um partido socialista, outro conservador e outro liberal, muito brevemente, até que a liberdade partidária possa cobrir todas as correntes ideológicas. O que não posso fazer é prever como serão e como atuarão esses partidos.

12. O POVO, ONDE ESTAVA?

COMO INGLÊS QUE SE PREZE, Kenneth Maxwell, autor de *A devassa da devassa*, sabe conciliar seu tempo e seus interesses entre a vida acadêmica (é professor de história da Universidade Columbia, EUA), as revoltas negras do Haiti (século XVIII), a música e a pintura. Tem 36 anos, já pescou siri para sobreviver, nas praias do Rio, colabora no *New York Review of Books* e tem um ar afável, incoerente com o polemista que *A devassa* (originalmente editada pela Cambridge University Press, 1976) acabou revelando. Seu depoimento:

ISTOÉ: Você é um *brazilianist*?
MAXWELL: Acho que não sou um *brazilianist* autêntico. Sou mais um historiador do século XVIII, talvez mais na linha de Charlie Boxer que de Thomas Skidmore. E sou também jornalista, preocupado com os eventos recentes como a revolução portuguesa de 1974 e a descolonização de Angola e Moçambique. Demais, não sou norte-americano (embora lecione há mais de um ano na Universidade Columbia), e parece que o termo *brazilianist* é mais usa-

do para norte-americanos que estudam o Brasil... Não sou também muito ligado ao *brazilianism* porque estive realmente fora do sistema universitário durante os últimos seis anos, quando fui membro do Instituto de Estudos Avançados de Princeton.

ISTOÉ: O que o levou ao estudo das inconfidências no Brasil?

MAXWELL: Quase um acidente intelectual. Meus interesses voltavam-se para as relações Brasil-Portugal, na época do antigo sistema colonial, nos quadros do sistema econômico internacional. Quando cheguei ao Brasil, em 1966, a intenção era de escrever sobre a Independência e, depois de mais ou menos onze meses de pesquisa, três diferentes elementos me chamaram a atenção para o estudo da Inconfidência Mineira (1789). O primeiro, em meu estudo sobre Portugal e Brasil antes de 1789, foi detectar um formidável confronto econômico entre interesses de grupos estabelecidos lá e cá, que a historiografia tradicional não enfatizava. Falava-se em "fomento ultramarino", essas coisas...

ISTOÉ: O que se pretendia com isso? Uma visão harmônica do passado luso-brasileiro?

MAXWELL: Sim. Mas note: se os estudos de economia colonial sempre foram eficientes, entretanto quase não existe uma boa história política e muito menos uma história em que surjam as relações entre a vida socioeconômica e a esfera propriamente política. E este é o corte dramático de meu livro. Ao mesmo tempo em que trabalhava na coleção da Casa dos Contos de Ouro Preto (em documentos fiscais, contas particulares e dos contratadores e homens de negócios no século XVIII em Minas Gerais), eu garimpava nos sete volumes dos *Autos da devassa da Inconfidência Mineira*, publicados em 1936.

ISTOÉ: O que descobriu?

MAXWELL: O que mais me surpreendeu foi encontrar os mesmos nomes nas contas particulares, nas listas de devedores e nos livros de contratadores (os homens que cobravam os impostos em nome do Estado português), e que iam aparecendo também nos *Autos da devassa*. Alguns como réus; mas, geralmente, como elementos citados durante os interrogatórios.

ISTOÉ: Na verdade, a Inconfidência não era apenas um movimento de poetas...

MAXWELL: Claro que não. Depois desse momento da pesquisa, comecei a fazer um estudo muito minucioso daquelas pessoas, e sobre as condições econômicas, sociais, ideológicas e políticas de Minas daquela época. E isso demorou quase cinco ou seis anos mais. Vale notar que os personagens que foram o suporte principal, no sentido de ajuda financeira da revolução, e que teriam mais a ganhar com ela, não ficaram na história oficial da Inconfidência Mineira. E isso me pedia uma explicação.

ISTOÉ: E como interpretar Tiradentes? Um símbolo da ingenuidade nacional?

MAXWELL: Tiradentes, na minha opinião, foi de fato um revolucionário. Mas não talvez pelas razões oficialmente apontadas. É preciso situá-lo socialmente. A versão romanceada de Tiradentes tirou dele sua importância e, mais ainda, o sentido do movimento, que foi deveras revolucionário e nacionalista, mais que nativista: havia um projeto consciente de independência nacional, e isto eu procurei demonstrar ao estudar a ideologia do movimento. Ao final da pesquisa, encontrar três grupos sociais. O primeiro, a que eu chamaria de ativistas (aqueles que eram incumbidos da tarefa de fazer o levante). Eram, geralmente, membros da tropa paga de Minas, inclusive o coronel-chefe Francisco de Paula Andrade e o próprio Tiradentes. Neste grupo o papel de Tiradentes era muito importante e realmente não tenho a intenção de "desprestigiá-lo". Depois do fracasso dos planos dos conspiradores — nos interrogatórios, no comportamento geral —, ele foi realmente exemplar em comparação com seus companheiros.

ISTOÉ: Um herói? Mas já começam a surgir outros heróis e heroínas, como Xica da Silva.

MAXWELL: Sim, ele é o único herói dessa história deprimente de acusações, de traições, de corrupção. É muito difícil deslindar tudo isso: Xica da Silva, por exemplo, tem origem complexa, pois além de ex-escrava do contratador José da Silva e Oliveira Rolim (o velho), foi irmã de criação do padre José da Silva e Oliveira Rolim, o inconfidente. Foi ainda amante, em segunda união, de João Fernandes de Oliveira, o último contratador de diamantes, filho do primeiro contratador do mesmo nome. E Quitéria Rita, filha de Xica da Silva, foi amante do padre Rolim, de quem teve vários filhos. Note: esta era uma confusão nada rara nessa vida colonial.

ISTOÉ: E os outros dois grupos da Inconfidência, além dos ativistas?

MAXWELL: O segundo é o grupo de ideólogos do novo Estado projetado, composto de pessoas como Tomás Antônio Gonzaga e Cláudio Mauel da Costa, ou o cônego Luís Vieira da Silva. E o terceiro são precisamente estes elementos que ficaram na obscuridade do manto oficial, grupo composto dos homens mais ricos da capitania, como o grande capitalista João Rodrigues de Macedo, ou o delator Joaquim Silvério dos Reis.

ISTOÉ: Você demonstra que o movimento foi muito profundo. Levanta suspeitas até mesmo quanto à atuação do governador Barbacena.

MAXWELL: Sim, o comportamento de Barbacena também mereceu um estudo minucioso, principalmente porque a historiografia oficial e a cronologia tradicional estão baseadas nos próprios depoimentos e declarações de Barbacena. A cronologia tradicional dos acontecimentos está claramente errada: um dos capítulos mais importantes do livro é a explicação da sucessão complicada dos eventos, depois da suspensão da derrama anunciada, que seria a cobrança de uma soma enorme de taxas impostas à população de Minas Gerais para pagar os *deficits* nos pagamentos anuais dos direitos reais do quinto do ouro. É nesse momento que há, na sombra, arranjos entre o visconde de Barbacena e os capitalistas, no sentido de esconder a participação deles no projeto para o estabelecimento de um Estado nacional independente.

ISTOÉ: E o suicídio de Cláudio Manuel da Costa, em que ficamos?

MAXWELL: O menos que se pode dizer é que se trata de um suicídio entre aspas, porque era demasiado conveniente para, principalmente, o governador e para aquele grupo de homens de negócios. Ele foi ex-secretário de governadores anteriores, advogado famoso, muito amigo dos contratadores (de João Rodrigues de Macedo, por exemplo, em cuja casa seu corpo foi descoberto). Ele sabia demais. E, na devassa de Minas, ele chegou a denunciar até mesmo seu amigo Tomás Antônio Gonzaga. Mas acho que nunca teremos respostas concretas sobre isso, infelizmente.

ISTOÉ: Por quê?

MAXWELL: Por falta de provas e também porque a comissão do vice-rei do Rio de Janeiro, muito mais independente, chegou dois dias depois de sua morte a Vila Rica, onde a comissão de inquérito estava inteiramente sob controle de Barbacena. O caráter contraditório dos documentos existentes dificilmente permitirá uma conclusão final. Cláudio seria, sem dúvida, figura importante caso a revolução tivesse dado certo: era um homem admirável, um dos mais conhecidos na Europa por seus escritos.

ISTOÉ: Pensando a história em termos de classe, o que foi a Inconfidência Mineira, afinal?

MAXWELL: Não há dúvida: foi um movimento de oligarcas para a resolução de problemas da oligarquia nativa que tentou usar de uma cobertura popular para sair da dominação portuguesa — e do pagamento de uma dívida enorme com a metrópole. Era necessária a participação popular, e a Tiradentes, na perspectiva desses oligarcas, sobraria apenas a tarefa de tirar as castanhas do fogo. Como não era "opulento", só possuía a própria vida para pagar o preço de suas ideias.

ISTOÉ: Não acha curioso que ele permaneça como símbolo de nossa independência?

MAXWELL: É claro que as reputações dos heróis nacionais sempre guardam relações estreitas com as situações presentes.

ISTOÉ: Quanto a seus atuais interesses pela descolonização portuguesa na África e pela revolução portuguesa de 1974, não acha que está havendo uma nova vaga de *africanists* nos EUA?

MAXWELL: Sim, mas é bom lembrar que da Independência do Brasil saiu um império monárquico, e da atual independência na África ex-portuguesa saíram repúblicas populares. Se Fidel Castro foi o padrinho dos *brazilianists*, é possível que o presidente Agostinho Neto seja o padrinho dos atuais *africanists* em embrião.

13. Francisco Iglésias:
o professor das Gerais

> *O mineiro acha que o importante é ser, e não parecer, não aceitando cavaleiro por argueiro nem cobrindo os fatos com aparatos.*
>
> Guimarães Rosa, *Ave palavra*.

A morte não tem sido gentil, nem seletiva, colhendo gente boa demais, obrigando-nos a repensar o sentido das coisas.

Humanistas estão morrendo. Primeiro, foi José Paulo Paes, poeta, ensaísta e tradutor notável; depois, Maurício Tragtenberg, sociólogo, filósofo e historiador, uma das figuras mais importantes da vida cultural — e, sobretudo, contracultural — de nosso país. Depois foi o grande professor e filósofo João Vilalobos, que marcou tanta gente nos anos 1950 no velho Colégio Estadual Presidente Roosevelt, o da rua São Joaquim, amargurado havia tempo com os rumos da vida universitária. Depois foi o professor Antônio Soares Amora, gentil-homem estudioso da literatura luso-brasileira, homem-ponte entre dois mundos bem complexos, o português e o brasileiro. Depois, na antevéspera de sua mudança para a utopia cubana, foi a vez de Alberto Luís da Rocha Barros, físico humanista e marxista oxfordiano refinado, cofundador e animador do Instituto de Estudos Avançados da USP... Parece até que um ciclo histórico-cultural se está encerrando.

Talvez esteja mesmo. O desaparecimento recente do historiador mineiro Francisco Iglésias encerra uma época, deixando mais pobre nosso país. Não se trata, aqui, de um clichê, que o historiador das Gerais detestava o lugar-comum. Emblemático seu falecimento, quando Minas, três lustros após a morte anunciada da solução demasiado conciliadora de Tancredo Neves, oferece à nação o impasse histórico com esse estilo excessivo que, diria Guimarães Rosa, traz "mais individualidade que personalidade".

Iglésias era uma referência para todos nós. Situava-se na "geração do meio", entre os antigos catedráticos e os novos assistentes. Sua presença alcançava vários rincões e quadrantes, penetrava até na fachada da USP, ultrapassando as demarcações estamentais das então disciplinas consagradas. Historiador de ofício, era um ser multidisciplinar, nunca tendo chegado a "catedrático". Sem alarde, em tempos em que uma vaga "interdisciplinaridade" começava a tornar-se moda, ele trafegava pela economia, sociologia, arquitetura e, sobretudo, pela literatura (possuía exemplar da *Condition humaine* autografado por André Malraux, causando-me inveja supina...).

Além dos romances de Autran Dourado, seu companheiro do grupo-revista *Edifício*, e da produção desigual dos "quatro grandes" (como se autodenominavam Fernando Sabino, Otto Lara Resende, Paulo M. Campos e Hélio Pelegrino), gostava em particular da poesia de Drummond (com quem manteve correspondência intensa, assim como com Otto), de Emílio Moura, de João Cabral e, evocando suas raízes espanholas, de García Lorca. Ele tinha uma leitura particular desses poetas, que nos passava com frescor e elegância. O "Chico das Montanhas", como carinhosamente o chamávamos, cultivava os estudos brasileiros — o ensaísmo em particular —, tendo por interlocutores constantes José Mindlin e Antonio Candido. Empolgava-se com nossos historiadores maiores, de Capistrano a José Honório Rodrigues (outro correspondente seu), de Sergio Buarque a Caio Prado Júnior (participou até de um complô, falhado, para trazermos o notável historiador paulistano para a cadeira de História do Brasil da Faculdade de Filosofia). Nas disciplinas conexas, admirava em seu grupo-geração não apenas os estudos como as atuações concretas de Lourival Gomes Machado, Paulo Emílio, Celso Furtado, Florestan e Raymundo Faoro. Admiração, aliás, correspondida, pois em 1986, antes de proferir a conferência inaugural no Instituto de Estudos Avançados da USP, Faoro lhe fez visita ritual no InCor — antes, Florestan o convidara a organizar a coletânea de textos de Caio Prado na coleção Grandes Cientistas Sociais, coleção que a editora Ática, em má hora, vem de desativar. No teatro o professor das Gerais acompanhava, entre muitos, Jorge Andrade e Nélson Rodrigues, e a atuação de Paulo Autran, Cacilda, Tônia, Celi, Gassman (seu "irmão" Sábato Magaldi e os amigos Alfredo Mesquita e Décio de Almeida Prado, sobretudo na fase do insuperado Suplemento Literário do *Estadão*, eram seus principais interlocutores)... Não menos importante, diga-se que era melômano, cultivando de Bach e Villa-Lobos a Pink Floyd, de Jobim, Caetano e Chico Buarque a Paulinho da Viola e a seu ídolo supremo, o mineiro Milton Nascimento, sem esquecer o Clube da Esquina nem João Bosco (porém cantado por Elis). E, claro, Maria Callas... No cinema, acompanha as trajetórias de Antonioni, Fellini e sobretudo Visconti ("um nobre marxista"), Mastroiani, Marlon Brando ("o ator do século").

Como se vê, por esse inesgotado mapeamento, Iglésias construíra um universo rico, que nos ensinava com discrição e muita fraternidade (moeda escassa hoje), sobretudo naqueles anos pobres de cultura e sufocantes do "milagre econômico", quando outra vez "chovia, fazia frio em São Paulo"... Ele combinava cultura, informação, engajamento discreto e sereno numa medida quase ideal, cultivando o colóquio, a distância crítica, lúcida e empenhada, nunca deixando de cumprir os rituais da amizade e da solidariedade firme e permanente. Exemplar.

Intelectual raro, era o bom companheiro nas horas difíceis, que foram muitas sob a última ditadura, sobretudo para aqueles que emergiam na vida universitária, não eram conformistas, mas também não fruíram do que Gilberto Freyre denominou "o privilégio do exílio". Iglésias antenava-se nas grandes correntes de pensamento de nosso tempo, detestando brilharecos e modismos. Grande conversador, adorava "conferir opiniões", à moda mineira, dando força e admirando os "novos".

Seus estudos sobre Minas no século XIX permanecem referenciais, bem como seu *História e ideologia* (editora Perspectiva), que inspirou novas veredas para outras histórias do pensamento brasileiro. Memorável e atualíssima também, entre outras, sua análise sobre nossa vida política nos meados do século passado (*Vida política, 1848-1868*), publicada na *História geral da civilização brasileira*, dirigida por Sergio Buarque. Inesquecíveis, entretanto, as conferências e arguições de teses nos salões (digamos) nobres uspianos, em verdade não arguições civilizadoras, universitárias de verdade, abridoras de novos caminhos e estimuladoras de atitudes de inovação, ontem e hoje.

Estudioso das vicissitudes da história do Brasil, Iglésias não chegou à virada do milênio. Não se foi apaziguado com os desafios do presente tempo brasileiro, nem com o ínvio caminho que seus companheiros de geração, instalados em Brasília, tomaram para a construção de um "novo" modelo político-cultural e social. Seus últimos textos e cartas, inclusive o último e recente depoimento sobre problemas de nosso patrimônio histórico e cultural, revelam inconformismo, resistência e a lucidez serena de um intelectual íntegro, coerente, aberto e — por essas mesmas razões — irado com o tempo presente.

14. FLORESTAN OU A TRADIÇÃO DO INCONFORMISMO

> *O que importa, no momento, é restabelecer o valor de uma herança intelectual e política que parecia condenado ao esquecimento ou à supressão pela violência.*
>
> FLORESTAN FERNANDES, julho de 1995.

POUCOS INTELECTUAIS BRASILEIROS terão marcado tão fundamente o século XX como o professor Florestan Fernandes. E pouquíssimos tiveram a capacidade de interlocução com as variadas correntes do pensamento crítico contemporâneo, como se verifica, mais uma vez, na publicação póstuma de *A contestação necessária*. O livro foi preparado pouco antes de seu falecimento no ano passado, com supervisão zelosa de Wladimir Saccheta. Trata-se de uma série de "retratos intelectuais de revolucionários e inconformistas", com o que a editora Ática — onde Florestan, a convite do saudoso professor Anderson Fernandes Dias, coordenava a prestigiosa coleção Grandes Cientistas Sociais — presta sua homenagem ao mestre.

Em edição bem cuidada, o leitor pode participar do grande diálogo de Florestan com Martí, Mariátegui e Richard Morse — fixando afinidades e, no caso de Morse, diferenças — em suas teorizações distintas sobre a América Latina. Poderá ainda compreender suas dívidas intelectuais com os pares da universidade, os professores Fernando de Azevedo, Bastide e Antonio Candido, mas também com os militantes Lula, Caio Prado, Carlos Marighella e Gregório Bezerra, entre outros, num vívido conjunto de quinze pequenos estudos e perfis político-intelectuais que revelam alguns dos valores intelectuais e humanos mais caros ao mestre.

Neste livro, inclui-se o depoimento sobre seu ex-assistente na Universidade de São Paulo, o sociólogo Octavio Ianni, em que fala de

> um enovelado de papéis, de compromissos afetivos e de decapitações que nos deixaram no meio de um caminho que a história retirou debaixo de nossos pés e de nosso alcance objetivo. Tornei-o, com Fernando Henrique Cardoso e outros, vítima de frustrações que me fizeram pensar em uma "geração perdida".

Mas isso foi nos anos 1970, e deles quase todos se recuperaram psicologicamente, excetuados obviamente os que desapareceram, ou "derraparam". Não era o "fim da história", nem das lutas de classes...

Terminada a leitura, fica-se com a sensação de que haveria muitos outros "perfis", inclusive de colegas e ex-assistentes mais novos seus, como Luiz Pereira, da geração dos "não cassados" e dos "não exilados". Intelectuais que seguraram a barra por aqui, sobretudo nas salas de aula, nas congregações universitárias, nas auditorias militares dominadas pela direita, nos tortuosos anos da ditadura. Gente que Florestan — "o chefe de escola" e "grande cassado" — sempre respeitou, como se verificará no dia em que forem garimpados os inúmeros prefácios, estudos, cartas e trabalhos dedicados que sempre generosamente escreveu. Florestan foi o centro de uma galáxia intelectual e política, com inúmeros e variados astros, asteroides e alguns meteoritos...

"Vocês têm no Brasil, com Florestan, um dos cinco mais importantes cientistas sociais de nosso tempo", observava o historiador e crítico de jazz Eric J. Hobsbawm em 1977, numa agradável cantina italiana em Londres. Em silêncio, ficava eu imaginando quais seriam os outros três... Recordo-me que o peruano Alejandro Losada, em seus mapeamentos da intelectualidade latino-americana, o comparava a Mariátegui. Ocorre que o professor, de origem humilde aliás sempre referida, como a dizer de onde provinha sua visão do mundo, sabia tirar lições da condição que a história lhe oferecia, aproveitando ao máximo a óptica tão especial de filho de modesta imigrante portuguesa. Nesta sociedade em que o desenvolvimento galopante fortalecia a consolidação do modelo autocrático-burguês, Florestan olhava a história num ângulo que lhe permitia uma visão muito aguda dos mecanismos de dominação manejados pelos estamentos senhoriais de raiz colonial, dos dinamismos das classes em formação e das castas, estas confinadas ao mundo dos despossuídos. Por essa razão, admirava tanto a coragem de Caio Prado, que "cometeu uma espécie de suicídio de classe", assim com a de Luís Inácio da Silva, expoente democrático radical "dos de baixo" (expressão que cultivava, "los de abajo", com o mexicano Pablo González Casanova). Incorporava essas expressões genéricas, porém tão cheias de significado, como "os donos do poder", emprestada a um de seus interlocutores, o gaúcho Raymundo Faoro.

Em suma, viveu intensamente o seu tempo, defrontando-se com os principais problemas contemporâneos, das relações raciais à natureza do capitalismo, das transformações do marxismo e das ideologias culturais à configuração da nova direita internacional que aí está. E acompanhou vivamente até o fim a atividade e os estudos de alguns de seus principais interlocutores e amigos, como o peruano Anibal Quijano, o mexicano González Casanova, o português Boaventura de Sousa Santos, o norte-americano Stanley Stein. Marxista heterodoxo — como todo autêntico marxista, aliás —, sabia, entretanto, respeitar figuras históricas como Álvaro Cunhal — um dos últimos a visitá-lo em sua casa, pouco antes do desastroso período que viveria no Hospital das Clínicas de sua desorientada Universidade de São Paulo. Ou, no Brasil, Luís Carlos Prestes que, em texto inédito agora publicado nesta *A contestação necessária*, é interpretado como o primeiro que, em nossa história, descola a revolução das transformações de superfície e que escapa da "confusão semântica que confinava a revolução ao mundo do poder". Por incrível que possa parecer, o texto, como o relativo a Marighella, abriga certa atualidade. A conferir.

Esses retratos merecem ser discutidos, até porque a antiga questão dos intelectuais anda muito maltratada nesta etapa posterior à queda do Muro de Berlim e ao colapso do assim denominado socialismo real. Há socialistas demais, notava estes dias José Saramago com um sorriso, "mas o que falta é socialismo"... A própria ideia do que é *ser intelectual* clama por uma atualização crítica, e os perfis focalizados neste livro "nos comprometem a todos, enlaçam, obrigam", como adverte o cientista político Paulo Sérgio Pinheiro na breve e percuciente nota de apresentação.

Em nome de acomodações fáceis, acompanhadas de desvios preocupantes das funções da universidade e da imprensa (e aqui temos os perfis paradigmáticos de Hermínio Saccheta, Cláudio Abramo e Henfil), banaliza-se hoje a discussão sobre o antigo tema da responsabilidade dos intelectuais. Discussão pasteurizada por vezes até com citações brejeiras do italiano marxista Antonio Gramsci, que terminou seus dias no cárcere da ditadura de Mussolini. Estagnado entre nós o debate político-intelectual, lastima-se de um suposto "fim de época", de "ciclo cultural", e até de "fim da história". Contra isso, o panteão de Florestan é reconfortante antídoto, publicando-se num momento histórico em que uma *nova sociedade civil* obriga, neste país, não somente à redefinição de paradigmas para se pensar o social, o político e o cultural, mas começa a exigir soluções — mais avançadas e claramente negociadas — a nossos problemas estruturais.

De onde vem a força desses pequenos ensaios? Em primeiro lugar, dos biografados, personalidades nada banais. Mas talvez seja possível, por outra parte, encontrar aqui a intensa curiosidade e respeito humano que Florestan cultivava pelas pessoas, qualquer que fosse a extração social. Manteve durante vários anos contatos seguidos — quando menos telefônicos — com Julio de Mesquita Filho, mas também sabia cultivar, já deputado, de modo ritualístico e direto, contatos com suas bases eleitorais mais modestas. Cavalheiresco, lamentava, em conversas privadas, a pouca atenção que na atual rotina parlamentar se dava a discursos tão bem preparados como os de Roberto Campos, "nosso profundo antagonista". Como explicar o surgimento de um intelectual radical com tanta densidade? Precisamente pelo fato de se *contrapor* ao caldo cultural e ideológico dominado pela visão estamental-oligárquica que era a da elite paulistana dos anos 1940 e 50. O sociólogo se afirmou na contramão, dela se alimentando, aprendendo-lhe as manhas. Daí, nele se combinarem tão bem as imagens e maneiras do gentil-homem cortês e do *sans-culotte* fraterno, democrata e popular, antipopulista.

Recentemente, à época do falecimento do sociólogo paulistano, Arnaldo Jabor, egresso da galáxia carioca, pedia-me insistente e sentidamente para explicar a dimensão alcançada por Florestan, com seus cinquenta livros e tanta atuação. Semanas depois, em comentário agudo logo ao regressar dos Estados Unidos, notou que, no Brasil, fomos sempre guerrilheiros com as ideias fora do lugar e que FHC, ex-assistente de Florestan, sozinho, é a própria "teoria da dependência". Mais: que no século XIX "importamos o liberalismo em plena escravidão. Neste século, tivemos o marxismo sem povo. Agora, temos o neoliberalismo sem capital". Tudo bem. Mas ao ler o livro, poderá Jabor notar que também Martí, filho de imigrantes, já sentira antes esse estranhamento, e segundo Florestan, era ele um ser sensível aos encantos de Marx, e de um Bolívar, de um Whitman ou de um Wilde... Agora, é ingênuo estranhar o tal "marxismo sem povo", afinal, o liberalismo, ideologia que pressupõe *in abstrato* "o povo", incorpora mal — ou elide — as teorias de classes, estamentos e castas, sobretudo quando antagônicas, iracundas, famélicas.

Ainda é cedo para dizer de uma fase de nossa história em que personalidades como as do autor de *A revolução burguesa no Brasil* (1975) — e algumas outras poucas, como Antonio Candido, Décio de Almeida Prado, Raymundo Faoro — seriam figuras, elas próprias, de uma época áurea, irrepetível. Em parte é verdade, pois a história não se repete, embora, em países como o nosso, a sensação frequente de *déjà-vu* venha se tornando uma característica inquietante, dado o uso recorrente à metodologia da conciliação na soldagem das elites antigas às modernas. O que vem depois sempre pareceria menos e pior, o que nem sempre é verdade: Lula, por exemplo, é tomado por Florestan como uma referência decisiva no processo de renovação de nossa história social, ao desvendar, com sua formação democrática de base, as remanescências do liberalismo oligárquico e, ao mesmo tempo, desmistificar na prática a estrutura dos neopopulismos relacionados com o mundo do trabalho, acentuados sob a última ditadura. Por isso, Lula surge nestes perfis como figura-chave da nova sociedade civil que vai emergindo em países de pesado passado colonial como o nosso. Processo tão bem estudado pelo historiador Caio Prado, amigo de Florestan, num outro retrato notável.

Finalmente, o grupo-geração a que pertence Florestan — Oswald denominava-a de "chato-boys" — foi responsável por uma tarefa imensa, inovadora e fundamental: a de criar o Brasil moderno, como eles discretamente proclamavam, diversamente da geração barulhenta que os antecedeu, a dos modernistas de 22. Criaram novas metodologias para entender o país em suas determinações básicas, em sua complexidade e em seus desequilíbrios brutais. Esse grupo-geração, bastante variado e fecundo, marca a segunda metade do "longo século XX brasileiro", que vai da abolição da escravatura (1888) até mais ou menos a Constituição de 1988. E, se o redescobrimento do Brasil nos anos 1930/40 deveu-se a intelectuais como Gilberto Freyre, Caio Prado Júnior e Sergio Buarque de Holanda, nos anos 1950/60 tem-se o aprofundamento e a sistematização do conhecimento com Raymundo Faoro na vertente histórico-política, Celso Furtado na reconceituação da ciência econômica, Antonio Candido na vertente histórico-cultural e sobretudo, mais à esquerda, Florestan e sua Escola Histórico--sociológica. Como seus antecessores, esse grupo-geração produziu interpretações de fôlego sobre nosso país em obras de caráter transdisciplinar, sempre resguardando porém a perspectiva histórica de longa duração. Importante notar que todos aderiram, de forma variada, à militância institucional ou partidária. Portanto, desde logo, descarta-se a crítica, frequente e bastante descabida, à alienação dos intelectuais em nosso país, onde, com pouquíssimos recursos, são chamados a tarefas marcadas por dificuldades ancestrais e incomensuráveis.

Neste livro último, finalmente aparece um Florestan mais direto e pessoal, mais empenhado e sofisticadamente socialista e mais transdisciplinar. Se a ele perguntássemos como se autolocalizaria, e ao seu grupo-geração (que sucede a geração de Fernando de Azevedo, Buarque, Cruz Costa, Caio) na história intelectual do século XX no Brasil, por certo responderia, sardônico: "Somos a geração-between...".*

---

* Não nos é mais possível sustentar em 2010 a apreciação sobre Luís Inácio Lula da Silva, hoje presidente do Brasil, contida neste ensaio.

15. Florestan: memória e utopia

Em 1977, numa cantina italiana próxima à Tavistock Square, em Londres, conversando com o professor Eric J. Hobsbawm sobre os percalços da abertura política no Brasil, ousei comentar certas dificuldades para se compreender nossa ambígua história presente. O grande historiador sorriu discretamente, fazendo notar que um dos cinco maiores cientistas sociais e intérpretes de nossa época, embora estivesse no Canadá, era brasileiro: Florestan Fernandes. Fiquei a pensar quais seriam os outros três...

Hoje, ao apagar das luzes deste século de extremos, recordo-me dessa passagem londrina, que tanto me marcou, ao percorrer este conjunto de textos sobre a vida e obra de Florestan, grande professor, amigo e socialista. Um homem simples como o próprio Hobsbawm, como os saudosos Albert Soboul, Joaquim Barradas de Carvalho e Warren Dean, homens de esquerda, grandes pesquisadores e escritores excepcionalmente criativos que nos ajudaram a situar os estudos brasileiros no mapa do mundo contemporâneo.

Nos ensaios e depoimentos que se seguem, Florestan aparece em suas múltiplas facetas, em trajetória exemplar e consciente que reflete e ao mesmo tempo dialetiza, de modo eclético, a história político-cultural de São Paulo, do Brasil e da América Latina. Pois a história pessoal de Florestan, "desenraizado", possui sólidas raízes nesta cidade difícil, numa formação sociocultural em que as novas oligarquias e as classes burguesas emergentes se compõem e reproduzem com método e rigor. Não creio que outro cientista social ou escritor tenha refletido tanto e tão compulsivamente sobre seu próprio papel institucional e político e sobre a significância de sua disciplina ao longo de nossa história. Em verdade, duas disciplinas, a sociologia e a história, sideraram o jovem pesquisador desde o início: daí poder-se dizer que à sua volta se formou a constelação denominada Escola Histórico-sociológica de São Paulo, como é conhecida internacionalmente.

Estudante e agente de uma disciplina nova, a sociologia, foi logo chamado nos anos 1940 — ao lado de seu companheiro de vida, Antonio Candido, e por convite de seu professor Fernando de Azevedo — a ajudar a equacionar os temas e problemas de uma sociedade que se descobria "atrasada", "arcaica". A sociologia já ganhara bom espaço nos estudos brasileiros com as obras inovadoras de Gilberto Freyre, porém era a voz dos estamentos senhoriais decadentes que ressoava no fundo daquelas páginas, que só eram consideradas avançadas porque o Brasil era "muito atrasado" (como continuava a diagnosticar Caio Prado Jr., ainda no início dos anos 1980).

Florestan desde logo acabou por empostar vozes, visões de mundo e alguns valores de novas frações de classe que mal haviam despontado no cenário nacional. Representava ele — ou imaginava representar a partir de sua própria história de vida — os "despossuídos", os "de baixo", os excluídos pelo modelo histórico vigente, que ele próprio viria a definir como modelo autocrático-burguês. Florestan impressionava por sua capacidade de trabalho, seriedade, aplicação e agudeza: em seu clássico *A cultura brasileira*, o exigente e categórico Fernando de Azevedo chegou a dele dizer, então recém-formado, tratar-se do maior talento que conhecera, uma autêntica vocação para as ciências sociais. Também será ele, nos anos 1950 e 60, em cooperação com Roger Bastide, o pesquisador inovador e mais combativo de uma instituição de vanguarda, certamente seu filho mais iracundo e criativo, qual seja a histórica Faculdade de Filosofia, Ciências e Letras da Universidade de São Paulo, hoje — não por acaso — desmembrada e desvitalizada.

Nos anos 1970, cassado pelo regime instaurado com o golpe de 1964, o professor aprofunda sua reflexão sobre o Brasil e sobre sua condição de sociólogo socialista. Já fora da universidade, ele como que se radicaliza, torna-se mais direto, descobre a América Latina de Martí e Mariátegui, de Pablo González Casanova, Orlando Fals Borda, Moreno Fraginals e de Anibal Quijano, escrevendo dois de seus livros mais decisivos: *Capitalismo dependente e classes sociais na América Latina* e *Poder e contrapoder na América Latina*. Mas não desvia sua atenção de nossa história: dessa época também é seu *Circuito fechado*, essencial para a compreensão do tal peso do passado colonial.

Nos anos 1980, dá-se o encontro efetivo com a militância partidária, agora participando das vicissitudes da vida política nacional ao lado de um amplo setor emergente da sociedade brasileira, o mundo do trabalho, associado a setores radicalizados da classe média.

A década de 1990 abre-se para Florestan com a concessão do título de doutor *honoris causa* pela Universidade de Coimbra, então celebrando seus 700 anos de existência e apontando-o como um dos intelectuais mais destacados do mundo luso-afro-brasileiro. No ocaso da vida, o filho da imigrante portuguesa dona Maria retornava a Portugal para receber o reconhecimento da vetusta academia, promovido por seus segmentos mais progressistas, Boaventura de Sousa Santos à frente...

Os anos 1990 virão encontrá-lo em maturidade serena, tomado pela atividade do grande socialista publicista em que se transformara, cercado de amigos, de sua mulher Myriam e de assessores mais jovens e bem animados. A morte o alcançará — o verbo é preciso — numa fase de plena lucidez, alinhado com as vanguardas mais consequentes deste país.

Esta coletânea tem, pois, o singular mérito de atualizar a discussão sobre a trajetória e o significado de um dos mais destacados intelectuais de nosso tempo. Mas talvez o sentido maior dos estudos aqui enfeixados seja o de revelar a profunda sintonia entre o vivido e o projetado por alguém que soube elaborar sua condição periférica, tanto geográfica como política e socialmente, misturando sua biografia e sua responsabilidade enquanto pesquisador consequente com as vanguardas desta história. História(s) complexa(s), pois Florestan não foi operário nem muito menos detentor de meios de produção ou de propriedades, não integrando portanto nenhuma das chamadas classes fundamentais. Não foi filho ou neto de oligarcas, não se beneficiou de bolsas ou apoio de fundações nacionais ou internacionais, nem proveio tampouco de família de profissionais liberais, ou do estamento burocrático e/ou militar, como a maior parcela de seus colegas e discípulos.

Ele tinha muito do *self made intellectual*, bastante próximo nesse sentido de um Anatol Rosenfeld ou de um Maurício Tragtenberg, que não por acaso adotaram um certo conceito crítico de cultura e São Paulo como sua cidade. Ele se caracterizava às vezes por um curioso comportamento *sans-culotte*, e sua mentalidade situava-se nessa região brumosa entre os horizontes mentais da pequena burguesia urbana e os do proletariado; mas não era nem um nem outro. Como se sabe, fez de tudo para sobreviver, desde ajudante de alfaiate até garçom, e nessa condição de *outsider* — como notou Ivan Valente — cultivou um ângulo muito estratégico para observar a vida dos estamentos senhoriais e burocráticos, bem como as variações das frações de classe média da qual ele acabou por fazer parte.

Florestan cresceu num mundo em que (na expressão de Karl Marx, colhida na *Ideologia alemã*) os estamentos pretéritos — dos quais provinham Caio Prado Jr., Sergio Buarque, Afonso Arinos, Gilberto Freyre — conviveram, se compuseram ou entraram em conflito intenso com as classes futuras — das quais faziam parte personalidades como seu grande amigo Hermínio Sacchetta ou emergiram figuras como Luiz Inácio Lula da Silva ou Luiza Erundina. Mas seu olhar vinha "de baixo" e por essa razão pôde — como Jean-Jacques Rousseau, em seu tempo — detectar as bases em que se assenta o modelo autocrático em toda sua dimensão social, com as heranças pesadas de um remanescente passado estamental-escravista, no plano das relações sociais e na esfera dos quadros mentais. Grande amigo de seus amigos, e imbuído de um forte sentido *de fraternidade* autêntica (penso no sentido específico que a esse termo se dava em 1793, na França), mais de uma vez pude testemunhar seu estilo agreste, direto, meio *sans-culotte*, meio jacobino, rousseauniano. Em contrapartida, esmerava-se na empostação do personagem radical de combate que criou, aparentemente desagradável quando se defrontava com opositores demasiado conservadores, intransigentes ou reacionários: sua lógica ficava então à altura do inamovível e gélido Caio Prado Jr., a quem respeitava sobre todos os outros intelectuais brasileiros.

Em anos mais recentes, aborrecia-se quando seus densos e bem articulados discursos parlamentares como deputado do Partido dos Trabalhadores não eram ouvidos. Criticava, em discretas conversas entre amigos, a mediocridade dominante no Congresso Nacional e chegava a lamentar que nem mesmo um homem conservador, porém preparado, como o deputado Roberto Campos merecesse a atenção de tal audiência. Um desperdício, julgava. Achava que grandes temas nacionais estavam passando despercebidos pela classe política, pela imprensa e pela universidade. Mais: Florestan deputado prestava contas e ouvia como ninguém sugestões de seus eleitores, pois assumia-se como representante de um grupo, de um projeto, de uma utopia.

Mas como surge *um* Florestan Fernandes num processo histórico-cultural como o nosso? Em textos notáveis, como os de Heloísa Rodrigues Fernandes, sua filha e também socióloga de mérito, ou de Boris Schnaiderman, escritor e crítico dos melhores, colhemos informações sobre seu cotidiano como intelectual, sua maneira de trabalhar, ler e se instrumentar para a compreensão do mundo. Pude acompanhá-lo em alguns poucos períodos de sua vida, e perceber o impacto de certas leituras, como *A insustentável leveza do ser*, de Milan Kundera, ou *Viva o povo brasileiro*, de João Ubaldo Ribeiro. Ou ainda, no fim dos anos 1970, a releitura serenizada de Thomas Mann e Proust.

Florestan tinha o gosto pela leitura, pelo estudo, pela análise não livresca mas informada. E ousava: criou conceitos, combinando teorias e entrecruzando pesquisas de variadas frentes. Mas chega-se à conclusão de que ele se fez por si próprio, caminhando para um modelo misto de militante individualista e de *gentil--homem* à antiga, tendo por certo aprendido bastante — inclusive boas maneiras, digamos, com seu "irmão" Antonio Candido, outro socialista que continua ainda hoje a servir de referência alta para as novas gerações.

Nesse ponto, o texto de Antonio Candido que o leitor encontrará aqui torna-se fundamental e definitivo para a compreensão dos primeiros tempos de Florestan político. Poderá neste depoimento acompanhar as vicissitudes da nevoenta esquerda democrática e o surgimento do Partido Socialista Brasileiro, um partido consistente em ideias mas precário em suas ações (o que aguarda uma explicação, um estudo por parte de nossos historiadores das ideias e cientistas políticos). Percebe-se neste escrito a origem das heterodoxias e do outrora polêmico "ecletismo" do sociólogo paulistano, ou melhor dizendo, a especificidade de sua concepção de socialismo. Na verdade, a concepção de um democrata radical, popular e antipopulista, o que faz muita diferença num país cuja cultura política é marcada pela visão oligárquica de mundo, com sua complementar dimensão populista. Um socialismo à paulistana portanto, pois Florestan era profundamente paulistano, capaz de franquezas rudes expressas em frases simples e diretas, porém portador ao mesmo tempo dessa atitude lhana, urbana e polida que já marcou nossa cidade industrial, antigamente famosa por uma hospitalidade popular — não popularesca ou populista, vale repetir —, viva e democrática. Hospitalidade que o sociólogo cultivava e que hoje rareia e tanta falta faz.

Não se enfatizou entretanto suficientemente nestes textos a rara capacidade de autocrítica que Florestan possuía. Vários estudos contidos neste livro sugerem corajosas retificações de percurso, sempre dentro da esquerda, vale enfatizar, e sua visceral inapetência para conciliações de qualquer tipo, as mesmas que vêm hoje conduzindo ao perigoso esgarçamento do tecido político. O que não o impedia, está claro, de conviver com figuras distintas de sua orientação, como o doutor Julinho, Julio de Mesquita Filho, diretor de O *Estado de S. Paulo* — que em determinado período, no início dos anos 1960, mantinha com Florestan contatos semanais, quando menos por telefone.

Mas conviver não era conciliar. Da mesma forma, tolerava companheiros da esquerda ortodoxa e mesmo dogmática (que o aborreciam solenemente, mas enfim...). O que não o impedia tampouco de exercer sua crítica aos nossos *mores* brasílicos (à direita, mas também à esquerda, sobretudo quando esta se mostrava simplista ou oportunista), ou, ao contrário, a dar apoio já nos anos 1950 a lideranças de movimentos de negros, homossexuais ou mulheres. Exagerado mesmo talvez tenha sido seu pessimismo quanto à atuação do grupo-geração ao qual pertenceu. Chegou até em certa conjuntura a denominá-lo de "a geração perdida", título algo enfático — sobretudo se examinarmos de perto a geração seguinte — de um notável e conhecido ensaio seu.

Finalmente, os estudos contidos neste livro levantam ainda indagações importantes sobre as ambiguidades da chamada cultura brasileira, esse polvo gelatinoso cujos tentáculos acenam seguidamente para a conciliação e a desmobilização. Uma cultura em que não se consolidam os direitos civis e as conquistas dos trabalhadores, como se vê no cotidiano atual. Decorridos quase três anos do falecimento do sociólogo paulistano, a voragem do tempo e das coisas parece engolir a memória de sua atuação, tentando evanescer os traços de seu percurso e diminuindo os múltiplos significados de seus combates. Muitos dos quais derivaram de sua militância individualista ou da metodologia do "escândalo reparador" apontada por Antonio Candido, que adotou em inúmeras situações-limite, quando não poupava nem mesmo seus interlocutores mais próximos, amigos ou associados, obrigando-os a irem mais longe em seus combates.

Florestan, afinal, via-se como aríete na construção de uma ordem democrática e sabia como ninguém das dificuldades nessa construção. Pois era — e ainda é — muito difícil para alguém que "vem de baixo" romper a carapaça do estamento político-cultural (o que ajuda a explicar o deslumbramento dos que porventura conseguiram galgar posições nas hierarquias do atual modelo). Daí intrigarem ao observador mais atento também as reiteradas e cansativas menções, quando se fala do mestre, de sua "origem humilde" etc.

Em síntese, pode-se situar e entender Florestan Fernandes como consciência-limite de nosso tempo. No campo das ciências humanas, ele foi um criador, não um repetidor, que adensava a parte crítica desta sociedade, não poupando a si próprio nas autocríticas profundas — que por vezes arrastava sua geração e seus colegas de universidade ou de partido —, mas conferindo sempre significado às nossas vivências e ao nosso tempo, criticando, construindo, examinando, aprimorando, propondo na contracorrente, ironizando. Tinha o sentido da história e da historicidade intensa do cotidiano, para além de suas sólidas e programadas leituras historiográficas. De Gibbon a Mantoux, de Dobb a Faoro, ele tinha uma opinião, um comentário agudo, a partir de leitura vivida. Nesse sentido, não hesito em constatar que ele foi, sem exagero, o personagem mais importante e completo de nossa história intelectual.

Sua coragem pessoal? Vi-o em situações difíceis, como naquela noite de novembro de 1975, logo após o assassínio de Wladimir Herzog. No Convento dos Dominicanos, na rua Caiubi, com Perseu Abramo, José de Souza Martins e outros, quando tentávamos construir barreiras da sociedade civil para impedir a barbárie que se anunciava, Florestan — o último orador e certamente o mais visado dentre nós — desenvolveu uma cáustica argumentação, mostrando como na crista das revoluções burguesas os "direitos civis" em verdade somente alcançavam uma "minoria dos mais iguais"... Não sei como saímos ilesos (ele, sobretudo) daquela noite, para novos embates, partindo logo depois, quando as coisas pioraram, para uma temporada curta em Austin (Texas), onde tive, com minha família, o desprazer de reencontrar uma direita brasileira boçal — enfrentada bravamente pelo historiador e amigo Richard Graham —, e ele, para a fria Toronto e desencontros com o sociólogo Amitai Etzioni.

Daqueles longos meses depressivos no Texas, lembro-me do brilho do colóquio interdisciplinar que, em colaboração com o bravo professor Graham, realizamos a duras penas sobre seu recentemente lançado *A revolução burguesa no Brasil*, com Emília Viotti da Costa, Silviano Santiago, o saudoso Alejandro Losada (que na ocasião elaborou interessante paralelo entre Mariátegui e Florestan), David Jackson, Graham e outros. Alguma coisa restou, e foi publicada pelo Moacyr Félix e pelo grande Enio Silveira nos *Encontros da civilização brasileira*. De tudo fica um pouco.

De Florestan, fica muito. Uma obra estimulante e vária, uma teoria para entender-se o Brasil. Fica o calor da amizade, um sentido geral para as coisas, numa era em que a "nossa modernidade" insiste em apontar para o não sentido.

São Paulo, 14 de julho de 1998

Créditos dos textos

1. Contrapontos: interpretações do Brasil

"Os fazendeiros do ar". *O Estado de S. Paulo*, São Paulo, 2 set. 1973.

"Revisitando o mundo que o português criou". In: Seminário Internacional Novo Mundo nos Trópicos. Recife, 21 a 24 mar. 2000.

"O Brasil nos horizontes da revolta republicana portuguesa de 1891: um estudo da obra *O Brasil mental*, de Sampaio Bruno". *Histórica*, São Paulo, nº 1, pp. 55-65, 1993.

"Oliveira Lima e nossa formação". In: Silva, Alberto da Costa e (org.). *O Itamaraty na cultura brasileira*. Rio de Janeiro: Francisco Alves, 2002, pp. 239-262.

"Em exame a obra de Caio Prado". *Folha de S.Paulo*, São Paulo, 27 jun. 1982. Ilustrada, p. 57. Resenha de: Prado Jr., Caio. *História*. Organização de Francisco Iglésias. São Paulo: Ática, 1982. (Grandes Cientistas Sociais; direção de Florestan Fernandes)

"Ecos da historiografia francesa no Brasil: Apontamentos e desapontamentos". In: Perrone-Moisés, Leyla (org.). *Do positivismo à desconstrução — Ideias francesas na América*. São Paulo: Edusp, 2004, pp. 137-158.

"Raymundo Faoro e a revelação de um outro Brasil". In: *Getúlio (Revista da Fundação Getulio Vargas)*, Rio de Janeiro, ano 1, nº 4, pp. 46-50, jul. 2007.

"Intérpretes do Brasil: Antonio Candido e Raymundo Faoro". In: Axt, Gunter & Schüler, Fernando (orgs.). *Intérpretes do Brasil*: ensaios de cultura e identidade. Porto Alegre: Artes e Ofícios, 2004, pp. 267-277.

"A universidade brasileira e o pensamento de Gilberto Freyre". In: FALCÃO, Joaquim & ARAÚJO, Rosa Maria Barboza de (orgs.). *O imperador das ideias — Gilberto Freyre em questão*. São Paulo: Topbooks, 2001, pp. 168-182.

"A inacabada *História da história do Brasil*". *Jornal da Tarde*, São Paulo, 4 jun. 1988. Caderno de Sábado, p. 5.

"Debrun e o pensamento crítico de Gramsci". *Saber*, São Paulo, pp. 4-5, 4 out. 2001.

"Civilizando a barbárie: Golbery e Geisel". *O Estado de S. Paulo*, São Paulo, 4 jul. 2004. Caderno 2/Cultura, p. D7. Resenha de GASPARI, Elio. *A ditadura encurralada*. São Paulo: Companhia das Letras, 2004.

"Os dois Darcys". *Folha de S.Paulo*, São Paulo, 5 jun. 1995. Jornal de resenhas: Especial, pp. 16-17.

"Presença de Florestan no IEA". *Estudos avançados*. São Paulo, v. 10, nº 26, pp. 42-48, jan./abr. 1996.

"Saindo das brumas: *o mundo que o português criou* ruiu". In: JUNIOR, Benjamin Abdala (org.). *Incertas relações: Brasil — Portugal no século* XX. São Paulo: Senac São Paulo, 2003, pp.149-180.

2. ENCONTROS: CONVERSAÇÕES E PERFIS

"Antonio Candido e nossa formação". *O Estado de S. Paulo*, São Paulo, 27 jul. 1998. Espaço aberto, p. 2.

"Uma trajetória: Lucien Febvre". In: Lucien Febvre. 2ª ed. São Paulo: Ática, 1992. (Grandes Cientistas Sociais; direção de Florestan Fernandes)

"Um intelectual que deixou as marcas de sua passagem". *O Estado de S. Paulo*, São Paulo, 26 nov. 1995. Especial/Domingo, p. D4.

"Charles Ralph Boxer (1904-2000)". *O Estado de S. Paulo*, São Paulo, 5 jun. 2000.

"O americano intranquilo". *O Estado de S. Paulo*, São Paulo, 5 abr. 2001, p. 2.

Joaquim Barradas de Carvalho (1920-1980). Discurso de posse do acadêmico Carlos Guilherme Mota na Academia Lusíada de São Paulo em novembro de 1993. mimeo.

"De Sérgio Milliet, de ontem, de sempre". *O Estado de São Paulo*, São Paulo, 23 mar. 1998. Espaço aberto, p. 2.

"José Honório e nós". In: RODRIGUES, Lêda Boechat (org.). *Ensaios livres*. Prefácio por Carlos Guilherme Mota. São Paulo: Imaginário, 1991.

"Sérgio Milliet, 'da capo'". In: CAMPOS, Regina Salgado. *Ceticismo e responsabilidade — Gide e Montaigne na obra crítica de Sérgio Milliet*. Apresentação de Carlos Guilherme Mota. São Paulo: Annablume, 1996.

"Vamos discutir a história do Brasil. Entrevista com José Honório Rodrigues". *O Estado de S. Paulo*, São Paulo, 22 jul. 1978.

"Uma nação de deserdados. Entrevista com José Honório Rodrigues". *IstoÉ*, São Paulo, pp. 44-48, 12 abr. 1978.

"O povo, onde estava?". Entrevista com Kenneth Maxwell. *IstoÉ*, São Paulo, ano 2, nº 62, pp. 36-37, 1º mar. 1978.

"O professor das Gerais". *O Estado de S. Paulo*. São Paulo, 8 mar. 1999. Espaço aberto, p. 2.

"Florestan ou a tradição do inconformismo". *O Estado de S. Paulo*, São Paulo, 10 fev. 1996. Cultura, p. D9.

"Florestan: Memória e utopia". In: MARTINEZ, Paulo H. (org.). *Florestan ou o sentido das coisas*. São Paulo: Boitempo-Centro Universitário Maria Antonia, 1998, pp.11-18.

Índice remissivo

A LA RECHERCHE DE LA SPÉCIFICITÉ DE LA RENAISSANCE PORTUGAISE — L'ESMERALDO DE SITU ORBIS, DE DUARTE PACHECO PEREIRA, ET LA LITERATURE PORTUGAISE DE VOYAGE À L'ÉPOQUE DES GRANDES DÉCOUVERTES. CONTRIBUTION À L'ÉTUDE DES ORIGINES DE LA PENSÉE MODERNE (Carvalho), 313

ABELAIRA, Augusto, 314

ABOLIÇÃO DA ESCRAVATURA, 389

ABRAMO, Claudio, 205, 386

ABRAMO, Perseu, 20, 399

ABREU, Capistrano de, 89, 90, 187, 333, 358

ABSOLUTISMO, 190

ACADEMIA BRASILEIRA DE LETRAS, 96, 103, 141, 357

ACM *ver* Magalhães, Antônio Carlos

ÁFRICA, 25, 44, 48, 49, 55, 56, 62, 64, 65, 67, 68, 154, 176, 225, 228, 235, 237, 240, 241, 254, 297, 334, 348, 349, 366, 374, 375

AGOSTINHO NETO, 55, 375

AGULHON, Maurice, 125

AI-5, 24, 111, 204, 333

ALAMBERT, Francisco, 321, 327, 328

ALBUQUERQUE, Luís, 314

ALEMANHA, 66, 67, 91, 101, 102, 120, 145, 287, 346, 365

ALENCAR, José de, 78

ALENCASTRO, Luís Felipe de, 254

ALLIER, Verena, 175

ALVARADO, Velasco, 25

AMADO, Jorge, 48, 143, 236, 318

AMARAL, Azevedo, 194

AMEAL, João, 308

AMÉRICA DO NORTE, 120, 240, 302

AMÉRICA DO SUL, 105, 119, 225, 302, 304

AMÉRICA LATINA, 25, 36, 38, 39, 50, 117, 118, 119, 120, 121, 126, 128, 161, 208, 221, 236, 241, 247, 259,

302, 321, 349, 352, 366, 384, 392, 393
AMÉRICO, José, 170, 234
AMORA, Antônio Soares, 377
ANDERSON, Perry, 176
ANDRADE, Carlos Drummond de, 15, 21, 34, 170, 227, 237, 259, 318
ANDRADE, Francisco de Paula, 372
ANDRADE, Jorge, 145, 216, 259, 379
ANDRADE, Manuel Correia de, 43, 148
ANDRADE, Mário de, 17, 38, 207, 214, 229, 234, 237, 323
ANDRADE, Mario de (Buanga Fele), 26, 44, 52, 176, 311, 314
ANDRADE, Oswald de, 242, 323
ANDRADE, Rodrigo Mello Franco de, 170, 178
ANGLAS, Boissy d', 117
ANGOLA, 369
ANNALES (revista), 121, 124, 125, 126, 129, 133, 134, 137, 138, 183, 266, 279, 280, 292, 309
ANNALES. A renovação da história (Reis), 125
ANTIGO REGIME, 64, 232
ANTONIONI, Michelangelo, 379
ANTROPOLOGIA, 34, 73, 179, 218, 241, 244, 258
ANTUNES, Melo, tenente-coronel, 54, 55, 314
ANTUNES, Ricardo, 196
APPARITION DU LIVRE, L' (Febvre), 138, 266
ARAÚJO, Emanoel, 227
ARAÚJO, Nabuco de, 90

ARENA (Aliança Renovadora Nacional), 203
ARGÉLIA, 48, 122, 130, 241, 292
ARGENTINA, 104, 245, 349
ARNS, Paulo Evaristo, dom, 205
ARON, Raymond, 194
ARRIAGA, José de, 75
ARRUDA, Jobson, 311
ARTIGAS, Vilanova, 24
ÁSIA, 25, 154, 235, 297, 298
ASPECTOS DA HISTÓRIA E DA CULTURA NO BRASIL (Lima), 108
ASPIRAÇÕES NACIONAIS (Rodrigues), 187, 190, 208, 332, 358, 360
ASSEMBLEIA CONSTITUINTE, 353
ASSIS, Machado de, 78, 91, 96, 100, 103, 108, 149, 162, 191, 224
AUDUBERT, Albert, 326
AUGUSTO, Sérgio, 21
ÁUSTRIA, 136, 265
AUTORITARISMO, 101, 302, 310, 350, 353
AUTOUR DE L'HEPTAMÉRON, amour sacré, amour profane (Febvre), 266
AUTRAN, Paulo, 379
AVANT-GARDE NA BAHIA (Antonio Risério), 227
AVE PALAVRA (Guimarães Rosa), 377
ÁVILA, Ednardo, 170
AYMARD, Maurice, 123, 293
AZEVEDO, Aluízo de, 78
AZEVEDO, Fernando de, 170, 173, 175, 178, 181, 218, 309, 384, 390, 392, 393

BACH, Johann Sebastian, 379
BACHELARD, 326

BAGU, Sergio, 38
BAHIA, 137, 144, 180, 224, 234, 235, 266, 352
BALAIADA, 115
BALANDIER, 26
BALDUS, Herbert, 218
BALDWIN, 276
BARATA, Cipriano, 117, 224
BARBACENA, visconde de, 373, 374
BARBOSA, Adoniran, 324
BARBOSA, Francisco de Assis, 148
BARBOSA, Rui, 85, 354
BARDI, Lina Bo, 227
BARNOUW, A. J., 365
BARRACLOUGH, 334
BARRETO, Guilherme Moniz, 95
BARRETO, Humberto, 201
BARRETO, Lima, 91, 177, 228
BARRETO, Tobias, 78, 99
BARROS, Alberto Luís da Rocha, 378
BARROSO, Gustavo, 191
BARTHES, Roland, 38, 169, 326
BASTIAT, Frédéric, 76
BASTIDE, Roger, 50, 120, 129, 134, 135, 218, 242, 259, 384, 393
BASTOS, Antonio Tavares, 79, 98
BASTOS, Élide Rugai, 43
BAUHAUS, 133
BEAUVOIR, Simone de, 123, 194, 216, 320, 325
BECKER, Cacilda, 379
BEISIGEL, Celso, 215, 221
BÉLGICA, 66, 69, 105
BELLE ÉPOQUE, 92
BELTRÃO, Araujo, 95

BENZAQUEN, Ricardo, 43
BERLIN, Isaiah, 360, 361
BERNANOS, Georges, 135
BETHLEM, Fernando, 201
BEVILÁQUA, Clóvis, 78
BEYER, Gustave, 108
BIBLIOTECA NACIONAL, 187, 189, 318, 333
BLACHE, Vidal de la, 273
BLANCO, José, 313
BLOCH, Marc, 124, 137, 266, 273, 279, 280, 309
BOCAIÚVA, Quintino, 98
BOLÍVAR, Simón, 210, 246, 352, 388
BOMERY, Helena, 302
BOMFIM, Manoel, 155, 175, 178, 233, 245
BONIFÁCIO, José, 89, 94, 99, 108, 224, 344, 351
BORDA, Orlando Fals, 245, 393
BOSCO, João, 379
BOSI, Alfredo, 49, 143, 144, 148, 153, 171, 175, 193, 215
BOURDON, Léon, 118
BOXER, Charles, 16, 27, 49, 139, 176, 224, 297, 298, 300, 333
BRAGA, Teófilo, 67, 79, 91, 98, 99, 108
BRAGANÇA, Aquino de, 26, 55, 254, 314
BRAGANÇA, casa de, 351
BRANDO, Marlon, 379
BRANNER, Casper, 181
BRASIL E ÁFRICA: OUTRO HORIZONTE (Rodrigues), 49, 334, 348, 349
BRASIL MENTAL, O (Bruno), 59, 60, 61, 62, 63, 65, 71, 72, 98, 100, 223

Brasil, Assis, 100, 102
Brasileiro em Lisboa, O (Garret), 80
Braudel, Fernand, 121, 125, 126, 127, 128, 129, 131, 134, 135, 137, 138, 139, 169, 218, 228, 242, 268, 273, 275, 279, 291, 292, 293, 294, 295, 309, 310, 312, 313, 316
Bréhier, Émile, 122
Brennand, 227
Breton, André, 235
Brito, Jomard Muniz de, 227
Broca, Brito, 328
Bruno, Sampaio, 59, 60, 61, 62, 65, 68, 70, 71, 72, 74, 76, 77, 80, 82, 98, 99, 100, 223
Buarque de Holanda, Sergio, 15, 17, 20, 21, 33, 35, 60, 123, 128, 142, 147, 148, 149, 155, 173, 175, 181, 190, 208, 228, 233, 234, 245, 258, 309, 320, 324, 335, 379, 380, 389, 395
Buarque, Chico, 226, 379
burguesia, 64, 114, 126, 142, 146, 244, 245, 247, 248, 249, 250, 251, 252, 253, 342, 344, 345, 349, 395
Burke, Peter, 125
burocracia, 150, 151
"Bush, era", 302
Buzaid, Alfredo, 150
Byron, Lord, 97

Cabanada, 45, 115
Cabral, Amílcar, 26, 52, 56, 225, 236, 254, 311
Cabral, João *ver* Melo Neto, João Cabral de
Cabral, Pedro Álvares, 41
Cairu, visconde de, 191

Callado, Antonio, 48
Calógeras, Pandiá, 85
Calvino, João, 132, 135
Camargo, Ana Maria, 311
Camões, Luís Vaz de, 308
Campos, Candido Malta, 18, 20
Campos, Paulo M., 378
Campos, Roberto, 219, 387, 396
Camus, Albert, 216, 325
Canadá, 352, 391
Candido, Antonio, 16, 27, 46, 49, 50, 106, 129, 134, 144, 147, 149, 153, 154, 155, 157, 158, 159, 172, 182, 195, 208, 215, 216, 233, 243, 244, 246, 257, 258, 261, 302, 309, 320, 324, 327, 379, 384, 388, 389, 392, 396, 397, 398
Caneca, frei, 187, 190
Canguilhem, 326
Canudos, 93, 228
Capanema, Gustavo, 169, 237
Capital, O (Marx), 144
capitalismo, 50, 51, 64, 114, 145, 146, 156, 157, 177, 201, 225, 229, 251, 253, 254, 333, 385
Capitalismo dependente e classes sociais na América Latina (Fernandes), 36, 393
Caráter nacional brasileiro, O (Leite), 32, 37, 174
"caráter nacional brasileiro", 32, 174, 234, 334
Carbonell, Charles-Olivier, 127
Cardenal, Ernesto, 236
Cardoso, Fernando Henrique, 24, 50, 123, 150, 176, 205, 217, 245, 257, 309, 311, 384

CARDOSO, Santos, 68
CARELLI, Mário, 118
CARIBE, 118, 120, 183
CARNEIRO, Adolfo Cirilo de Souza, 79, 98
CARNEIRO, Levi, 192
CARONE, Edgard, 259
CARPEAUX, Otto Maria, 328
CARRERO, Tônia, 379
CARTA, Mino, 150, 205
CARVALHO, Delgado de, 170
CARVALHO, Joaquim Barradas de, 16, 137, 138, 224, 268, 307, 316, 317, 391
CARVALHO, Lubélia Godinho Braga Barradas de, 308
CARVALHO, Manuel Teles Barradas de, 308
CASA-GRANDE & SENZALA (Freyre), 14, 44, 48, 95, 171, 172, 173, 175, 178, 182, 183, 231, 238, 240, 348
CASANOVA, Pablo Gonzalez, 245, 385, 393
CASCUDO, Câmara, 169, 170
CASTELLO, Aderaldo, 144
CASTELLO BRANCO, Camilo, 78
CASTELO BRANCO, Carlos, 205
CASTILHO, Fausto, 194, 326
CASTRO, Armando, 314
CASTRO, Cipriano, 105
CASTRO, Fidel, 375
CASTRO, Luciano de, 77
CATROGA, Fernando, 60
CAXIAS, duque de, 352, 354
CÉSAIRE, Aimée, 320
CHACON, Vamireh, 43

CHAGAS, João Pinheiro, 68
CHAGAS, Pinheiro, 98
CHARTIER, Roger, 131
CHAUÍ, Marilena, 148, 194
CHAUNU, Pierre, 313
CHAUVINISMO, 349
CHEVALIER, 76
CHILE, 103, 121
CHOMSKY, Noam, 31
CIVILIZAÇÃO OCIDENTAL, 73
CLASSIQUES DE LA LIBERTÉ: MICHELET, Les (Febvre), 266
CLAUDEL, Paul, 135, 319, 328
CLIMA (revista), 258
CLIO (revista), 314
CLUBE DA ESQUINA, 379
COARACY, Vivaldo, 328
COBDEN, 76
COELHO, Latino, 77, 99
COELHO, Marco Antônio, 205
COHN, Gabriel, 22, 142
COIMBRA, Estácio, 169
COLÉGIO CHELMSFORD HALL, 113
COLINGWOOD, 334
COLÔMBIA, 245, 364
COLONIALISMO, 26, 77, 99, 127, 190, 228
COMBATS POUR L'HISTOIRE (Febvre), 137, 264, 266
COMPARATO, Fábio, 142
COMTE, Augusto, 74
COMUNA DE PARIS, 67, 77, 91, 99
CONCILIAÇÃO E REFORMA NO BRASIL (Rodrigues), 49, 187, 190, 332, 357, 360

Congresso Nacional, 396
Conjuração dos Alfaiates, 117, 317
conservadorismo, 46, 160, 173, 188
Constituição Brasileira (1946), 240, 244
Constituição Brasileira (1988), 215, 389
Contestação necessária, A (Fernandes), 246, 383, 386
Contier, Arnaldo, 311
Contrarreforma, 44
Contrastes e confrontos (Cunha), 70
Corbisier, Roland, 154, 161
Cordeiro, Silva, 77, 99
Coronelismo, enxada e voto (Leal), 332
Correio do Brasil, 97
corrupção, 93, 144, 372
Cortesão, Jaime, 224, 307, 317
Cortina de Ferro, 156
Costa, Cláudio Manuel da, 372, 373
Costa, Cruz, 175, 181, 228, 291, 311, 390
Costa, Emília Viotti da, 175, 176, 400
Costa, Lúcio, 178
Costa, Tarcísio, 168
Costa e Silva, Artur da, marechal, 55, 254
Coutinho, Azeredo, 191
Coutinho, Carlos Nelson, 193
Crimmins, embaixador, 205
cristianismo, 67, 268, 270
crítica cultural, 14, 56, 61, 65, 72, 79, 211, 260

crítica ideológica, 22, 114
Croce, Benedetto, 195, 341, 342, 361
Crouzet, Maurice, 123, 139
Cuba, 48, 105, 107, 236, 245
"Cultura Brasileira", 22, 23, 24, 47, 49, 51
culturalismo, 46, 160, 173
Cunha, Celso, 310, 311
Cunha, Euclides da, 70, 101, 119, 156, 228
Cunha, Guilherme Lustosa da, 314

D'Ottavianno, Itala, 196
DaMatta, Roberto, 146, 302
Dantas, Audálio, 205
Dantas, San Tiago, 191, 208, 257
Darwin, Charles, 78, 99
De Bonald, Louis, 119
De Certeau, Michel, 131
De Luc, Jean André, 31
De Maistre, Joseph, 119
Dean, Warren, 239, 245, 391
Debrun, Michel, 120, 148, 149, 193, 194, 195, 196, 197, 258, 314, 350
Declínio do Ocidente, O (Spengler), 286
Deffontaines, Pierre, 129
Delfim Netto, Antônio, 23
Delgado, Carlos, 25, 208
Delumeau, Jean, 139
democracia, 23, 49, 55, 115, 143, 150, 160, 172, 173, 176, 196, 205, 211, 214, 217, 221, 254, 287, 299, 333

"DEMOCRACIA RACIAL", 23, 49, 55, 115, 172, 176, 211, 221, 299, 333
DENTS AGACÉES, Les (Maugüé), 129
DESCOLONIZAÇÃO, 25, 51, 88, 90, 154, 176, 224, 235, 241, 320, 324, 369, 374
DESTIN: MARTIN LUTHER, Un (Febvre), 138
DEVASSA DA DEVASSA, A (Maxwell), 369
DEWEY, John, 235, 243
DI CAVALCANTI, 236
DIAS, Anderson Fernandes, 383
DIAS, Cícero, 320
DIEGUES JR., Manuel, 170
DIFEL, 37, 123, 301
DILTHEY, 359
DITADURA ENCURRALADA, A (Gaspari), 199
DO IMPÉRIO À REPÚBLICA (Buarque), 60
DOBB, Maurice, 218, 221, 399
"DOIS BRASIS", 247
DONGHI, Túlio Halperín, 121, 236, 245
DONOS DO PODER, Os (Faoro), 22, 37, 47, 55, 85, 141, 142, 151, 154, 158, 161, 164, 165, 167, 218, 385
DOSSE, François, 125
DOSTOIEVSKI, Fiódor, 319, 328
DOURADO, Autran, 378
DRAGO, Luís Maria, 105
DRUMMOND *ver* Andrade, Carlos Drummond de
DUARTE, Paulo, 48, 123, 178, 218, 259, 310
DUBY, Georges, 125, 126
DURKHEIM, Émile, 241, 273

ECONOMIA, 14, 23, 26, 77, 89, 106, 131, 147, 162, 163, 174, 179, 244, 247, 294, 295, 305, 370, 378
ELIADE, Mircea, 124
ELIS REGINA, 379
ELLIS, Myrian, 128, 148
ELLIS JR., Alfredo, 128, 180
EMÍLIO, Paulo, 257, 324, 379
ENSAIOS (Milliet), 324
ERA DA REVOLUÇÃO ATLÂNTICA, A (Godechot & Palmer), 120
ERUNDINA, Luiza, 395
ESBOÇO DE UM RETRATO DE JOÃO CALVINO (Febvre), 130
ESCOLA DE FRANKFURT, 14
ESCOLA DOS ANNALES, A (Burke), 125
ESCOLA SUPERIOR DE GUERRA, 185, 189, 339, 340, 357, 360, 361, 362, 364
ESMERALDO DE SITU ORBIS (Pereira), 309, 313, 315
ESPANHA, 66, 67, 69, 80, 88
ESTADO DE S. PAULO, O, 15, 94, 106, 123, 158, 329, 337, 350, 398
ESTADO NOVO, 46, 156, 158, 172, 227, 236, 237, 250, 310
ESTADO-NAÇÃO, 86, 89
ESTADOS UNIDOS, 63, 84, 85, 102, 103, 105, 106, 107, 109, 120, 134, 181, 187, 235, 240, 242, 243, 245, 252, 302, 338, 342, 350, 363, 365, 366, 367, 388
ESTAMENTOS, 26, 34, 37, 38, 64, 141, 144, 145, 146, 147, 149, 164, 177, 179, 231, 235, 238, 249, 250, 251, 260, 385, 388, 392, 395
ESTILO TROPICAL (Ventura), 168

ESTUDOS AVANÇADOS (revista), 154, 155, 215

ESTUDOS HISTÓRICOS E POLÍTICOS (Calógeras), 85, 86

ETZIONI, Amitai, 400

EUROPA, 51, 66, 79, 89, 129, 136, 146, 194, 196, 203, 225, 226, 252, 287, 292, 320, 361, 363, 374

EVOLUÇÃO POLÍTICA DO BRASIL (Prado Jr.), 45, 113, 192

EVOLUÇÃO POLÍTICA DO BRASIL E OUTROS ESTUDOS (Prado Jr.), 45

EVOLUCIONISMO, 74, 99, 159, 181

EXISTENCIALISMO, 133

"EXPLICADORES DO BRASIL", 24, 32, 35, 37, 114, 147, 179, 208

FALCÃO, Joaquim, 168

FANON, Frantz, 26

FAORO, Raymundo, 16-7, 19, 21, 22, 27, 37, 47, 49, 55, 92, 106, 141-55, 157-8, 161-4, 167, 172, 179, 194, 195, 201, 205-6, 208, 218, 221, 233, 245, 332, 379, 385, 388-9, 399

FARO, José Salvador, 150

FASCISMO, 136, 242

FAUSTO, Boris, 124, 311

"FAZENDEIROS DO AR, Os", 15, 21, 31, 34

FEBVRE, Lucien, 35, 124, 128, 130, 131, 133, 135, 137, 169, 246, 263, 264, 265, 266, 267, 268, 280, 281, 286, 292, 309

FELE, Buanga ver Andrade, Mario de (Buanga Fele)

FELIPE II, rei, 130, 291

FÉLIX, Moacyr, 332, 400

FELLINI, Federico, 379

FENOMENOLOGIA, 133

FERNANDES, Florestan, 16, 17, 19, 21, 24, 26, 36, 48-51, 54, 55, 58, 92, 111, 137, 141, 142, 144, 146-7, 149, 155, 156, 163, 168, 172, 174, 176-7, 179, 182, 195, 205, 210, 213-23, 227, 229-33, 239, 241, 243-7, 249-54, 257, 259-60, 309, 311, 379, 383-5, 387-400

FERNANDES, Heloísa Rodrigues, 396

FERNANDES, Millôr, 319, 328

FERNANDES, Raul, 107

FERREIRA, Heitor de Aquino, 199, 200, 203, 204

FERREIRA, Oliveiros, 142, 195

FEUDALISMO, 114, 145, 147

FIEL FILHO, Manuel, 170

FIGUEIREDO, Fidelino de, 91, 228

FIGUEIREDO, João, general, 200

FILOSOFIAS IDEALISTAS, 158

FITZGERALD, Zelda e Scott, 243

FLORESCANO, Enrique, 126

FLYNN, Peter, 352

FOLHA DE S.PAULO, 335

FONSECA, Edson Nery da, 168, 169

FONSECA, Manuel Deodoro da, marechal, 82

FONTANA, Josep, 121

FORÇAS ARMADAS, 202, 352, 363, 364

FORMAÇÃO DA LITERATURA BRASILEIRA (Candido), 154, 158, 258

FORMAÇÃO DO BRASIL CONTEMPORÂNEO (Prado Jr.), 14, 45, 113

FORMAÇÃO ECONÔMICA DO BRASIL (Furtado), 182

FORMAÇÃO HISTÓRICA DE SÃO PAULO (Morse), 301
FOUCAULT, Michel, 131
FRAGINALS, Manuel Moreno, 121, 245, 393
FRANÇA, 37, 66, 69, 78, 88, 91, 105, 118, 121, 122, 123, 129, 135, 136, 137, 264, 265, 292, 293, 295, 309, 320, 325, 326, 342, 349, 350, 395
FRANÇA, Eduardo d'Oliveira, 127, 148
FRANCASTEL, 273
FRANCE, Anatole, 325
FRANCHE-COMTÉ, La (Febvre), 137, 266
FRANCO, Afonso Arinos de Melo, 147, 169, 178, 395
FRANCO, Maria Sylvia de Carvalho, 37, 148, 221
FRANK, Andrew Gunder, 247
FREIRE, Paulo, 24, 26, 184
FREITAS, Rodrigues de, 75, 99
FREUD, Sigmund, 124, 133, 214
FREYRE, Gilberto, 14-7, 21, 23, 33, 35, 41-4, 46, 48, 51, 83-6, 90, 92, 94-5, 100, 106-7, 114, 134, 143, 147, 149, 155-6, 159-61, 167, 169, 170, 172-8, 181-3, 192, 194-5, 208, 210-1, 221, 223, 227, 229-36, 238--40, 243-5, 249, 251, 254, 299, 324, 380, 389, 392, 395
FRIAS FILHO, Otávio, 205
FROM COMMUNITY TO METROPOLIS (Morse), 301
FROTA, Sylvio, general, 200, 201, 204
FUNÇÃO SOCIAL DA GUERRA ENTRE OS TUPINAMBÁ, A (Fernandes), 50, 222

FUNDAÇÃO ROBERTO MARINHO, 170
FURET, François, 119
FURTADO, Celso, 24, 49, 106, 142, 147, 154, 162, 174, 180, 182, 233, 257, 379, 389

GALOTTI, Antonio, 202
GALVÃO, Walnice Nogueira, 148, 258
GALVÊAS, conde das, 308
GARNIER, Coquelin, 76
GARRET, Almeida, 80
GASPARI, Elio, 150, 199
GEISEL, Ernesto, general, 150, 170, 199, 200, 201, 202, 203, 204, 206
GERAÇÃO NOVA, A (Bruno), 59
GEYL, Piet, 334
GIBBON, 399
GIDE, André, 319, 324, 325, 326, 327, 328
GIGI, 311
GIL, Gilberto, 227, 236
GLEZER, Raquel, 311
GLOBALIZAÇÃO, 26, 151, 233, 235, 260, 305
GODECHOT, Jacques, 119, 120, 311, 312, 326
GODINHO, Vitorino Magalhães, 27, 44, 51, 52, 54, 139, 218, 224, 225, 307, 314
GOLPE MILITAR (1964), 24, 42, 48, 143, 163, 169, 174, 175, 199, 233, 241, 242, 246, 310, 311, 393
GOMES, Eduardo, brigadeiro, 364
GOMES, Severo, 129, 150, 202, 220, 314
GONÇALVES, Lisbeth Rebollo, 327
GONÇALVES, Victor, 314

Gonzaga, Tomás Antônio, 372, 373
Goulart, João, 143, 355
Gounod, Charles, 93
Gouvêa, Fernando da Cruz, 96
Graham, Richard, 400
Gramsci, Antonio, 193, 195, 196, 239, 386
Grandes Cientistas Sociais, coleção, 111, 137, 218, 246, 379, 383
Grécia, 203
Guerra Civil Espanhola, 113, 182
Guerra das Nações (Bruno), 59, 70
Guerra Franco-Prussiana, 91
Guerra Fria, 48, 156, 201
Guerreiro, Luís R., 314
Guevara, Che, 236, 246
Guilherme, Wanderley, 48, 257, 302
Guillén, Nicolás, 320
Guimarães, Hahnemann, 358
Guimarães, Ulysses, 220
Guiné-Bissau, 236
Guiness, Alec, 27, 298
Guinsburg, Jacó, 123
Gullar, Ferreira, 24, 48
Gurvitch, Georges, 129, 131

Hahn, Emily, 299
Haiti, 121, 236, 301, 369
Halbwachs, 273
Heine, Heinrich, 85
Henfil, 386
Herculano, Alexandre, 78, 100, 309
Herzog, Vladmir, 25, 149, 170, 205, 261, 399
Hilton, Stanley, 365

História combatente (Rodrigues), 187
História concisa da literatura brasileira (Bosi), 49, 171
História contemporânea da América Latina (Donghi), 121, 236
História da civilização brasileira (org. Buarque), 15, 123, 124, 380
História da história do Brasil (Rodrigues), 185, 186, 187, 337, 338, 339
História da Revolução de Pernambuco em 1817 (Tavares), 90
História do protestantismo (Léonard), 134
História do Supremo Tribunal Federal (Rodrigues), 186, 334
História e ideologia (Iglésias), 54, 380
História e psicologia (Febvre), 276, 285
História em migalhas, A (Dosse), 125
historiografia brasileira, 35, 37, 61, 92, 99, 186, 187, 192, 224, 245, 312, 334, 335, 341, 347
Ho Chi Minh, 246
Hobsbawm, Eric, 26, 33, 66, 218, 232, 367, 385, 391
Holanda, 69
Holanda, Sergio Buarque de *ver* Buarque de Holanda, Sergio
Holandeses no Brasil, Os (Boxer), 299
Homens livres na ordem escravocrata (Franco), 37
Hong Kong, 298
Hospital das Clínicas, 215, 386
Huizinga, Johan, 218, 334

HUMANISMO, 131, 225, 268
HUXLEY, Aldous, 169

IANNI, Octavio, 24, 37, 50, 175, 217, 245, 309, 384
IDADE DO OURO NO BRASIL, A (Boxer), 299
IDEIA DE REVOLUÇÃO NO BRASIL (Mota), 20
IDEIAS POLÍTICAS E SOCIAIS DE ALEXANDRE HERCULANO (Carvalho), 309
IDEOLOGIA CULTURAL, 43, 239, 250
IDEOLOGIA DA CULTURA BRASILEIRA (Mota), 15, 42, 56, 141, 148, 153, 174, 193, 243, 337
IGLÉSIAS, Francisco, 19, 20, 27, 37, 111, 112, 113, 114, 115, 259, 311, 377, 378, 380
ILUSTRE CASA DE RAMIRES, A (Queirós), 99
IMIGRANTES, 147, 174, 239, 246, 388
IMPERIAL PRESIDENCY, The (Schlesinger), 362
IMPERIALISMO, 236, 242, 251
IMPÉRIO BRASILEIRO, 88, 89, 91, 107, 108, 112, 150, 235, 240, 375
IMPÉRIO MARÍTIMO PORTUGUÊS, O (Boxer), 299
INCONFIDÊNCIA MINEIRA, 318, 351, 370, 371, 374
INDEPENDÊNCIA DO BRASIL, 13, 15, 86, 87, 88, 90, 107, 108, 118, 189, 191, 336, 344, 352, 353, 370, 375
INDUSTRIALIZAÇÃO, 112, 156, 232, 249, 305
INGLATERRA, 66, 67, 72, 77, 78, 88, 91, 98, 113, 133, 342, 349, 361, 365

INSTITUTO DE ESTUDOS AVANÇADOS (USP), 118, 139, 153, 167, 213, 230, 303, 321, 326, 334, 370, 378, 379
INSTITUTO HISTÓRICO E GEOGRÁFICO BRASILEIRO, 96, 228
INSURREIÇÃO PRAIEIRA, 115
INSUSTENTÁVEL LEVEZA DO SER, A (Kundera), 396
INTEGRAÇÃO DO NEGRO NA SOCIEDADE DE CLASSES, A (Fernandes), 50, 176, 231, 242
ITÁLIA, 66, 120, 134, 365
ITAMARATY, 85, 94, 96, 104

JABOR, Arnaldo, 146, 387, 388
JACKSON, David, 400
JAGUARIBE, Helio, 162
JAMES, William, 133, 235
JANGO *ver* Goulart, João
JANCSÓ, István, 311
JAPÃO, 103, 298, 299
JAURÈS, 119
"JEITINHO BRASILEIRO", 23
JOÃO VI, d., 84, 88, 90, 108, 228
JOBIM, Antônio Carlos, 227
JORNAL DA TARDE, 185, 187
JORNALISMO, 148
JOYCE, James, 235
JUDEUS, 226
JUNG, Carl Gustav, 133
JUNQUEIRA, Ivan, 144
JUNQUEIRO, Guerra, 61, 63, 68, 70, 82, 99

KANT, Immanuel, 78
KENNEDY, John, 362

Konder, Leandro, 48
Koyré, Alexandre, 124
Kubitschek, Juscelino, 47
Kundera, Milan, 396

Labrousse, Ernest, 123, 125, 126, 218, 311
Ladurie, Emmanuel Le Roy, 125
Lapa, José Roberto do Amaral, 21, 337, 340, 342, 348, 349
Laranjo, Frederico, 99
Laranjo, José Frederico, 75
Le Corbusier, 133
Le Goff, Jacques, 125, 126
Le Play, 192
Leal, Vítor Nunes, 332
Leenhardt, 273
Lefebvre, Georges, 220
Leite, Dante Moreira, 32, 37, 173
Lênin, Vladimir, 246
Léonard, Émile G., 134
Lerer, Davi, 190
Lessa, Orígenes, 320
Lettres physiques et morales sur l'histoire de la terre et de l'homme (De Luc), 31
Leuenroth, Edgar, 259
Lévi-Strauss, Claude, 128, 134, 182, 242, 273
liberalismo, 43, 159, 181, 190, 194, 287, 388
Lima Sobrinho, Barbosa, 96, 257, 332, 333, 336
Lima, Alceu Amoroso, 191
Lima, Hermes, 257, 332, 358
Lima, Oliveira, 79, 83, 84, 85, 86, 87, 88, 89, 90, 91, 92, 93, 95, 96, 97, 98, 99, 100, 102, 103, 104, 105, 106, 107, 108, 109, 191, 194, 224, 336
Linhares, Maria Yedda, 24
Lins, Álvaro, 241, 319, 334, 336
Lisboa, Karen, 168
Lispector, Clarice, 260
literatura personalista, 158, 159
Littré, Émile, 69, 78
Livraria Francesa, 122, 123, 216
Lobato, Monteiro, 86, 182, 234, 235
Lopes, Leite, 24
Lopes, Oscar, 312
Lorca, García, 378
Losada, Alejandro, 385, 400
Lott, Teixeira, general, 364
Lourenço Filho, 170
Lula *ver* Silva, Luiz Inácio Lula da
Luso, Augusto, 70
lusotropicalismo, 58, 310, 324

Macaulay, 334
Macedo, João Rodrigues de, 372, 373
Macedo, Joaquim Manuel de, 190
Machado, Brasil Pinheiro, 21, 100
Machel, Samora, 26
Maciel, Marco, 205
Madeira, Marcos Almir, 192
Magaldi, Sábato, 144, 216, 379
Magalhães, Antônio Carlos, 146
Magalhães, Fábio, 321
Mâle, Émile, 273
Malraux, André, 320, 378
Mamede, Jurandir Bizarria, 360

MANDELA, Nelson, 246
MANDROU, Robert, 125, 311
MANN, Thomas, 235, 396
MANNHEIM, Karl, 188, 217, 241, 246
MANTOUX, 399
MARANHÃO, 115, 235, 352, 353
MARIA I, d., 88
MARIÁTEGUI, José Carlos, 113, 246, 384, 385, 393, 400
MARIGHELLA, Carlos, 246, 384, 386
MARINI, Rui Mauro, 24
MARKUN, Paulo, 25
MARRECA, Oliveira, 75, 99
MARSON, Adalberto, 32, 281
MARTÍ, José, 105, 246, 384, 388, 393
MARTINS, José de Souza, 399
MARTINS, Oliveira, 61, 63, 65, 78, 80, 98, 99
MARX, Karl, 69, 78, 99, 121, 144, 145, 177, 217, 218, 221, 241, 245, 246, 273, 310, 359, 388, 395
MARXISMO, 21, 113, 133, 143, 154, 164, 181, 194, 217, 279, 287, 292, 359, 385, 388
MARY AND MISOGYNY (Boxer), 299
MASTROIANI, Marcelo, 379
MATOS, Odilon Nogueira de, 96
MATTOS, Délio Jardim de, 205
MAUGÜE, Jean, 129, 259
MAURO, Frédéric, 139, 309, 312
MAUSS, Marcel, 273
MAXWELL, Kenneth, 16, 369
MCLEISH, 235
MÉDICI, Emílio Garrastazu, general, 55, 143, 150, 204

MEDITERRÂNEO, 129, 134, 291, 294
MELLO, Evaldo Cabral de, 168
MELO NETO, João Cabral de, 184, 378
MENDES, Silva, 75
MENDES, Teixeira, 79, 99
MENTALIDADES, história das, 20, 73, 128, 183, 221, 270, 271, 308, 309, 312
MERLEAU-PONTY, Maurice, 194, 216
MESQUITA FILHO, Julio de, 123, 259, 310, 320, 387, 398
MESSIANISMO, 78, 82, 226
MEU QUERIDO VLADO (Markun), 25
MÉXICO, 39, 104, 105, 120, 121, 134, 183, 245, 350, 352
MEYER, Augusto, 328, 332, 336
MICHELET, Jules, 138
"MILAGRE ECONÔMICO", 126, 157, 247, 380
MILHAUD, Darius, 135
MILL, John Stuart, 78, 99
MILLER, Arthur, 216
MILLIET, Sérgio, 16, 122, 172, 180, 181, 216, 218, 234, 258, 317, 318, 320, 323, 324, 325, 327, 329
MINAS GERAIS, 128, 234, 244, 370, 373
MINDLIN, José, 259, 302, 379
MIRANDA, Quintino de, 97
MISCIGENAÇÃO, 149, 176, 179, 232, 234, 238, 239
MOÇAMBIQUE, 369
MODERNIZAÇÃO, 28, 114, 154, 171, 224, 225, 229, 231, 241
MODERNOS PUBLICISTAS PORTUGUESES, Os (Bruno), 59

MOMMSEN,Theodor, 338, 366
MONBEIG, Pierre, 128, 130, 134
MONDLANE, 26
MONISMO, 71, 74, 99
MONROE, doutrina, 105, 234
MONROE, James, 91
MONSIVÁIS, Carlos, 233
MONTAIGNE, Michel de, 123, 319, 320, 324, 325, 326, 327, 328, 329
MONTEIL, Paul, 122, 123, 216
MONTEIRO, Dilermando, general, 170, 229
MONTEIRO, Rego, 170
MOOG, Viana, 235
MORAIS, Manuel de, padre, 108
MORAIS, Prudente de, 61
MORAIS, Rubens Borba de, 319
MORAIS, Vinicius de, 58
MÖRNER, Magnus, 299
MORSE, Richard, 16, 27, 218, 242, 246, 301, 305, 384
MORTE E VIDA SEVERINA (Cabral), 184
MOURA, Emílio, 378
MOURÃO, Fernando, 314
MOURÃO, Gerardo Mello, 364, 365
MURO DE BERLIM, queda do, 386
MUSEU BRITÂNICO, 102

NABUCO, Joaquim, 61, 85, 89, 90, 102, 104, 105, 155, 208, 245, 347
NACIONALISMO, 68, 260, 346, 363, 364
NASCIMENTO, Milton, 379
NAZISMO, 242, 346
NEGRO NO MUNDO DOS BRANCOS, O (Florestan), 176

NEME, Mário, 46, 158, 160, 173
NEOLIBERALISMO, 315, 388
NERUDA, Pablo, 320
Neves, Tancredo, 378
NEW YORK TIMES, 181, 362
NICARÁGUA, 105, 183, 236
NIXON, Richard, 203, 362
NOBRE, António, 70
NORDESTE (Freyre), 180, 231
NORDESTE 1817 (Mota), 20, 43, 118, 168
Nordeste brasileiro, 174, 184, 234, 238, 239
NOTES ET DOCUMENTS SUR LA RÉFORME ET L'INQUISITION EN FRANCHE-COMTÉ (Febvre), 138, 266
NOUVELLE HISTOIRE E TEMPO HISTÓRICO (Reis), 125
NOVAIS, Fernando A., 37, 220

OLIGARQUIAS, 146, 178, 234, 235, 242, 249, 392
OLIVEIRA, Eduardo de, 314
ORIGÈNE ET DES PÉRIERS OU L'ENIGME DU CYMBALUM MUNDI (Febvre), 266
ORTEGA Y GASSET, José, 19
OURO PRETO, visconde de, 191

PAES, José Paulo, 324, 377
PALÁCIO DO PLANALTO, 24, 202
PALMER, Robert, 120
PANAMÁ, 37, 105, 183, 364
PANCETTI, José, 236
PARÁ, 45, 115, 352
PARAGUAI, 92, 93

Paraná, 126, 366
Partido Comunista, 181, 236, 244, 309
Pascal, Blaise, 319, 328
Pátria (Junqueiro), 68
patrimonialismo, 144, 146, 151, 155, 251
Paula, Eurípedes Simões de, 123, 128, 135, 138, 310, 311
Pedro i, d., 87, 187, 228, 353
Pedro ii, d., 228
Pedrosa, Mário, 169
Péguy, 319, 325, 328
Peixoto, Afrânio, 358
Peixoto, Floriano, marechal, 61
Pelegrino, Hélio, 378
Pereira, Arnaldo A., 314
Pereira, Astrojildo, 171, 172, 192, 259
Pereira, Duarte Pacheco, 137, 224, 309, 313, 315, 317
Pereira, Luiz, 50, 221, 384
Pereira, Miriam H., 64
Pernambuco, 84, 90, 94, 95, 101, 106, 115, 227
Perrone, Fernando, 311
Perrone, Maria Lucia, 311
Perrone-Moisés, Leyla, 118, 326
Peru, 25, 103, 104, 121, 126, 218, 364
Philippe ii et la Franche-Comté (Febvre), 137, 266
Piauí, 235
Picasso, Pablo, 235
Pierson, Donald, 242
Pinheiro, Paulo Sérgio, 150, 194

Pinto, Álvaro Vieira, 162
Pirâmide e o trapézio, A (Faoro), 149
Plataforma da nova geração (org. Neme), 46, 158, 160, 173, 243, 257, 261
Poder e contrapoder na América Latina (Fernandes), 51, 54, 214, 222, 245, 393
Poder Moderador, 363
Polito, Ronald, 20, 261
Ponte do rio Kwai, A (filme), 27, 298
Portela, Eduardo, 43, 144, 168, 230, 234, 310, 311
Portella, Petrônio, 202
Portinari, Candido, 236
Porto Rico, 121
Portugal, 26, 28, 42, 44, 52, 54, 59, 60, 62, 64-71, 73, 75, 77, 78, 79, 80, 82, 87, 91, 97, 98, 100-1, 104, 107, 110, 128, 137, 142, 146, 176, 218, 221, 223-6, 240-1, 254, 297, 308-10, 312-4, 316, 333, 344, 355, 370, 394
Portugal Democrático (jornal), 312
Portugal e as origens do pensamento moderno (Carvalho), 313
positivismo, 61, 69, 70, 74, 75, 78, 79, 98, 99, 100, 119
Povo brasileiro, O (Ribeiro), 207, 208
Pradines, Emerante de, 301
Prado Jr., Caio, 14, 16-7, 19, 45, 48--9, 92, 106, 111, 113-4, 134, 142, 144, 147, 149, 155, 171, 175, 178, 180-1, 189, 192, 208, 214, 216, 233, 235, 238, 245, 247, 259, 309, 311, 324, 332, 333, 379, 384, 385, 389, 392, 395

Prado, Bento, 176, 311
Prado, Décio de Almeida, 216, 258, 379, 388
Prado, Eduardo, 61, 92, 93, 95, 101, 191
Prado, Paulo, 33, 173
Pratt, Mary Louise, 237
Primeira Guerra Mundial, 86, 93, 234, 248
Primeira República, 45, 146, 228, 229
Problème de l'incroyance au xvie siècle, Le (Febvre), 134, 138, 266
Proclamação da República, 61, 65, 69, 70, 81, 91, 179
proletariado, 146, 164, 342, 395
protestantismo, 136, 360
Proust, Marcel, 127, 235, 396
psdb, 146
Psicologia, 276
pt, 146, 219, 220, 232, 396
Putnam, Samuel, 42, 181, 240

Queirós, Eça de, 61, 63, 67, 80, 99, 100, 101, 191, 224
Quental, Antero de, 61, 67
Questão Nacional, 92
Quijano, Anibal, 26, 218, 386, 393
Quintanilha, Silvia, 327
Quintas, Amaro, 41, 168
Quintas, Fátima, 41, 168
Quitéria Rita, 372

Rabelais, François, 132, 138, 266, 268, 269, 270, 271, 272
racismo, 114, 145, 180

Raízes do Brasil (Buarque), 14, 21, 155, 173, 192, 208
Ramos, Vítor, 123, 310, 312, 326
Rangel, Inácio, 257
Ranke, 334
Reale, Miguel, 176, 195
Rebelo, Castro, 358, 359
Rebelo, Marques, 332, 336
Reflexões sobre a contrarrevolução brasileira (Fernandes), 245
Reformas de Base, 209
Rego, José Lins do, 169, 170, 234
Reis, João José, 168, 224
Reis, Joaquim Silvério dos, 372
Reis, José Carlos, 125
Relações raciais no império colonial português (Boxer), 176, 299
Renascimento, 271, 311, 313
Renouvin, Pierre, 124
República Nova, 234
República Velha, 201, 232, 236, 237, 242
República, A (jornal), 98
Resende, Otto Lara, 378
revisionismo, 332, 334, 338, 339, 346, 347, 358, 359
Revista Brasiliense, 48, 114
Revista Crítica de Ciências Sociais, 215
Revista de História, 32, 130, 135, 138, 268, 293, 313
Revolta da Armada, 61
Revolução brasileira, A (Prado Jr.), 48, 114, 247
Revolução burguesa no Brasil, A (Fernandes), 55, 92, 156, 177, 214, 222, 231, 243, 247, 388, 400

Revolução Cubana, 154, 246
Revolução de 1930, 146, 155, 229, 249
Revolução dos Cravos, 26, 44, 308, 314
Revolução Francesa, 94, 117, 119, 122, 125, 150, 191, 220, 246, 363
Revolução Industrial, 77, 99
Revolução Mexicana, 105, 119
Revolução Russa, 182, 235
Rezende, Leônidas de, 358
Ribeiro, Darcy, 17, 25, 171, 175, 207
Ribeiro, João Ubaldo, 396
Ricardo, David, 99
Ricci, Maria Lúcia de Sousa Rangel, 96, 104
Rickert, 359
Riesman, David, 360
Rio Branco, barão do, 85, 87, 89, 91, 102, 104, 333, 357
Rio de Janeiro, 65, 98, 105, 108, 119, 122, 128, 134, 135, 137, 148, 150, 161, 168, 178, 234, 266, 355, 374
Rio Grande do Sul, 79, 100
Risério, Antonio, 227
Roces, Venceslao, 144
Rocha, Glauber, 171, 227
Rodrigues, José Honório, 16, 21, 27, 35, 49, 83, 92, 96, 141, 144, 172, 185-8, 190, 191-2, 194, 200, 208, 298, 331-54, 357-68, 379
Rodrigues, Lêda Boechat, 186, 331, 334
Rodrigues, Leôncio Martins, 123
Rodrigues, Miguel Urbano, 310
Rodrigues, Nélson, 379
Rodrigues, Rodrigo Leal, 307

Rolim, José da Silva e Oliveira (contratador), 372
Rolim, José da Silva e Oliveira (padre), 372
Rolland, Romain, 235, 320
Roosevelt, Franklin D., 243
Roosevelt, Theodore, 105
Rosa, Guimarães, 49, 320, 334, 377, 378
Rosenfeld, Anatol, 324, 394
Rossini, Gioachino, 93
Roteiro do café, O (Milliet), 324
Rousseau, Jean-Jacques, 117, 118, 395
Rússia, 66

Sabino, Fernando, 378
Sacchetta, Ermínio, 259, 395, 383, 386
Salazar, António de Oliveira, 203
salazarismo, 49, 299, 310, 312
Salgado, Regina, 324, 325, 326, 327, 328, 329
Sallum, Brasílio, 157, 168
Salvador de Sá e a luta pelo Brasil e Angola (Boxer), 299
Santos, Boaventura de Sousa, 19, 20, 41, 52, 53, 216, 218, 225, 326, 386, 394
Santos, Edgard, 227
São Paulo, 24-5, 50, 94, 95, 119, 122, 126-9, 134, 138, 153-4, 156, 167, 174, 177-8, 194, 217-8, 232, 243-4, 261, 281, 291, 301, 303-4, 307-8, 312, 313, 327, 332-3, 345, 346, 360, 366, 367, 380, 392
Saraiva, Antonio José, 309
Saramago, José, 386

Sarney, José, 146
Sartre, Jean-Paul, 26, 123, 194, 216, 320, 325
Say, João Baptista, 76
Schenberg, Mário, 24
Schlesinger, Arthur, 362
Schopenhauer, Arthur, 78, 99
Schwartz, Stuart, 168
Schwarz, Roberto, 34, 221, 226, 233
Sebastião, d., 82
Segunda Guerra Mundial, 125, 133, 136, 156, 158, 171, 232, 250
Semana de Arte Moderna, 156
Senegal, 122, 241
Senghor, Léopold, 241, 320
Sérgio, António, 139, 228, 318
Serrão, Joel, 60, 69, 70, 139, 311, 312, 313, 314
Sertões, Os (Cunha), 119, 156, 181
Sfat, Dina, 170, 229
Shirts, Matthew, 301
Silva, Agostinho da, 227
Silva, Golbery do Couto e, 169, 171, 188, 190, 192, 199, 200, 201, 202, 203, 335, 360, 361
Silva, Luís Vieira da, cônego, 372
Silva, Luiz Inácio Lula da, 150, 220, 246, 384, 385, 388, 395
Silva, Rebello da, 77, 78, 99
Silva, Xica da, 372
Silveira, Enio, 400
Silveira, Fradesso da, 77
Simiand, François, 245, 273
Singer, Paul, 176
Singer, Paulo, 257
Siqueira, Sônia, 148

sistema colonial, 44, 46, 88, 221, 224, 229, 370
Skidmore, Thomas, 202, 347, 369
Smith, Adam, 99
Soboul, Albert, 119, 138, 218, 220, 311, 312, 391
Sobrados e mocambos (Freyre), 14, 171, 178, 179, 180, 231
socialismo, 50, 75, 133, 186, 196, 386, 397
sociedade civil, 24, 27, 57, 149, 151, 157, 201, 222, 244, 302, 305, 387, 389, 399
sociedade de classes, 50, 147, 156, 177, 179, 221, 222, 242, 248, 249, 251
sociologia, 34, 46, 158, 159, 160, 173, 217, 218, 242, 244, 258, 276, 295, 378, 392
Sociologia numa era de revolução social (Fernandes), 231
Sodré, Nelson Werneck, 20, 21, 33, 142, 154, 162, 172, 179
Sombart, 273
Sousa, Octávio Tarquínio de, 92
Southey, Robert, 97, 189
Souza, Gilda de Mello e, 259
Spencer, Herbert, 69, 74, 78, 99
Spengler, Oswald, 124, 133, 277, 286, 287, 288
Stavenhagen, Rodolfo, 26, 209
Steger, Hans, 43
Stein, Barbara, 242
Stein, Stanley e Barbara, 218, 245
subdesenvolvimento, 47, 50
Suíça, 123
Suplemento Literário do *Estadão*, 15, 20, 216, 258, 379

Taine, Hippolyte, 78
Tannenbaum, 334
Taunay, visconde de, 61, 128, 180
Tavares, Heckel, 237
Tavares, Luís Henrique, 224, 318
Tavares, Muniz, 90
Tavares, Urbano, 312
Teixeira, Anísio, 28, 86, 169, 178, 182, 219, 235, 257
Tenentismo, 190, 362
Teoria da história do Brasil (Rodrigues), 187, 208, 332, 338, 357, 359
Teoria do Brasil (Ribeiro), 208, 211
Teorias de estratificação social (org. Ianni), 37
Terceiro Mundo, 26, 194
Terre et l'évolution humaine, La (Febvre), 138, 266
Teyssier, 311
Tiradentes, 351, 371, 372, 374
Tollenare, Louis-François, 118
Torres, Alberto, 171
tortura, 150, 200, 202, 205
Toynbee, Arnold, 124, 133, 277, 286, 287, 288
tradicionalismo, 46, 160, 173
Traduction espagnole du Situ Orbis, de Pomponius Mela par Maître Jean Faras et les notes marginales de Duarte Pacheco Pereira (Carvalho), 313
Tragtenberg, Maurício, 142, 163, 311, 377, 394
Tratado de Methuen, 77
Tristes trópicos (Lévi-Strauss), 128, 182, 242
tv Globo, 157

udn (União Democrática Nacional), 232
Ungaretti, Giuseppe, 320
Unger, Mangabeira, 151
União Europeia, 254
Unicamp, 125, 148, 175, 194, 326, 333, 337
Universidade Católica de Washington, 84
Universidade de Coimbra, 41, 127, 215, 393
Universidade de São Paulo, 15, 51, 120, 126, 127, 139, 178, 242, 246, 257, 281, 307, 309, 310, 324, 332, 384, 386, 393
Universidade Nacional Autônoma do México, 36
Ustra, tenente-coronel, 205

Vandenkolk, almirante, 82
vanguardismo, 227
Varela, Fagundes, 78, 100
Varnhagen, Francisco Adolfo, 89, 90, 91, 103, 108, 187, 189, 341
Vasconcelos, Bernardo Pereira de, 191
Veiga, Alves da, 68
Veloso, Caetano, 53, 227, 236, 318, 323
Venezuela, 104, 364
Ventura, Roberto, 168
Verger, Pierre, 120
Verissimo, Erico, 142, 161, 234, 235
Veríssimo, José, 103
Verissimo, Luis Fernando, 146
Viana, Helio, 191
Viana, Oliveira, 114, 171, 186, 188,

191, 192, 335
VIANNA, MARCOS, 205
VIEIRA, Evaldo, 142
VIEIRA, Luandino, 311, 314
VILALOBOS, João, 377
VILAR, Pierre, 125
VILAS BOAS, Manoel, 97
VILLA-LOBOS, Heitor, 170, 227, 236, 237, 379
VISÃO DO PARAÍSO (Buarque), 15
VISCONTI, Luchino, 379
VIVA O POVO BRASILEIRO (Ribeiro), 396
VOLNEY, 117
VOVELLE, Michel, 119, 125, 311
VOZ PÚBLICA, A (jornal), 69

WAGLEY, Charles, 169, 218, 242
WALLON, Henri, 285

WANDERLEY, Adolpho Accioly, 95
WEBER, Max, 145, 161, 217, 221, 241, 245, 246, 273, 359, 360
WEFFORT, Francisco, 151
WESTPHALEN, Cecília, 126
WHITMAN, Walt, 388
WILDE, Oscar, 388
WILLEMS, Emilio, 218, 242
WILLIAMS, Tennessee, 216
WIRTH, John, 335
WISNIK, José Miguel, 258
WRIGHT, Frank Lloyd, 133

XAVIER, Lívio, 216, 259

YUNES, Jorge, 186

ZWEIG, Stefan, 135

Este livro, composto na fonte Fairfield e paginado
por Luciana Inhan, foi impresso em pólen
soft 70g na Imprensa da Fé.
São Paulo, Brasil, no verão de 2010.